Juristische, ökonomische und ethische Aspekte von Zuweisungsverträgen im Gesundheitswesen

Europäische Hochschulschriften

European University Studies

Publications Universitaires Européennes

Reihe II **Rechtswissenschaft**

Series II Law

Série II Droit

Band/Volume **5457**

Jana Heene

Juristische, ökonomische und ethische Aspekte von Zuweisungsverträgen im Gesundheitswesen

PL ACADEMIC RESEARCH

Bibliografische Information der Deutschen Nationalbibliothek
Die Deutsche Nationalbibliothek verzeichnet diese Publikation in der Deutschen Nationalbibliografie; detaillierte bibliografische Daten sind im Internet über http://dnb.d-nb.de abrufbar.

ISSN 0531-7312
ISBN 978-3-631-62793-8

PL Academic Research ist ein Imprint der Peter Lang GmbH.
Peter Lang – Frankfurt am Main · Bern · Bruxelles · New York · Oxford · Warszawa · Wien

www.peterlang.de

Geleitwort

Die von Frau Heene bearbeitete Problematik der Zuweisung von Patienten gegen Entgelt ist äußert praxisrelevant, wirtschaftlich bedeutend, rechtspolitisch sehr sensibel und juristisch, ökonomisch sowie ethisch komplex. Die Komplexität folgt dabei sowohl aus der Vielzahl der möglichen Gestaltungen, die nicht alle gleich zu bewerten sind, der Vielzahl von einschlägigen Regelungen auf unterschiedlichen Ebenen, als auch dem Fehlen klarer Sanktionsregelungen und Nachweismöglichkeiten.

Frau Heene wagt sich nicht nur an eine juristische Analyse verschiedenster Rechtsordnungen, darunter zum Beispiel MBO-Ä, BGB, StGB, UWG und Kartellrecht. Sie ordnet Zuweisungsverträge rechtlich ein und beurteilt diese hinsichtlich des Ausmaßes, der Ursachen und auf Grundlage einer kürzlich erschienenen Studie auch empirisch. So ist es in dieser Arbeit, trotz der besonders schwierigen Lage an Verträge aus der Praxis heranzukommen, gelungen, kritische Vertragsklauseln anhand von Beispielverträgen zu zeigen. Frau Heene betrachtet ökonomische Kosten, Risiken und ökonomischen Nutzen aller Beteiligten. Sie widmet sich ökonomischen Auswirkungen ethischen Fehlverhaltens und generalisierenden ethischen sowie ökonomischen Gefahren, die durch die Ausbreitung entgeltlicher Zuweisungen entstehen. Expertenbefragungen komplettieren die Argumentation mit praxisnahen Bezügen und machen die Arbeit zu einem viele Themenbereiche umfassenden Werk.

Die Arbeit beschränkt sich nicht nur auf eine aktuelle Bestandsaufnahme und eine Analyse der bisherigen Rechtsprechung sowie Problemsensibilisierung. Sie versucht auch Ansätze für die zukünftige Entwicklung und Lösungen für anstehende Probleme zu finden.

Das Werk stellt eine spürbare Verbesserung gegenüber dem bisherigen wissenschaftlichen Status Quo in diesem Bereich dar und kann daher allen inhaltlich Interessierten nachdrücklich zur Lektüre empfohlen werden. Diejenigen, die sich für die rechtliche Einordnung und Bewertung, die ökonomischen Intentionen der Beteiligten sowie die ethischen Hintergründe interessieren, aber auch medizinischen Leistungserbringern, Medizinrechtlern, im Gesundheitswesen Tätigen, Patienten und Entscheidungsträgern in Politik und Rechtsprechung bietet diese Arbeit wissenswerte Einblicke.

Universität Siegen, im Februar 2013 — Univ.-Prof. Dr. Peter Krebs

Vorwort

Die vorliegende Arbeit wurde im Frühjahr des Jahres 2012 an der Universität Siegen abgeschlossen und auf den aktuellen Stand der Rechtsprechung und Literatur von Februar 2013 aktualisiert.

Ein besonderer Dank gilt Herrn Univ.-Prof. Dr. iur. Peter Krebs, welcher mich bei der Entstehung und dem Fortgang dieser Arbeit betreute. Er stand mir stets mit seinem kompetenten Rat hilfreich zur Seite. Darüber hinaus danke ich ihm für die Erstellung eines sehr konstruktiven Gutachtens zu dieser Arbeit.

Ferner danke ich Herrn Prof. Dr. iur. Franz-Josef Dahm aus der Kanzlei Schmidt, von der Osten & Huber, für die tätkräftige Unterstützung und die vielen hilfreichen Tipps im Zusammenhang mit dieser Arbeit.

Ein weiterer Dank gilt Herrn Dr. rer. pol. Rudolf Kösters, Ehrenpräsident der DKG, welcher mich zur Auseinandersetzung mit verschiedensten Fragestellungen dieses Themas anregete.

Auch danke ich Frau Dina Michels von der KKH-Allianz, welche mir einen Einblick in die Praxis ermöglichte.

Schließlich möchte ich auch Herrn Prof. Dr. med. Rainer Pankau, Herrn Prof. Dr. med. Ulrich Bonk, Herrn Prof. Dr. iur. Jochen Taupitz, Herrn Prof. Dr. med. Manfred Wirth, Herrn Dr. Kyrill Makoski, Herrn Johannes Wolff, Herrn Eckhard Haub und allen weiteren Förderern für die präzise und umfangreiche Stellungsnahme zu den, im Rahmen dieser Arbeit, geführten Interviews danken.

Von ganzem Herzen danke ich meiner Familie für die liebevolle Unterstützung und die Geduld, welche mir während der Entstehung dieser Arbeit immer Kraft gegeben hat.

Universität Siegen, im Februar 2013 Jana Heene

I. Inhaltsverzeichnis

II. Abkürzungsverzeichnis

Abb.	Abbildung
Abs.	Absatz
ÄBl	Ärzteblatt
ÄK	Ärztekammer
Ärzte-ZV	Zulassungsverordnung für Vertragsärzte
AE	Arbeitsrechtliche Entscheidungen (Zeitschrift)
AEUV	Vertrag über die Arbeitsweise der europäischen Union
ArztR	ArztRecht (Zeitschrift)
ÄZ	Ärztezeitung (Zeitschrift)
a. F.	alte Fassung
AG	Arbeitsgericht
Alt.	Alternative
Anm.	Anmerkung
ApoG	Apothekengesetz
ARD	Arbeitsgemeinschaft der öffentl.-rechtl. Rundfunkanstalten der Bundesrepublik Deutschland
Art.	Artikel
Aufl.	Auflage
A&R	Arzneimittel & Recht (Zeitschrift)
A&W	Arzt & Wirtschaft (Zeitschrift)
Az.	Aktenzeichen
BÄK	Bundesärztekammer
BÄO	Bundesärzteordnung
BeckRS	Beck-Rechtsprechung
Bek.	Bekanntmachung
Beschl.	Beschluss
Bd., Bde.	Band/Bände
BDI	Bundesverband Deutscher Internisten
BDL	Bundesverband Deutscher Laborärzte
BDR	Bundesverband Deutscher Radiologen
BGB	Bürgerliches Gesetzbuch
BGBl	Bundesgesetzblatt
BGH	Bundesgerichtshof
BKartA	Bundeskartellamt
BMG	Bundesministerium für Gesundheit
BMJ	Bundesministerium für Justiz
BMV-Ä	Bundesmantelvertrag für Vertragsärzte
BMV-EKV	Bundesmantervertrag – Ersatzkassen
BremKrhG	Bremisches Krankenhausgesetz
BSG	Bundessozialgericht
bspw.	beispielsweise
BT Drs.	Bundestag Drucksachen
BVerfG	Bundesverfassungsgericht
BverfGE	Entscheidung des Bundesverfassungsgerichts
BVerwG	Bundesverwaltungsgericht
BVMed	Bundesfachverband Medizinprodukteindustrie e. V.
bzw.	beziehungsweise

ca.	circa
c. i. c.	culpa in contrahendo
CT	Computertomograf
DÄBl	Deutsches Ärzteblatt
ders.	derselbe
DGVT	Deutsche Gesellschaft für Verhaltenstherapie e.V.
d. h.	das heißt
dies.	dieselbe
DGU	Deutsche Gesellschaft für Urologie
DKG	Deutsche Krankenhausgesellschaft
DMP	Disease-Management-Programm
DMW	Deutsche Medizinische Wochenschrift (Zeitschrift)
DOZ	Deutsche Optikerzeitung (Zeitschrift)
DRG	Diagnosis related groups
EBM	Einheitlicher Bewertungsmaßstab
EG	Europäische Gemeinschaft
etc.	et cetera
EuGH	Europäischer Gerichtshof
EuZW	Europäische Zeitschrift für Wirtschaftsrecht (Zeitschrift)
e. V.	eingetragener Verein
f., ff.	folgend, fortfolgend
FAZ	Frankfurter Allgemeine Zeitung (Zeitschrift)
Fn.	Fußnote
FR	Frankfurter Rundschau (Zeitschrift)
	FSA-KodexKodex für die freiwillige Selbstkontrolle der Arzneimittelindustrie
f&w	führen und wirtschaften im Krankenhaus (Zeitschrift)
GbR	Gesellschaft bürgerlichen Rechts
gem.	gemäß
GesR	GesundheitsRecht (Zeitschrift)
Gew. Arch.	Gewerbearchiv (Zeitschrift)
GG	Grundgesetz
ggf.	gegebenenfalls
GKV	Gesetzliche Krankenversicherungen (Spitzenverband)
GKV-VStG	Gesetz zur Verbesserung der Versorgungsstrukturen in der gesetzlichen Krankenversicherung
GOÄ	Gebührenordnung für Ärzte
grds.	grundsätzlich
GRUR	Gewerblicher Rechtsschutz und Urheberrecht (Zeitschrift)
GRUR-RR	Gewerblicher Rechtsschutz und Urheberrecht (Rechtsprechungs-Report) (Zeitschrift)
GVO	Gruppenfreistellungsverordnung
GWB	Gesetz gegen Wettbewerbsbeschränkungen
HBKG	Heilberufe-Kammergesetz
HNO	Hals-Nasen-Ohren
Holst.	Holstein
HWG	Heilmittelwerbegesetz
Hrsg.	Herausgeber
i. d. F.	in der Fassung

i. d. R.	in der Regel
i. S. d.	im Sinne des/der
IT-Portale	Informationstechnologie-Portale
i. V. m.	in Verbindung mit
JR	Juristische Rundschau (Zeitschrift)
jurisPR	JurisPrudenz (Zeitschrift)
JZ	Juristenzeitung (Zeitschrift)
KBV	Kassenärztliche Bundesvereinigung
KH	Krankenhaus
KHGG	Krankenhausgestaltungsgesetz
KHbehandlungs-RL	Krankenhausbehandlungs-Richtlinie
KV	Kassenärztliche Vereinigung
lat.	lateinisch
LÄKH	Landesärztekammer Hessen
LBG	Landesberufungsgericht
LG	Landgericht
LSG	Landessozialgericht
LT Drs.	Landestag Drucksachen
MBO-Ä	Musterberufsordnung für Ärztinnen und Ärzte
MBO-BZÄK	Musterberufsordnung der Bundeszahnärztekammer
MBO-PP/KJP	Musterberufsordnung für die Psychologischen Psychotherapeutinnen und Psychotherapeuten und Kinder- und Jugendlichenpsychotherapeutinnen und Kinder- und Jugendlichenpsychotherapeutenin
MedR	Medizinrecht (Zeitschrift)
MH-DRG´s	Management Handbuch DRG´s
MRT	Magnetresonanztomograf
MüKo	Münchener Kommentar
MVZ	Medizinisches Versorgungszentrum
MWV	Medizinisch Wissenschaftliche Verlagsgesellschaft
n. F.	neue Fassung
NJW	Neue Juristische Wochenschrift (Zeitschrift)
NJW-RR	Neue Juristische Wochenschrift (Rechtsprechnungs-Report)
Nr.	Nummer(n)
NRW	Nordrhein-Westfalen
NStZ	Neue Zeitschrift für Strafrecht (Zeitschrift)
NVwZ	Neue Zeitschrift für Verwaltungsrecht
NVwZ-RR	Neue Zeitschrift für Verwaltungsrecht (Rechtsprechungs-Report)
NZS	Neue Zeitschrift für Sozialrecht (Zeitschrift)
OLG	Oberlandesgericht
OP-Termin	Operations-Termin
o. V.	ohne Verfasser
OVG	Oberverwaltungsgericht
PflR	PflegeRecht (Zeitschrift)
PKV	Private Krankenversicherung
S.	Satz
SÄZ	Schweizerische Ärztezeitung
Schlesw.	Schleswig
SG	Sozialgericht
SGB	Sozialgesetzbuch

SPD	Sozialdemokratische Partei Deutschlands
sog.	so genannte/s
SozR	Sozialrecht (Zeitschrift)
StGB	Strafgesetzbuch
Suppl.	Supplement
rd.	rund
RDG	Rechtsdepesche für das Gesundheitswesen (Zeitschrift)
RL	Richtlinie
Rn.	Randnummer/Randnummern
TI	Transparency International
u. a.	und andere
UGP-RL	Richtlinie über unlautere Geschäftspraktiken
Urt.	Urteil
USA	United States of Amerika
UWG	Gesetz gegen den unlauteren Wettbewerb
v. Chr.	vor Christus
Verl.	Verlag
VersR	Versicherungsrecht (Zeitschrift)
VG	Verwaltungsgericht
vgl.	vergleiche
VKA	Vereinigung der kommunalen Arbeitgeberverbände
VSSR	Vierteljahresschrift für Sozialrecht (Zeitschrift)
VwVG	Verwaltungsvollstreckungsgesetz
wistra	Zeitschrift für Wirtschaft, Steuer, Strafrecht
WRP	Wettbewerb in Recht und Praxis (Zeitschrift)
ZaeFQ	Zeitschrift für ärztliche Fortbildung und Qualitätssicherung
z. B.	zum Beispiel
ZEFQ	Zeitschrift für Evidenz und Fortbildung im Gesundheitswesen
ZfB	Zeitschrift für Betriebswirtschaft (Zeitschrift)
ZFK	Zeitschrift für Kardiologie (Zeitschrift)
ZIP	Zeitschrift für Wirtschaftsrecht
zit.	zitiert/Zitation
ZM	Zahnmedizinische Mitteilungen (Zeitschrift)
ZMGR	Zeitschrift für das gesamte Medizin- und Gesundheitsrecht

III. Abbildungsverzeichnis

1 Zuweisung gegen Entgelt – zulässige Zuweiserbindung oder rechtswidrige Provision?

1.1 Ausgangssituation und Problemstellung

Im Gesundheitswesen der Bundesrepublik Deutschland zeichnet, sich seit der Umstellung der Vergütung für medizinische Leistungen, ein Spannungsfeld an der Schnittstelle von Medizin, Wirtschaft, Recht und Ethik ab. Das einstige Verfahren der Abrechnung über das Selbstkostendeckungsprinzip, nach Liegezeiten mit tagesgleichen Pflegesätzen[1], wurde abgelöst durch ein fallpauschalenbasiertes, leistungsorientiertes Vergütungssystem auf der Basis von DRG's (*Diagnosis Related Groups*).[2] Bei diesem bemessen sich die Krankenhauserlöse nach einem zuvor ausgehandelten, landesweit identischen Betrag für jeden behandelten Patienten (*Fallpauschale*)[3], der je nach diagnostiziertem Krankheitsbild variiert. Der/Die Patient/in (*im Folgenden: der Patient*) wird damit zum ökonomischen Faktor und bereits vor der Aufnahme in ein Krankenhaus besteht die Möglichkeit – je nach Diagnose und Behandlung – die DRG mit der entsprechenden Fallvergütung zu berechnen.[4] Das zugrunde liegende Paradigma ist die ökonomische Verantwortung auf die Ebene des Leistungserbringers zu verlagern.[5] Begünstigt wird diese Entwicklung durch bestehende Überkapazitäten in Krankenhäusern. Die neue Situation führt zu verschärften Wettbewerb zwischen den Kliniken, Rationalisierungsdruck sowie zunehmender Kommerzialisierung des Gesundheitswesens und erhöht auch bei anderen Leistungsberbringern den Anreiz zu einer gewinnbringenden Patientensteuerung.[6] Angesichts des ökonomi-

---

1 Traditionelles Kostenerstattungssystem nach tagesgleichen Pflegesätzen basierend auf der Verweildauer der Patienten.

2 Eingeführt am 01.01.2000 über das GKV-Reformgesetz in § 17 b Krankenhausfinanzierungsgesetz; nähere Erläuterungen zu den DRG's in: Bode Leviathan 38 (2010), S. 189, 194; Kreipl, Efficient consumer response, S. 1; Bode Leviathan 38 (2010), S. 189, 194; Wodarz/Sellmann, NZS 9 (2008), S. 466; Kluth, Ärztliche Freiheit, S. 137 f.

3 Engl. „capitation"; Baumann/Metzger/Bührer Manged Care 18 (2005), S. 17; Raab/Drissner, Einweiserbeziehungsmanagement, S. 16.

4 Schäfer, Die gesunde Gesellschaft, S. 97 f; Quante, Krankenhausmanagement, S. 93 ff; Kretschmer/Nass, Soziale Institutionen, S. 254 f.

5 Graml, Das ärztliche Verbot der Zuweisung gegen Entgelt, S. 129.

6 Schaupp, Moderne Medizin, S. 2, 11; Kreipl, Efficient consumer response, S. 3; Eiff, Unternehmensverbindungen, S. 536; Kersting, ZaeFQ 97 (2003), S. 596; Deutsche Gesellschaft für Chirurgie e. V., Chirurgen warnen, http://www.idwf.eu/en/news364834 Schweizer; Kretschmer/Nass, Soziale Institutionen, S. 253; Krüger/Rapp, DÄBl 103 (2006), S. A-320, A-321.

schen Drucks erlangt auf der Erlösseite eine geschickte Patientensteuerung zur Optimierung der eigenen Auslastung immer beträchtlichere Bedeutung.[7] Dabei scheint vor allem in Ballungsgebieten die Konkurrenz unter den kleineren bis mittleren Kliniken – auch bedingt durch ein Überangebot an Krankenhausbetten am Markt – um die Art und die Menge der behandelten Fälle (*Diagnosen*) groß[8], wodurch der Patient zu einem Wettbewerbsfaktor wird.[9] Auf der Kostenseite stellen bei der Optimierung der Prozesse zur Erhöhung der Effizienz und Einsparungen die schrittweise eingeführte Budgetierung, das sozialversicherungsrechtliche Wirtschaftlichkeitsgebot, Kostendämpfungsziele und die verkürzten Verweildauern eine große Herausforderung dar.[10] Schon werden Stimmen laut, die diese Ökonomisierung des Gesundheitswesens beklagen. Weit über den fachlichen Diskurs hinaus titelte die Frankfurter Allgemeine Zeitung (*im Folgenden: FAZ*): „Immer mehr Ärzte ‚verkaufen' ihre Patienten".[11] Auch der Stern und der Focus greifen das Thema auf.[12] Die Problematik der Patientenzuweisung gegen Entgelt ist in der medialen Öffentlichkeit angekommen.[13]

---

7 Wodarz/Sellmann NZS 9 (2008), S. 466, 470; Thiede/Schoch/Fiege, Kooperation und Fusion im Focus, S. 32; Bode Leviathan 38 (2010), S. 189, 197; Kersting ZaeFQ 97 (2003), S. 596, 598; Erbe Wirtschaftsdienst 89 (2009), S. 640.

8 O.V., Kliniken bezahlen angeblich Ärzte für die Vermittlung von Patienten, http://www.welt.de/die-welt/wirtschaft/article4437755/Kliniken-bezahlen-angeblich-Aerzte-fuer-Vermittlung-von-Patienten.html, S.10; Tophoven, Management im Gesundheitswesen S. 427; Riegel/Hoffmann, Leistungsmanagement im Krankenhaus, S. 140; Arnold, Krankenhaus im Wettbewerb, S. 47; Hakenberg, Urologe 48 (2009), S. 858.

9 Schneider HRRS 10 (2009), S. 484, 488; Engelhard, Spenden, Sponsoren – Staatsanwalt?, S. 36; Dietz, Aktiengesellschaft Krankenhaus, S. 38 f.

10 Graml, Das ärztliche Verbot der Zuweisung gegen Entgelt, S. 16 f.

11 Mihm, Immer mehr Ärzte "verkaufen" ihre Patienten, http://m.faz.net/Rub0E9EEF84 AC1E4A389 A8DC6C23161FE44/Doc~EC3357310CB464242B2CBFD5C757EB2AD ~ATpl~Epartner~Ssevenval~Scontent.xml.

12 O.V., Ärzte verdienen an Klinik-Einweisungen, http://www.stern.de/gesundheit/ gesundheitssystem-aerzte-verdienen-an-klinik-einweisungen-1506368.html#layer_send _article1; O.V., Ärzte sahnen bei Klinik-Einweisungen ab, http://www.focus.de/ finanzen/versicherungen/krankenversicherung/krankenhaeuser-aerzte-sahnen-bei-klinik-einweisungen-ab_aid_431435.html.

13 O.V., Patientenvermittlung, http://www.spiegel.de/wirtschaft/service/0,1518,646069 ,00.html; O.V., Kritik an Prämien für Einweisungen, http://www.fr-online.de/politik/kritik-an-praemien-fuer-einweisungen, 1472596,3330746.html; O.V., „Kliniken bestechen uns", http://www.fr-online.de/politik/aerzte--kliniken-bestechen-uns-,1472596,3330742.html.

Wie stellt sich die Situation aber in der Praxis dar? Zu beobachten sind zahlreiche Formen von Kooperationen im Gesundheitswesen. So lassen sich niedergelassene Ärzte/Ärztinnen (*im Folgenden: Ärzte*) von Kliniken Geld für die Zuweisung von Patienten bezahlen.[14] Zuweisungsvergütungen wurden von der Deutschen Gesellschaft für Urologie (*im Folgenden: DGU*) an die Öffentlichkeit gebracht.[15] Dabei sollen diese „Fangprämien" nicht nur Ausnahmefälle, sondern gang und gäbe sein.[16] Aber nicht nur an dieser Stelle findet ein juristisch und ethisch fragwürdiges Prozedere statt, auch horizontale Kooperationen zwischen Krankenhäusern untereinander und vertikale Kooperationen zwischen Krankenhäusern, Ärzten und der Medizinprodukteindustrie, der Pharmabranche, Rehabilitationskliniken sowie Laboratorien geraten zunehmend ins Visier der Staatsanwaltschaften.[17] So kommt es offenbar auch bei der Überweisung von Pflegebedürftigen zwischen Kliniken und Rehabilitationseinrichtungen zum sogenannten „Eine-Hand-wäscht-die-andere-Prinzip".[18]

Besonders problematisch erscheint hierbei die Tatsache, dass die sogenannten „Zuweiserprämien" in einem gesetzlichen Graubereich liegen. Belege für diese Praxis gelangen kaum an die Öffentlichkeit. Ärzte kaschieren ihre Forderungen durch ausgewiesene Leistungen und Diagnostik, somit fällt es außerordentlich schwer, einen Nachweis zu führen. Es bestehen durch Kooperationen, Gründung von Gemeinschaftspraxen und verschiedenste Vertragsgestaltungen weiterhin zahlreiche Umgehungsmöglichkeiten.[19] Hieraus resultiert nicht nur

---

14 Plassmann Herz 23 (1998), S. 64; Wittmann MedR 26 (2008), S. 716; Bode Leviathan 38 (2010), S. 189, 190; Borglie, Spenden, Sponsoren – Staatsanwalt?, S. 1, 36 ff.; Behar, Horizontale Verbundstrukturen, S. 73; Dahm Urologe 49 (2010), S. 275; Mayer, Kreative Verhältnisse. Immer wieder kassieren Mediziner zweifelhafte Provisionen, wenn sie Patienten zu bestimmten Kollegen schicken, http://www.focus.de/politik/deutschland/aerzte-kreative-verhaeltnisse_aid_341729.html, S. 58.

15 Graml, Das ärztliche Verbot der Zuweisung gegen Entgelt, S. 13; Keyser, 1000 Euro für Einweisung in Klinik, Stuttgarter Nachrichten 01.09.2009, S.2.

16 Grabitz, Kopfprämie für Ärzte, Stuttgarter Nachrichten 01.09.2009, S.2.

17 Hamm, Kooperation von Krankenhäusern mit Lieferanten, S. 1; Thiede/Schoch/Fiege, Kooperation und Fusion, S. 38 f.; Behar, Horizontale Verbundstrukturen, S. 50; Kreipl, Efficient comsumer response, S. 5 f.; Esser, Strafrechtliche Relevanz der Drittmitteleinwerbung, S. 8; Hamm, Kooperation von Krankenhäusern mit Lieferanten, S. 1, 84 f.; Kray, Strategische Allianzen im Gesundheitssektor, S. 57; Plassmann, Herz 23 (1998), S. 64, 65; Kersting ZaeFQ 97 (2003), S. 596, 597.

18 Kienscherf, „Fangprämien" im Pflegebereich in Hamburg? http://www.spd-fraktion-hamburg.de/no_cache/wir-ueber-uns/abgeordnete/hamburg/kleine-anfragen/h/26.html?tx_wfabgpresse_pi1[pointer]=6& tx_wfabgpresse_pi1[showUid]=18019.

19 Dahm MedR 28 (2010), S. 597, 599.

eine Wettbewerbsverzerrung – denn alle Mitbewerber (*Ärzte und Kliniken*), die an diesem System nicht teilnehmen, erleiden einen finanziellen Nachteil – sondern es leidet auch das Vertrauensverhältnis zwischen Arzt und Patient.[20] So geht nicht allein die freie Arztwahl verloren. Es wächst auch die Gefahr, dass der Patient nicht die ihm zustehende optimale Versorgung erhält, wenn medizinische Gründe nicht mehr allein im Vordergrund der Überlegungen stehen.[21] Unzulässige Zuweiserbindung führt zu einem unlauteren Wettbewerbsvorteil auf Seiten der Zuweiser und zu Vermögensschäden auf Seiten bzw. zu Lasten der Krankenkassen und Versicherten, wie Dahm anmerkt.[22] Langfristig leidet die Qualität der Behandlung, wenn Krankenhäuser sich ihren guten Ruf nicht mehr über Leistung erarbeiten, sondern stattdessen ihre Patienten „kaufen", erläutert Grabitz in den Stuttgarter Nachrichten.[23] So bieten Kliniken Geld für die Einweisung von Patienten und Ärzte verlangen dieses für die Zuweisung.[24] In den Jahren 2003 bis 2004 seien unzulässige Provisionszahlungen um 40 Prozent gestiegen, merkt Flintrop in diesem Kontext an.[25]

Die aktuelle Relevanz des Themas zeigt sich vor allem in der Berichterstattung der Medien im Jahr 2009 und deren auffällige Empörung. Die Beschwerden über unlautere Praktiken von Berufskollegen und Patienten häufen sich bei den zuständigen Stellen.[26] Rehborn mutmaßt, dass in 80 Prozent der Fälle von Zuweisungsprämien Ärzte mit massiven Forderungen nach Zuweiserboni an Krankenhäuser herantreten.[27] Insgesamt werden 85 bis 90 Prozent der Gesundheitsausgaben durch Ärzte veranlasst[28], so dass dieser Anteil an Ausgaben nicht zu vernachlässigen ist. Jedoch sind all diese Zahlen nur Schätzungen, denn genau belegte Forschungswerte existieren bis heute nicht. Fest steht, Zuweisung

20 Wodarz/Sellmann NZS 9 (2008), S. 466; Köber Chefarzt 09 (2009), S. 45, 47.

21 Dahm Urologe 49 (2010), S. 275 ff; Grabitz, Kopfprämie für Ärzte, Stuttgarter Nachrichten, 01.09.2009, S. 2.

22 Dahm, Urologe 49 (2010), S. 276 ff.

23 Grabitz, Kopfprämie für Ärzte, Stuttgarter Nachrichten, 01.09.2009, S. 2.

24 Mihm, Ärztekammern prüfen Verträge mit "Kopfprämien", http://www.faz.net/aktuell/wirtschaft/wirtschaftspolitik/streit-um-kopfpraemien-aerztekammern-pruefen-vertraege-1886372.html, S. 13.

25 Flintrop DÄBl 101 (2004), S. A-537.

26 Zahlreiche E-Mails wurden bewusst aus der Arbeit entfernt, um Anonymität zu wahren.

27 Bronsert/Gehrmann, Der Kopfgeld-Erreger, http://www.zeit.de/2009/38/Krankenhaeuser/komplettansicht?print=true.

28 Transparency International: Transparenzmängel im Gesundheitswesen: Einfallstore zur Korruption. Grundsatzpapier, www.transparency.de/fileadmin/pdfs/Themen/Gesundheitspapier_Stand_ 2008_Auflage_5_08-08-18.pdf, S. 43 f.

gegen Entgelt i. S. d. § 31 Musterberufsordnung der Ärztinnen und Ärzte (im Folgenden: MBO-Ä) verursacht erhebliche, volkswirtschaftliche Schäden.[29]

1.2 Zielsetzung

Die vorangegangene Problemstellung zeigt Entwicklungen im Gesundheitssektor auf, welche Fragen nach rechtlicher bzw. moralischer Legitimität bei Zuweisungsverträgen aufwerfen. Ziel der Diplomarbeit ist daher zunächst eine theoretische Bestandsaufnahme, mittels derer gesundheitsökonomische, rechtliche und ethische Aspekte von Zuweisungsverträgen, vor allem zwischen Kliniken und niedergelassenen Ärzten, dargestellt werden. Das Spannungsfeld unterschiedlicher Interessenlagen zwischen Ärzten, Kliniken und Patienten an der Schnittstelle zwischen ökonomischem Wettbewerb und medizinischer Versorgung soll beleuchtet werden und zum anderen die bestehenden gesetzlichen Rahmenbedingungen und die bisherige Rechtsprechung auf ihre diesbezügliche Problemlösungseignung analysiert werden. So sollen nicht nur die Interessen der Parteien mit ihren möglicherweise ethisch sowie ökonomisch zweifelhaften Praktiken wissenschaftlich betrachtet werden. Es soll auch ein Beitrag zur Aufklärung und Sensibilisierung von Medizinern, Gesundheitsökonomen und der juristischen (Fach-) Öffentlichkeit geleistet werden, in dem die rechtlichen Grauzonen, die zu einer Verunsicherung beitragen, aufgezeigt werden.[30] Durch eine größere Transparenz und Verständlichkeit gesundheitsökonomischer und rechtlicher Prozesse werden Mediziner und Ökonomen in die Lage versetzt, das Zustandekommen von Zuweisungsverträgen besser verstehen und beurteilen – und somit auch unter ethischen Gesichtspunkten kritisch reflektieren – zu können. Darüber hinaus soll die Analyse der bestehenden, relevanten Rechtsgebiete der medizinrechtlichen Fachöffentlichkeit helfen, Defizite zu erkennen und mögliche gesetzge- berische Lösungsansätze anzugehen. Die vorliegende Arbeit ist eher breit angelegt und versucht, nach einer Identifizierung verschiedener Zuweisermodelle anhand von Beispielen für Zuweisungsverträge möglichst umfassend die gesetzlichen Rahmenbedingungen und die relevanten Aspekte der Ökonomie und Ethik aufzuzeigen und zu untersuchen.

---

29 Ratzel/Knüpper in: Ratzel/Luxenburger, Handbuch Medizinrecht, § 5 Rn. 171.

30 Wodarz/Sellmann NZS 9 (2008), S. 466, 471; Ratzel Hessisches ÄBl 8 (2007), S. 488, 489; Ratzel MedR 20 (2002), S. 492, 493.

2 Juristische, ökonomische und ethische Aspekte von Zuweisungsverträgen

2.1 Theoretische Einbettung

2.1.1 Forschungsstand und Literaturüberblick

Das lange Zeit von Gesundheits- als auch Rechtswissenschaft unbeachtete Themenfeld „Verbot der Zuweisung gegen Entgelt" ist ins Bewusstsein der Öffentlichkeit gerückt.[31] Auch wenn sich bereits im Jahr 2001 erste Spenden- und Korruptionsskandale, vor allem die Herzklappenaffäre[32], ereigneten, wurde eine Problemlage in diesem Bereich erst 2009 in ihrer vollen Schärfe wahrgenommen und thematisiert. Autoren, wie Dahm, Fachanwalt für Medizinrecht – mit seinen Schriften aus den Jahren 2008 bis 2010[33] – und Ratzel, Fachanwalt für Medizinrecht, in seinem Beitrag aus dem Jahr 2008,[34] beschäftigen sich verstärkt mit der Problematik. Auch die Politik ist sensibilisiert. So konstatierte Gesundheitsministerin Ulla Schmidt vor einiger Zeit in der FAZ "Betrug zu Lasten der Versicherten"[35] und forderte: „Ich erwarte, dass derartige Praktiken durch die Kammern, [...] so schnell wie möglich abgestellt werden".[36] Trotz alledem hat sich noch kein einheitlicher und transparenter Lösungsansatz herauskristallisiert. Eine solche Lösung erscheint aber notwendig, da nach Einschätzung des Münchener Fachanwalts, Ratzel, „Zuweiserkartelle" keine Ausnahmen mehr sind. In einem gemeinsamen Rundschreiben sprechen sich Kassenärztliche Bundesvereinigung (im Folgenden: KBV) und Deutsche Krankenhausgesellschaft (im Folgenden: DKG) für eine Unterbindung dieser Praktiken aus. Mit allen zur Verfügung stehenden Mitteln solle gegen das Problem angegangen werden.[37] Aufgrund der hohen Relevanz für Patienten beschäftigt sich ebenfalls die Patienten-

---

31 Keyser, 1000 Euro für Einweisung in Klinik, Stuttgarter Nachrichten 01.09.2009, S. 2.

32 BGH NJW 2003, 763-767; Schmidt in: Ratzel/Luxenburger, Handbuch Medizinrecht, § 14 Rn. 136.

33 Dahm Urologe 47 (2008), S. 1353–1356; Ders. MedR 28 (2010), S. 597-612; Nr. 10; Ders. MedR 27 (2009), S. 664-669.

34 Ratzel MedR 26 (2008), S. 445-448.

35 Mihm, Der verkaufte Patient, http://m.faz.net/;s=Ss3QHW6KN756xRODzh8PTA02 /Rub4D8A76D29ABA43699D9E59C0413A582C/Doc~EBA5AB1443DA43C0A1BD5 88619523E2D~ATpl~Epartber~Ssevenv~Scontent.xmla.

36 Mihm, Schmidt mahnt Ärzte wegen Klinik-Kopfprämie ab, http://www.faz.net/aktuell /wirtschaft/wirtschaftspolitik/gesundheitspolitik-schmidt-mahnt-aerzte-wegen-klinik-kopfpraemien-ab-1843190.html, S. 11.

37 Kassenärztliche Bundesvereinigung, Spitzengespräch von BÄK, DKG und KBV, http://www. kbv.de/presse/24569.html.

schutzorganisation Deutsche Hospiz Stiftung[38] mit der Problematik und versucht gegen Zuweisungsmodelle anzugehen.[39] Auch Urteile des BGH[40] und der Oberlandesgerichte[41] sind bereits zu diesem Thema ergangen. Diese lassen jedoch keine herrschende Meinung erkennen.[42]

Aufklärung und erste Aktivitäten in diesem Bereich gehen insbesondere auf die KBV mit ihren umfangreichen Archiven[43] und auf die DKG[44], mit ihrem Geschäftsbereich „Recht" und der Arbeitsgruppe „Belegarztwesen/Kooperation mit niedergelassenen Ärzten", zurück.[45] Ein Kennzeichen für das wachsende Interesse am Problemfeld ist zudem die Thematisierung auf der Internetseite des Bundesverbandes Deutscher Internisten e. V. (im Folgenden: BDI).[46] Der BDI lehnt ein Honorar für Einweiser[47] als juristisch und moralisch verwerflich ab.[48] Jüngst hat der Spitzenverband der Gesetzlichen Krankenkassen (im Folgenden: GKV) eine empirische Studie in Zusammenarbeit mit der Martin-Luther-Universität Halle-Wittenberg über „Unzulässige Zusammenarbeit im Gesundheitswesen durch Zuweisung gegen Entgelt" erstellt.[49] Diese Studie zeigt erstmal Verbreitung, Ausmaß und Ursachen unzulässiger Zusammenarbeit im Gesundheitswe-

---

38 http://www.hospize.de/.

39 o.V., Krankenhäuser: Ärzte sahnen bei Klinik-Einweisungen ab, http://www.focus.de/finanzen/versicherungen/krankenversicherung/krankenhaeuser-aerzte-sahnen-bei-klinik-einweisungen-ab_aid_431435. html.

40 BGH NJW 2005, 3718-3721; BGH NJW 2011, 2211-2217.

41 OLG Koblenz GesR 2004, 150, 151; OLG Düsseldorf GesR 2005, 330-332; OLG Düsseldorf GesR 2009, 605-609; OLG Hamm NJW 1985, 679-681.

42 Wodarz/Sellmann NZS 9 (2008), S. 466, 471; o.V., "Optiker unseres Vertrauens", http://www.wettbewerbszentrale.de/de/branchen/gesundheitshandwerk/aktuelles /news/?id=1099; o.V., Landgericht Bayreuth bestätigt unzulässige Zuweisung durch Augenarzt, http://www.wettbewerbszentrale.de/de/branchen/gesundheitshandwerk /aktuelles/news/?id=1108.

43 http://www.kbv.de

44 http://www.dkgev.de

45 Kassenärztliche Bundesvereinigung, Spitzengespräch von BÄK, DKG und KBV, http://www.kbv.de/ presse/24569.html.

46 www.bdi.de

47 So genannte „Einweiser" sind die Leistungserbringer, die Patienten weiterleiten; OLG München GesR 2005, 138-141.

48 Bundesverband Deutscher Internisten, BDI wendet sich gegen Honorar für Einweiser, http://www.bdi.de/allgemeine-infos/aktuelle-meldungen/ansicht/article/bdi-wendet-sich-gegen honorar-fuer-einweiser.html.

49 GKV, Unzulässige Zusammenarbeit im Gesundheitswesen, http://www.gkv-spitzenverband.de/presse/pressekonferenzen_gespraeche/2012_1/zuweisungen_gegen_entgelt/120522_zuweisungen_gegen_entgelt.jsp

sen. Auch wissenschaftliche Fachzeitschriften wie „Medizinrecht“, „Der Internist“, „Das Deutsche Ärzteblatt“ und „Krankenhausrecht“ wenden sich diesem Thema zu. So titelte beispielsweise das Deutsche Ärzteblatt: „Rückvergütungen im Gesundheitswesen: Mal zulässig, mal unzulässig“.[50] Auch der ehemalige Präsident der Bundesärztekammer (im Folgenden: BÄK), Hoppe, hat sich mahnend zu diesem Thema geäußert.[51] Das Bundesministerium für Gesundheit (im Folgenden: BMG)[52] und die Wettbewerbszentrale[53] halten einige aktuelle Stellungnahmen zu Urteilen bereit.[54]

Beim Blick auf die Literatur, die zum Thema „Zuweisung gegen Entgelt“ vorliegt, wird allerdings recht schnell deutlich, dass bis heute außerhalb von Fachzeitschriften kaum Literatur existiert.[55] Es gibt einige gesetzliche Regelwerke, die Vorgaben und Verbote aussprechen. Allerdings beschäftigt sich eine Fülle von gesetzlichen Vorschriften im Grundkonzept mit Korruption und Bestechung. Noch heute herrscht, trotz eines auf den ersten Blick wegweisenden Urteils des BGH aus dem Jahr 2012[56], Uneinigkeit über die Anwendbarkeit strafrechtlicher Rahmenbedingungen auf Zuweisungsverträge und deren rechtlich-ethische Bewertung.[57] Geradezu symptomatisch für diese Intransparenz und Orientierungslosigkeit ist die Vielzahl von Schlagwörtern, die je nach Autor mit unterschiedlicher Bedeutung aufgeladen werden. Dazu zählen unter anderem die Begriffe „Kopfgeld“, „Einweisermanagement“, „Kick-Back“,[58] aber auch „Fangprämien“, „Zuweisungsprämien”, „Zuweisungsboni“, „Rückvergütung“ oder “Gesundheitswirtschaftliche Korruption”, um nur die Geläufigsten zu nen-

---

50 Schmidt Deutsches ÄBl 107 (2010), S. A-1543.

51 Bundesärztekammer, Hoppe: Ross und Reiter nennen, http://www.bundesaerzte kammer.de/page.asp?his=3.75.77.7712.

52 www.bmg.bund.de

53 www.wettbewerbszentrale.de

54 Wettbewerbszentrale, Neues BGH-Urteil mit Leitlinien zur Patientenzuweisung, http://www.wettbewerbszentrale.de/de/branchen/gesundheitshandwerk/aktuelles /_news/?id=1056; Dies.., "Optiker unseres Vertrauens", http://www.wettbewerbs zentrale.de/de/branchen/gesundheitshandwerk/aktuelles/news/?id=1099; Dies.,http://www.wettbewerbszentrale.de/de/branchen/gesundheitshandwerk/aktuelles/_ news/?id=1108, Landgericht Bayreuth.

55 Runge, Ärzteschaft und Industrie, S. 78.

56 BGH BeckRS 2012, 13162.

57 Hirthammer-Schmidt-Bleibtreu, Ärzteschaft und Industrie, S. 98; Borglie, Spenden, Sponsoren – Staatsanwalt?, S. 1.

58 Der Begriff „Kick-Back“ beschreibt eine umsatzbezogene Rückvergütung oder Rücküberweisungen, siehe dazu: Erlinger, Zwischen Hippokrates und Staatsmedizin, S. 51.

nen.[59] Die Fülle von nebeneinander stehenden Vorschriften trägt zu einer Verunsicherung bei, die nach Meinung der KBV nur durch eine bessere Gesetzgebung gelöst werden könnte.[60]

Ein Beitrag, der dem Thema Zuweisungsanreize positiv gegenübersteht, stammt von Thill aus dem Jahr 2010.[61] In „Einweisermarketing für Krankenhäuser" zeigt er Handlungsalternativen auf, um eine geschicktere Patientenstromsteuerung zu generieren. Der Titel ist kein Einzelfall.[62] Es finden sich zunehmend Werke über Zuweisermarketing und -management. Demgegenüber fehlt es noch immer an Literatur, die auch die Schattenseiten von Zuweisungs- und Kooperationsverträgen thematisiert, sowohl aus einer Makroperspektive (in Bezug auf das Gesundheitssystem und die Gesetzgebung), als auch aus einer Mikroperspektive (in Bezug auf den Arzt und den Patienten) heraus.[63] Insgesamt liegen kaum Werke vor, die das Thema umfangreich empirisch und wissenschaftlich betrachten und analysieren.

2.1.2 Formen von Zusammenarbeit im Gesundheitswesen

Netzwerken, Kooperationen und Formen von Zusammenarbeit im Gesundheitswesen schenken alle medizinischen Leistungserbringer in den vergangenen Jahren vermehrte Aufmerksamkeit. Diesen freiwilligen Kooperationen liegt die Einsicht zugrunde, dass die gemeinsame Leistungsfähigkeit aller Beteiligten größer ist, als die Summe aller medizinischen Einzelleistungen und dass damit die Chancen steigen, eine bessere Wettbewerbsposition im Gesundheitsmarkt zu erreichen.[64] Allerdings begeben sich insbesondere Kliniken und niedergelassene Ärzte auf nicht immer leicht zu überblickendes Gebiet, wenn sie Verträge über eine Kooperation schließen oder Absprachen zur Zusammenarbeit treffen. Die Grenze zwischen legitimen Formen von Absprachen und Zusammenarbeit und unrechtmäßiger Zuweisung gegen Entgelt verschwischt schnell angesichts möglicher Stolpersteine.[65] Eine Beurteilung wird aufgrund der Komplexität und Viel-

---

59 Schramm Urologe 48 (2009), S. 864; Kiefer/Meseke VSSR 3 (2011), S. 212, 214; o.V. Krankenhaus und Recht 2 (2004), S. 37 f.

60 Hirthammer-Schmidt-Bleibtreu, Ärzteschaft und Industrie, S. 98.

61 Thill, Einweisermarketing für Krankenhäuser.

62 Blum/Offermanns das Krankenhaus 103 (2011), S. 135-140; Braun/Nissen Gesundheitsökonomie und Qualitätsmanagement 10 (2005), S. 376-384.

63 Schaupp, Moderne Medizin, S. 3 f., 10; Boldt/Schöllhorn Anästhesist 57 (2008), S. 1075, 1080; Hoppe MedR 29 (2011), S. 216.

64 Georg, Netzwerkmanagement, S. 181.

65 Schlingensiepen, ÄZ (09.10.2008), S. 2.

schichtigkeit des Problembereichs und der Vielzahl an Vertragsgestaltungen erschwert.[66] Diese Fülle von Vertragsformen macht es daher notwendig sich einen Überblick über deren Strukturen und die relevanten Formen der Zusammenarbeit zu verschaffen.

Die wohl häufigste Form von Zusammenarbeit im Gesundheitswesen ist die Kooperationsvereinbarung.[67] Während strategische Kooperationen auf freiwilliger, langfristig angelegter Zusammenarbeit zwischen den Vertragspartnern basieren, können sie sich in Intensität und Zielrichtung unterscheiden. Sie dienen dem Austausch, der gemeinsamen Nutzung von Geräten und Entwicklung des Personals, als auch einer nach Möglichkeit langfristig zu erzielenden Gewinnmaximierung.[68] Die folgende Grafik zeigt noch einmal vereinfacht die Beziehungen zwischen den einzelnen Akteuren im Gesundheitsmarkt.

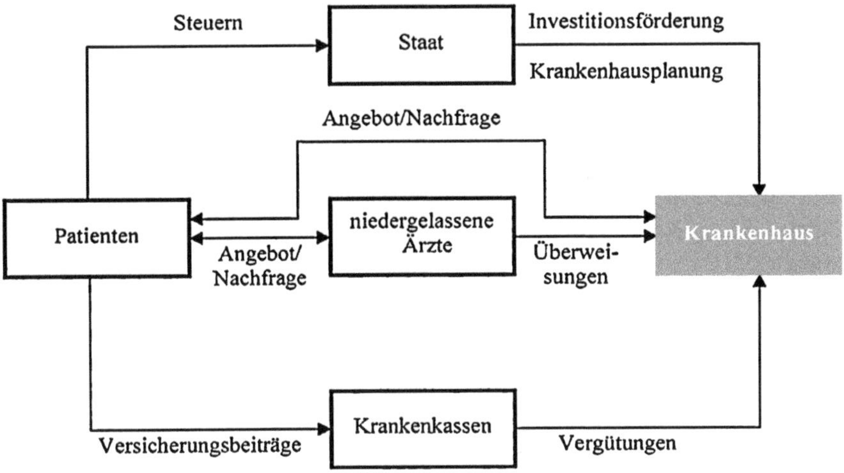

Abb. 1: Vereinfachte Darstellung des deutschen Krankenhausmarktes

Quelle: Vera, ZfB 76 (2006), S. 835, 840.69

66 Eiff, Unternehmensverbindungen, S. 164.

67 Frehse/Kalb, Arzt und Industrie, S. 1; Eiff, Unternehmensverbindungen, S. 165.

68 Wigge in: Schnapp/Wigge, Handbuch des Vertragsarztrechts, § 6 Rn. 129; Vera ZfB 76 (2006), S. 835, 836; Gulati Strategic Management Journal 19 (1998), S. 293.; Eiff, Unternehmensverbindungen, S. 180.

69 Nach Ansicht der Autorin müsste in der Grafik „Überweisung“ an Krankenhäuser gestrichen und durch „Einweisung“ ersetzt werden.

2.1.3 Ebenen von Zusammenarbeit im Gesundheitswesen

Es gibt nicht nur verschiedene Formen von Zusammenarbeit im Gesundheitswesen, sondern auch verschiedene Ebenen. Beim Blick auf die verschiedenen Ebenen der Zusammenarbeit fallen zwei wesentliche auf – die horizontale und die vertikale Ebene.[70]

2.1.3.1 Horizontale Ebene

Auf der horizontalen Ebene arbeiten mindestens zwei Leistungserbringer[71], innerhalb eines Sektors mit gleichartigen bzw. gleich gelagerten unternehmerischen und gesundheitsökonomischen Zielen, zusammen.[72] Dabei schließen sich die Leistungserbringer zu einer interdisziplinär-fachübergreifenden Zusammenarbeit in Form einer Kooperation zusammen.[73] Meist findet sich diese Art von Zusammenarbeit zwischen Krankenhäusern wieder, die ein unterschiedliches medizinisches Versorgungsportfolio aufweisen. Sie dient dem Ziel, dem Wettbewerbs-, Kosten- und Rationalisierungsdruck besser begegnen zu können.[74] Die zweite Möglichkeit ist die Zusammenarbeit zweier oder mehrerer Ärzte, z. B. in Form einer Praxisgemeinschaft. Eine horizontal angelegte Zusammenarbeit ermöglicht einen zügigen Eintritt in ungenutzte „Patientenmärkte" und medizinische Bereiche, da Zugänge und Potenziale der Vertragspartner genutzt werden können.[75] Den Kooperationspartnern fällt es so leichter, ihren Marktanteil auf weitere Medizinbereiche zu vergrößern oder das Einzugsgebiet durch gezielte Patientensteuerung zu erweitern. Die gewonnene Größe kann mitunter dazu genutzt werden, Wettbewerber vom Markt zu verdrängen oder den Marktzutritt für

---

70 Dreßler, Kooperationen von Krankenhäusern, S. 58.

71 Klassische Leistungserbringer des Gesundheitswesens sind niedergelassene Ärzte, Krankenhäuser, Apotheken etc. Diese erbringen Leistungen zur Prävention, Diagnose, Therapie Rehabilitation und Pflege in der Regel als Vertragspartner der gesetzlichen Krankenversicherung, nachzulesen in: Georg, Netzwerkmanagement, S. 183; siehe dazu: Lindemann/Ratzel, Brennpunkte des Wirtschaftsstrafrechts, S. 70.

72 Picot/Reichwald/Wigand, Die grenzenlose Unternehmung, S. 305 f; Jörres, Kooperation zur Steigerung der Wettbewerbsfähigkeit, S. 60; Georg, Netzwerkmanagement, S. 181; Werthern, Gesundheitsnetzwerke initiieren, S. 116.

73 Mühlbacher, Erfolgreiche Wege in die integrierte Versorgung, S. 106.

74 Eiff, Unternehmensverbindungen, S. 167; Hamm, Kooperation von Krankenhäusern mit Lieferanten, S. V; Gahr/Bagley, Kooperationen im Krankenhaus, S. 4; Schubert/Vogd, Vernetzung im Gesundheitswesen, S. 43 ff.; Thiede/Schoch/Fiege, Kooperation und Fusion im Focus, S. 38.

75 Vera ZfB 76 (2006), S. 835, 838.

Mitbewerber – insbesondere junge Kollegen – zu erschweren.[76] Auf der Ebene der horizontalen Zusammenarbeit finden sich auch Großgerätekooperationen wieder. Die gemeinsame Nutzung von Infrastruktur wird hierbei als Synergiemodell verstanden, weil dadurch Potenziale erschlossen werden können, die eine wirtschaftlichere Praxis- und Betriebsführung möglich machen.[77] Auch kann der gute Ruf und die Größe des Allianzpartners genutzt werden, um das eigene Image zu pflegen.[78] In der Gesamtschau dienen horizontale Formen der Zusammenarbeit zumeist der Kostensenkung.

2.1.3.2 Vertikale Ebene

Unternehmenskooperationen zwischen Leistungserbringern auf der vertikalen Ebene zeichnen sich dadurch aus, dass diese zwischen Partnern vereinbart werden, die untereinander liegenden Stufen in der medizinischen Versorgungskette angehören.[79] Ein einfaches Modell der vertikalen Kooperation stellt das Gesundheitszentrum[80] dar. Typischerweise finden sich derartige Kooperationen zwischen Ärzten (vorgelagerte Stufe) und Krankenhäusern (nachgelagerte Stufe) in Form von Patientenzuweisungen sowie zwischen Ärzten und den Heilmittelversorgern in Form von Patientenverweisungen.[81] Vertikale Allianzen dienen gewöhnlich der Erlösoptimierung. Sie sollen in Bezug auf die Kooperationen zwischen Zuweisern und Empfängern die Versorgung mit einer ausreichenden Zahl an Patienten sicherstellen. Gezielt Patientengruppen zu gewinnen, die als Kunden mit ihrer Diagnose für den Zuweisungsempfänger besonders lukrativ sind und nicht einträgliche Patienten schnellstmöglich an außerhalb des Netzwerkes stehende medizinische Leistungserbringer – oft Pflegedienste und Reha-Kliniken – weiter zu leiten, scheint damit Hauptaufgabe dieser Kooperations-

---

76 Ebd., S. 835, 838.

77 Janssen/Marks, Strategiebuch für den niedergelassenen Arzt, S. 178; Quante, Krankenhausmanagement, S. 92.

78 Vera ZfB 76 (2006), S. 835 ff.

79 Picot/Reichwald/Wigand, Die grenzenlose Unternehmung, S. 305 f; Janssen/Marks, Strategiebuch für den niedergelassenen Arzt, S. 179 f; Georg, Netzwerkmanagement, S. 181; Werthern, Gesundheitsnetzwerke initiieren, S. 116; Mühlbacher, Erfolgreiche Wege in die integrierte Versorgung, S. 106; Gahr/Bagley, Kooperationen im Krankenhaus, S. 4; Jörres, Kooperation zur Steigerung der Wettbewerbsfähigkeit, S. 63.

80 In einem Gesundheitszentrum können Leistungserbringer, wie Ärzte, Gesundheitsfachberufe, wie zum Beispiel Physiotherapeuten und Heil- und Hilfsmittelerbinger zusammenarbeiten.

81 Quante, Krankenhausmanagement, S. 93; Thiede/Schoch/Fiege, Kooperation und Fusion im Focus, S. 38.

form.[82] Insgesamt dient diese Form der Zusammenarbeit im Gesundheitswesen überwiegend der Patientensteuerung und Koordinierung von Versorgungsprozessen, dabei sollen eigene Stärken optimal genutzt werden.

Die folgende Grafik[83] zeigt anschaulich die unterschiedlichen Ebenen der Zusammenarbeit, die bereits beschrieben wurden. Zusätzlich enthält sie die diagonale Allianz. Dabei arbeiten Unternehmen branchenübergreifend zusammen, zum Beispiel die Pharmabranche mit Medizintechnikern bei der Entwicklung neuer Hilfs- oder Heilmittel.[84] Im Folgenden sollen diese Formen von Kooperationen, aufgrund des nicht vorhandenen Bezuges zur Problemstellung der Arbeit, jedoch außer Betracht bleiben.

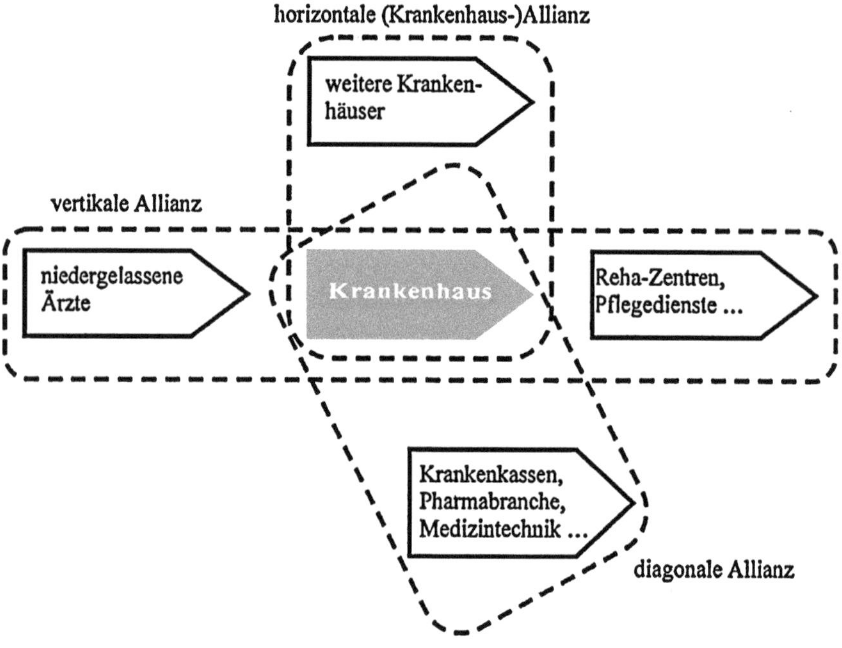

Abb. 2: Strategische Allianzen im Krankenhaussektor

Quelle: Vera, ZfB 76 (2006), S. 835, 840.

82 Vgl. LSG Thüringen JurionRS 2004, 1083; Vera ZfB 76 (2006), S. 835, 850 f.

83 Siehe Abbildung 2: Strategische Allianzen im Krankenhaussektor.

84 Georg, Netzwerkmanagement, S. 182.

2.1.4 Aktuelle empirische Erkenntnisse: Zuweisung im Gesundheitswesen

Zuweisungen gegen Entgelt sind keine Einzelfälle oder Ausnahmen, sondern gängige und lebendige Praxis, wie die Studie „Unzulässige Zusammenarbeit im Gesundheitswesen durch Zuweisung gegen Entgel“ der GKV belegt.[85] Knapp 93 Prozent der niedergelassenen Ärzte gehen davon aus, dass es in ihrer Fachrichtung Zuweisungen an bestimmte Fachkollegen gibt. Auch Kliniken schätzen, dass Zuweisungen gegen wirtschaftliche Vorteile mit 40 Prozent gelegentlich bis häufig vorkommen. Die folgende Grafik gibt einen ersten Hinweis auf die Verbreitung von Patientenzuweisungen im Gesundheitswesen.[86]

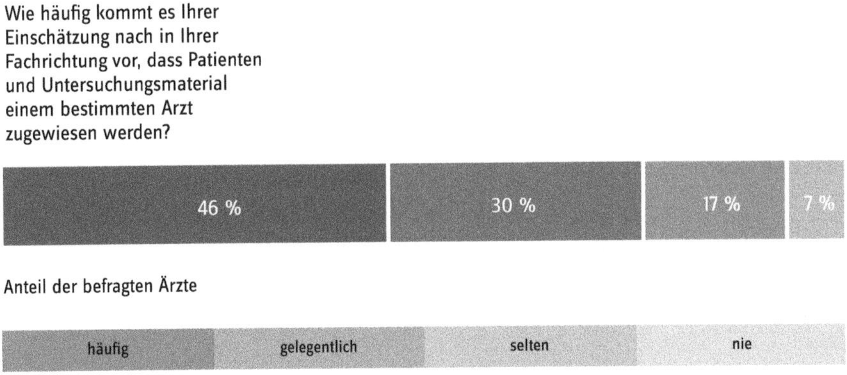

Abb. 3: Eingeschätzte Häufigkeit von Patientenzuweisungen an einen bestimmten Arzt

Quelle der Grafik: *GKV*, Unzulässige Zusammenarbeit im Gesundheitswesen, September 2012. S. 27, abrufbar unter http://www.gkv-spitzenverband.de/media/dokumente/presse/publikationen/Studie_Zuweisung_gegen _Entgelt_2012.pdf, zuletzt geprüft am 24.01.2013.

Dabei existieren bei den Facharztgruppen durchaus Unterschiede in der Häufigkeit der Zuweisungen. Besonders betroffen von diesen Praktiken sind Orthopäden, Reha-Mediziner, Augenärzte und Gynäkologen. Orthopäden und Reha-Mediziner berichteten mit einem 50 prozentigen Anteil an den gesamten Zuweisungssituationen mit Abstand am häufigsten über eine solche Anbahnungspraxis.

---

85 GKV, Unzulässige Zusammenarbeit im Gesundheitswesen, abrufbar unter http://www.gkv-spitzenverband.de/media/dokumente/presse/publikationen /Studie_Zuweisung_gegen_Entgelt_2012.pdf.

86 GKV, Unzulässige Zusammenarbeit im Gesundheitswesen, S. 8, 27.

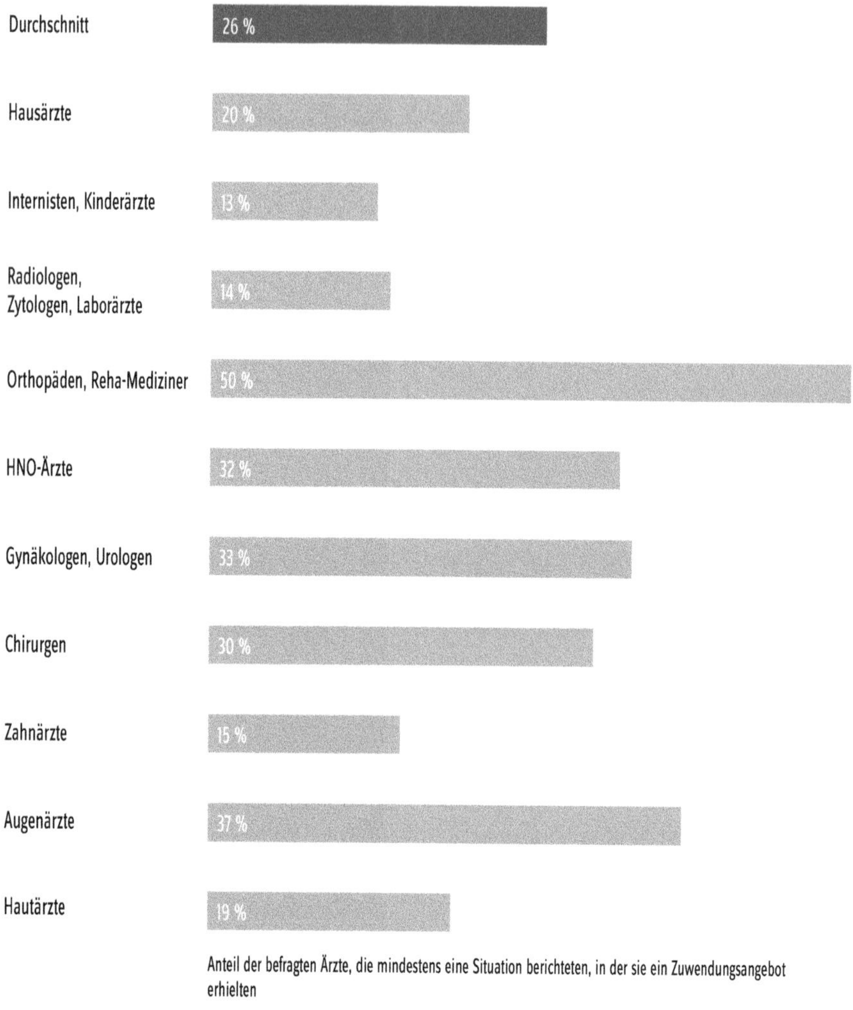

Abb. 4: Anteil der berichteten Situationen in der jeweiligen Fachärztegruppe, in denen für die Zuweisung von Patienten wirtschaftliche Vorteile angeboten wurden

Quelle der Grafik: *GKV*, Unzulässige Zusammenarbeit im Gesundheitswesen, September 2012. S. 47, abrufbar unter http://www.gkv-spitzenverband.de/media/dokumente/presse/publikationen/Studie_Zuweisung_gegen_Entgelt_2012.pdf, zuletzt geprüft am 24.01.2013.

Nach Einschätzung der befragten Ärzte erfolgen Patientenzuweisungen an bestimmte medizinische Labore zu 56 Prozent am häufigsten, Krankenhäuser liegen mit 47 Prozent gleich dahinter. Bei Reha-Kliniken und Pflegediensten sowie -heimen wird diese Praxis hingegen eher nicht oder seltener vermutet.

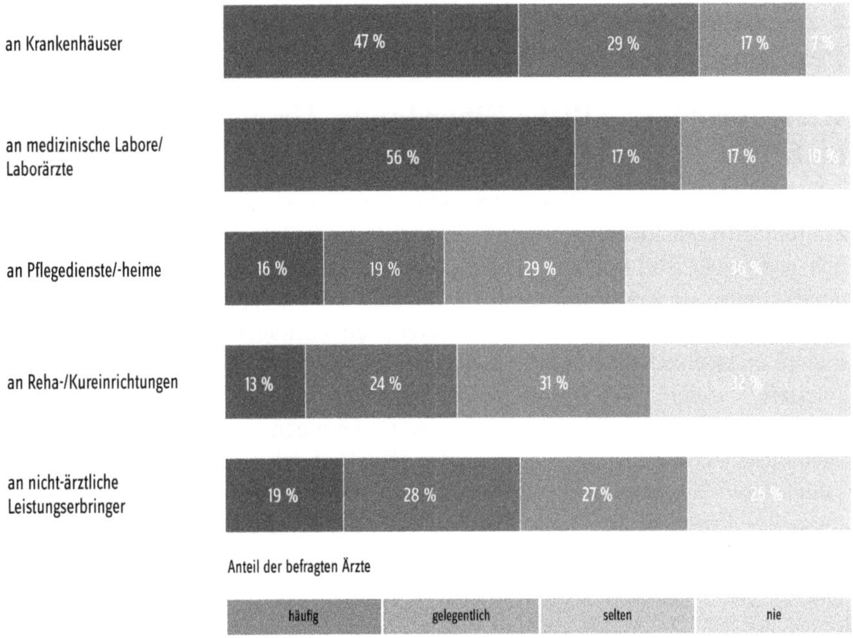

Abb. 5: Eingeschätzte Häufigkeit von Patientenzuweisungen an bestimmte stationäre Einrichtungen bzw. nicht-ärztliche Leistungserbringer.

Quelle der Grafik: *GKV*, Unzulässige Zusammenarbeit im Gesundheitswesen, September 2012. S. 28, abrufbar unter http://www.gkv-spitzenverband.de/media/dokumente/presse/publikationen/Studie_Zuweisung _gegen_Entgelt_2012.pdf, zuletzt geprüft am 24.01.2013.

Die Studie zeigt auch, dass gerade Ärzte mit geringerer Berufserfahrung in die Angebotssituationen geraten. So lag der Anteil der Ärzte mit weniger als fünf Jahren Berufspraxis, denen ein wirtschaftlicher Vorteil angeboten wurde, bei 35 Prozent, während bei Ärzten mit über 20 Jahren Erfahrung dieser Anteil nur bei 21 Prozent lag. Die Vermutung liegt nahe, dass etablierte Praxen in einem System von mehr oder weniger geschlossenen Absatzmärkten und Netzwerken fester verankert sein können.[87] Insgesamt nannten 1.141 Befragte[88] 491 Fälle und 317 Situationen, in denen es um eine Anbahnung oder die konkrete Zuweisung gegen Entgelt ging.[89]

87 GKV, Unzulässige Zusammenarbeit im Gesundheitswesen, S. 47 f.

88 Befragt wurden niedergelassene Ärzte, stationäre Einrichtungen und nicht-ärztliche Leistungsebringer.

89 GKV, Unzulässige Zusammenarbeit im Gesundheitswesen, S. 9.

2.2 Zuweisungsverträge – Ausgestaltung und Problemfelder

2.2.1 Formal rechtliche Einordnung, Ursachen und Ausmaß

Den Weg zu flexibleren Kooperationsformen im Gesundheitswesen haben die zahlreichen Gesundheitsreformen[90] der vergangenen Jahre geebnet.[91] Ausdrücklich erwünscht sind von den Gesetzgebern verstärkter Wettbewerb und sektorenübergreifende Kooperationen.[92] Die Abkehr vom kollektivvertraglichen System hin zu einem Vertragssystem mit selektiven Verträgen, hat indes ihren Beitrag zu einer undurchsichtigeren Vertragsgestaltung und Gestaltungsmissbrauch geleistet.[93] Auch die Mindestmengenregelung des § 137 Abs. 1 S. 3 Nr. 3 SGB V, welche vor allem apparative Anforderungen sowie Maßnahmen zur Qualitätssicherung festlegt, verstärkt den Druck, durch ausreichende Patientenzahlen bzw. Kooperationen die Teilhabe an der Versorgung zu sichern.[94] Der ehemalige Präsident der DKG, Kösters, weist auf die diesbezüglichen Gefahren hin:

> „Mit den Mindestmengenregelungen will man Gutes bezwecken. Sie dienen als einfacher Qualitätsindikator. Aber ab einer bestimmten Menge nimmt die Qualität wieder ab. [...] Mindestmengenregelungen schaffen ebenso Anreize zu vermehrter Patientenbehandlung und nicht indizierten Untersuchungen."[95]

Die Grenzen zulässiger und gewünschter Kooperationen sind überschritten, wenn diese allein der Verschleierung einer verbotenen Zuweisung gegen Entgelt dienen. Laut DGU vereinbaren Ärzte und Kliniken Kooperationsverträge, als juristische Schlupflöcher, um dem Zuweisungsverbot gegen Entgelt zu entrin-

90 Überblick zu den Gesundheitsreformen: Schaeffer/Ewers Pflege & Gesellschaft 11 (2006).

91 Zu den Gesundheitsreformen der vergangenen Jahre bis einschließlich des Jahres 2004, siehe näheres in der Übersicht von Fink, Hochtechnologiemedizin, S. 52.

92 BÄK/KBV/DKG, Gemeinsame Leitlinien zur Beurteilung von Kooperationen zwischen Krankenhäusern und niedergelassenen Ärzten, www.paritaet-bw.de/content /e1537e178/e4029/e195/PDF/Entwurf-LeitlinienKH-Aerzten.pdf, S. 1.

93 Riegel/Hoffmann, Leistungsmanagement im Krankenhaus, S. 133; Ossege Clin Res Cardiol 4 (2009), S. 57.

94 Pitschas MedR 26 (2008), S. 473, 476; Hessinger, Vernetzung im Gesundheitswesen, S. 68; Bohle MedR 24 (2006), S. 259, 263.

95 IV. Anhang, Anhang B – Interviews und Statements, Nr. 5, S. 174 f.

nen.[96] Der Präsident der BÄK Montgomery schätzt, dass sich 30 Prozent der Einweisungen in Krankenhäuser in einer juristischen Grauzone bewegen.[97] Allen Zuweisungsmodellen ist gemein, dass ein Arzt von getätigten Behandlungen oder Zuweisungen eines anderen Leistungserbringers wirtschaftlich profitiert.[98]

Den Anstoß zu der Debatte um Zuweisungsverträge hat der Urologe Manfred Wirth gegeben, indem er als Erster in der Öffentlichkeit die dem Thema innewohnende Problematik offen angesprochen hat.[99] Ausgangspunkt dieser Problematik ist der Umstand, dass der niedergelassene, zur vertragsärztlichen Versorgung zugelassene Arzt über den Ort und die medizinische Notwendigkeit eines stationären Aufenthalts seines Patienten gemäß § 73 Abs. 2 Nr. 7 SGB V i. V. m. § 73 Abs. 4 SGB V sowie § 26 Abs. 1 BMV-Ä als Erster entscheidet. Er ist daher auch der erste Kontakt- und Vertragspartner – als Zuweiser – für das Krankenhaus, wenn die Patienten- bzw. Fallzahlen erhöht werden sollen. Da aber gerade medizinisch indizierte Einweisungen von Patienten in Krankenhäuser zu den alltäglichen, pflichtgemäßen Leistungen eines niedergelassenen, zur vertragsärztlichen Versorgung zugelassenen Arztes gehören, können diese nicht extra von Kliniken vergütet oder bedacht werden.[100]

Auffallend ist die geringe Informationsbereitschaft der Beteiligten zu diesem Thema. Bei der im Rahmen dieser Untersuchung erfolgten Kontaktaufnahme zu zahlreichen Ansprechpartnern verschiedenster Hintergründe und Interessenlagen, stellte sich heraus, dass kaum jemand bereit ist, sich zu diesem Thema zu äußern. Dies betraf sowohl Kliniken als auch Ärzte. Selbst bei einigen öffentlichen Stellen kam es zu Zurückweisung oder dem Unverständnis für das Forschungsanliegen – selbst die Landesärztekammer NRW fühlte sich nicht zuständig.[101] Die Frankfurter Rundschau hat nach eigenen Angaben in den vergangenen Monaten mehrfach versucht, die BÄK bezüglich dieses Themas zu kontaktieren – zu einem Rückruf ist es bis heute nicht gekommen. Angeblich haben auch die Clearingstellen bis Juli 2011, in mindestens acht Bundesländern, noch kein Ver-

96 Keyser, 1000 Euro für Einweisung in Klinik, Stuttgarter Nachrichten 01.09.2009, S. 2.
97 Kuhn, Die Welt, 02.09.2009, Verdeckte Prämien für Mediziner sind Bestechung, S. 4; Bronsert/Gehrmann, Der Kopfgeld-Erreger, http://www.zeit.de/2009/38/Kranken haeuser/komplettansicht? print=true.
98 Krafczyk/ Lietz ZMGR 01 (2010), S. 24.
99 Peichel, Wildwuchs bei Zuweiserprämien, abrufbar unter: http://www.aertzezeitung.de/extras/druckansicht/?sid=602526&pid=609497.
100 Weid/Geissler, Möglichkeiten der leistungsorientierten Vergütung, S. 10 f.
101 Siehe: IV. Anhang, Anhang D – Ansprechpartner, S. 182 f.

fahren zur Prüfung von Vereinbarungen durchgeführt.[102] Es liegt die Vermutung nahe, dass dieses Verhalten durch das Bewusstsein sich in einem moralisch-rechtlichen Graubereich zu bewegen, geprägt ist.

Verträge im Rahmen der Zuweisung gegen Entgelt in eine geordnete Struktur zu bringen, fällt auf den ersten Blick schwer. Um ein Verständnis für die komplexe Materie zu bekommen, ist die Einordnung der zugrunde liegenden Rechtsverhältnisse und Leistungsbeziehungen zwischen den Beteiligten unerlässlich. Der zwischen dem (erst-)behandelndem Arzt und dem Patienten geschlossene Behandlungsvertrag, der unter §§ 611 ff. BGB eingeordnet wird, bildet das primär zugrunde liegende Rechtsverhältnis für eine Zuweisung.[103] Wird der Patient zugewiesen, kommt, aber nicht notwendigerweise[104], ein neuer Behandlungsvertrag mit dem weiterbehandelnden Leistungserbringer zustande. Das Rechtsverhältnis zwischen Zuweiser und Zuweisungsempfänger gestaltet sich schwieriger und beinhaltet zahlreiche Varianten des Vertragsabschlusses. Jedenfalls handelt es sich um privatrechtliche Verträge[105], die in Form von schuldrechtlichen Kooperationen mit niedriger Organisationsintensität gestaltet werden. Dabei behalten die Kooperationspartner grundsätzlich ihre wirtschaftliche und rechtliche Selbstständigkeit.[106] Der Leistungsaustausch erfolgt regelmäßig auf einzelvertraglicher, schuldrechtlicher Basis,[107] zum Beispiel als freier Dienstvertrag nach §§ 611 ff. BGB zur Erbringung bestimmter Tätigkeiten.[108] Meist liegen aber Mischformen von Verträgen vor oder sogar mündliche Absprachen, so dass diese sich nicht eindeutig zuordnen lassen.[109] Im Einzelnen kann es sich auch um gesellschaftsrechtliche Abreden handeln, wenn die Kooperation in Form einer gemeinsamen Berufsausübung oder Beteiligung an einer Gesellschaft verabredet wird.

In der Praxis werden Dienstleistungsverträge zwischen Ärzten und Krankenhäusern oftmals so geschickt formuliert, dass sie die Tatbestände der ver-

---

102 Baumann, Unter den Tisch gekehrt, http://www.fr-online.de/wirtschaft/korruption-unter-den-tisch-gekehrt, 1472780,11356010.html.

103 Graml, Das ärztliche Verbot der Zuweisung gegen Entgelt, S. 157.

104 So zum Beispiel nicht bei bestimmten Formen gemeinschaftlicher Berufsausübung.

105 Vgl. auch Quaas/Zuck, Medizinrecht Kommentar, § 13 Rn. 1.

106 Gummert/Meier MedR 25 (2007), S. 75, 83.

107 Wigge in: Schnapp/Wigge, Handbuch des Vertragsarztrechts, § 6 Rn. 128.

108 Steinhilper in: Wenzel, Handbuch Medizinrecht, Kapitel 11 Rn. 344.

109 Schmidt, Das Krankenhaus in der Beratung, S. 67, Rn. 20 ff; Quaas/Zuck, Medizinrecht Kommentar, § 13 Rn. 1; Anders/Ascheid/Dörner, Kommentar §§ 611 – 620, S. 93; Schmidt DÄBl 107 (2010), S. A-1543.

schiedenen zu beachtenden rechtlichen Rahmenbedingungen und Verbote nicht erfüllen, sagte Ann Martini von der GKV der Zeitschrift „Die Welt". Oft gingen sie auf den Einfluss findiger Berater zurück, die die Modelle als sektorenübergreifende Versorgung ausgäben.[110]

2.2.2 Typischer Vertragsgegenstand und Begriffsbestimmung

Der Begriff Zuweisungsvertrag weist eine Unschärfe auf. So gibt es nicht nur einen Zuweisungs- oder gar einen Mustervertrag, wie bei einem Kaufvertrag, sondern viele Erscheinungsformen, die so zahlreich sind wie die Kooperationsmöglichkeiten im Gesundheitswesen. Der viel zitierte Satz von Ratzel beschreibt die Situation bis heute sehr gut: „Die möglichen Beteiligungsformen sind vielfältig, der Einfallsreichtum der Beteiligten nahezu unbegrenzt."[111] Dementsprechend mannigfaltig sind auch die möglichen Vertragsgestaltungen, die unmittelbar mit der Patientenzuweisung gegen Entgelt in Verbindung stehen.

Bei der Fülle von Möglichkeiten derartige Zuweisungsverträge oder Absprachen zu gestalten, kann es nicht Ziel dieser Arbeit sein, alle lückenlos zu erfassen. Stattdessen sollen im Folgenden die drei umstrittensten Modelle und deren Vertragsgegenstände näher erläutert werden. Eine exakte Begriffbestimmung des Terminus „Zuweisungsvertrag" ist problematisch. Wie bereits oben beschrieben[112] existieren zahllose Begriffe, die dieses Themenfeld beschreiben. Eine einheitliche Festlegung existiert nicht. Um den Untersuchungsgegenstand für die vorliegende Arbeit handhabbar zu machen, soll im Folgenden unter *Zuweisungsvertrag* jeder Vertrag verstanden werden, der eine Zuweisung, Überweisung, Verweisung, Einweisung, Zuführung oder Vermittlung von Patienten gegen Entgelt oder sonstige Vorteile beinhaltet. Als *Zuweisungsprämie* wird in Bezugnahme auf Hakenberg eine „pauschalierte Zahlung an einen Zuweiser durch einen Leistungserbringer für einen Patienten, der überwiesen, verwiesen oder eingewiesen wird" verstanden.[113] Bei der Zuweisung gegen Entgelt spielt die Patienteneinweisung und -zuweisung eine wesentliche Rolle. Begrifflich

---

110 o.V., Zahlungsströme an Klinik-Einweiser in der Kritik, http://www.wiso-net.de/webcgi?START=A60&DOKV_DB=ZGEN&DOKV_NO=AEZT000529176&DOKV_HS=0&PP=1, S. 4; Ratzel/Möller/Michels MedR 24 (2006), S. 377, 381; Dahm MedR 28 (2010), S. 597, 599; Lindemann/Ratzel, Brennpunkte des Wirtschaftsstrafrechts, S. 117.

111 Ratzel in: Ratzel/Lippert, § 31 Rn. 4.

112 Siehe dazu Kapitel 2.1.1

113 Hakenberg Urologe 48 (2009), S. 858, 861.

versteht man unter *Patienteneinweisung* eine Einweisung durch einen Arzt vom ambulanten Sektor in ein Krankenhaus, den stationären Sektor, aufgrund medizinischer Indikation. Unter *Patientenzuweisung* versteht man eine Verlegung oder Verschiebung eines Patienten auf gleicher Versorgungsebene bzw. zwischen den Ebenen stationär und ambulant. *Patientenverweisungen* beschreiben den Zustand, dass Patienten von meist niedergelassenen Ärzten an Arzneimittel-, Heilmittel- oder Hilfsmittelerbringer verwiesen werden.[114] *Zuweiser* sind Leistungserbringer, zum Beispiel (erst-)behandelnde Ärzte, die einem bestimmten Arzt oder Krankenhaus anhand von Zuweisungen Patienten zuführen (in der unzulässigen Variante erfolgt dies gegen Entgelt).[115] *Zuweisungsempfänger* sind Leistungserbringer, zum Beispiel (nach-)behandelnde Ärzte, Krankenhäuser oder Rehabilitationseinrichtungen, die Patienten des Zuweisers abnehmen und weiterbehandeln.[116] Als zuweisungsabhängige Leistungserbringer stehen sie auf einer dem Zuweiser nachgelagerten Marktstufe.[117] Typische Vertragsgegenstände können dabei prä- und postoperative Leistungen, Großgerätenutzungen oder integrierte Versorgungskonzepte sein. All diese verdecken hingegen unter Umständen den eigentlichen Zweck der Patientenzuweisung gegen Entgelt.

2.2.2.1 Patientenverweisung

Als Vertragsgegenstand für eine Verweisung gegen Entgelt kann der verkürzte Versorgungsweg[118] im Sinne einer Patientenverweisung in Frage kommen. Man bezeichnet als Patientenverweisung eine Zusammenarbeit, bei der niedergelassene Ärzte ihre Patienten an bestimmte Heilmittelversorger verweisen und als Gegenleistung von diesen medizinische Geräte gestellt bekommen oder eine Rückvergütung erhalten.[119] Dabei besagt § 34 Abs. 5 MBO-Ä a. F.:

---

114 Behar, Horizontale Verbundstrukturen, S. 350.

115 Vgl. hierzu LBG für Heilberufe Münster GesR 2011, 733, 736 ff.; Zu den Begrifflichkeiten siehe, Lindemann/Ratzel, Brennpunkte des Wirtschaftsstrafrechts, S. 14

116 Graml, Das ärztliche Verbot der Zuweisung gegen Entgelt, S. 7 f.

117 Wittmann MedR 26 (2008), S. 716, 720.

118 BGH DÄBl 2011, A-1253; BGH NJW 2000, 2745-2749; BGH NJW-RR 2011, 260-263; BGH, NJW 2009, 3582-3585; Kölbel NStZ 31 (2011), S. 195, 199.

119 Bornemann, Leitlinien für die Zusammenarbeit von Ärzten und Leistungserbringern, http://www.anwalt24.de/beitraege-news/fachartikel/bgh-leitlinien-fuer-die-zusammenarbeit-von-aerzten-und-leistungserbringern-hoergeraete-ii.

„Ärzten ist es nicht gestattet, Patienten ohne hinreichenden Grund an bestimmte Apotheken, Geschäfte oder Anbieter von gesundheitlichen Leistungen zu verweisen“.[120]

Diese Vorschrift wurde nunmehr in § 31 MBO-Ä integriert und bezweckt es dem Patienten die Freiheit der Wahl des Anbieters gesundheitlicher Produkte und Leistungen zu erhalten.[121] Der BGH stellte 2011 klar, dass das Verbot der Zuweisung gegen Entgelt gemäß § 31 MBO-Ä nicht nur gilt, wenn ein Arzt einem anderen Arzt Patienten überweist, sondern auch für Patientenverweisungen im Sinne des § 34 Abs. 5 MBO-Ä a. F.[122] „Verweisen“ ist die verbale Information des Patienten mit dem Ziel, dadurch seine Auswahl zugunsten eines bestimmten Anbieters zu beeinflussen.[123] Für die Zulässigkeit der Verweisung wird ein hinreichender Grund gefordert.[124] Der Patient hat nicht nur die freie Arztwahl, sondern auch eine freie Apothekenwahl.[125] Eine Empfehlung ist allerdings ausnahmsweise zulässig, wenn die ausgewählte Apotheke ein notwendiges Medikament vorrätig hält und der Patient das betreffende Medikament zur medizinischen Behandlung dringend benötigt.[126] § 11 Abs. 1 S. 1 ApoG verbietet Rechtsgeschäfte oder Absprachen zwischen Ärzten und Apothekern, die auf „ein Zuführen von Patienten oder ein Zuweisen von Verschreibungen“ hinauslaufen.[127] Zum Adressatenkreis dieser Vorschrift gehören im Wesentlichen Erlaub-

---

120 BGH NJW 2011, 2211-2217; OVG Koblenz NJW 1994, 813, 814; MBO-Ä i. d. F. der Bek. der Beschl. des 100. Deutschen Ärztetages 1997 in Eisennach, zuletzt geändert durch die Beschl. des 114. Deutschen Ärztetages 2011 in Kiel; Ratzel/Lippert, Kommentar zur MBO, S. 394, § 34; Ries/Schnieder/Althaus, Arztrecht, S. 171; Clausen/Schlegel, Musterverträge für Krankenhäuser, S. 483.

121 Thünken MedR 25 (2007), S. 578, 581 f; Wittmann/Koch MedR 29 (2011), S. 476, 477; Ratzel MedR 29 (2011), S. 158.

122 BGH NJW 2011, 2211; LG Hamburg Magazindienst 2004, 444-449.

123 OLG Koblenz WRP 2008, S. 145, 146; LG München MedR 2008, S. 507.

124 BGH NJW 2009, 3582, 3583; Fenger/Göben, Sponsoring im Gesundheitswesen S. 155; BÄK DÄBl 104 (2007), S. A-1607, A-1609; Stumpf/Voigts MedR 27 (2009), S. 205, 206.

125 BGH NJW-RR 2011, 260, 262 f; LSG Nordrh.-Westf. BeckRS 2010, 73360; LBG für Heilberufe Münster GesR 2011, 733-738; SG Frankfurt Gew Arch 2006, 478-482.

126 Lippert in: Ratzel/Lippert, Kommentar zur MBO, S. 398, Rn. 14, § 34; Scholz in: Spickhoff, Medizinrecht, § 34, Rn. 12.

127 Gerichtshof für Heilberufe Niedersachsen MedR 1984, 34; Ratzel/Knüpper in: Ratzel/Luxenburger, Handbuch Medizinrecht, § 5 Rn. 178; Scholz in: Spickhoff, Medizinrecht, § 34, Rn. 11; Ratzel in: Dahm/Möller/Ratzel, Rechtshandbuch Medizinische Versorgungszentren, S. 141, Rn. 24.

nisinhaber von Apotheken (Apotheker) und deren Personal.[128] Ausgenommen von diesem Verbot sind Verträge über die integrierte Versorgung. § 11 Abs. 1 S. 2 ApoG besagt ausdrücklich, dass § 140a SGB V davon unberührt bleibt. Vereinbarungen von Bonuszahlungen sollen demnach möglich sein, soweit die sektorenübergreifende bzw. interdisziplinär-fachübergreifende Versorgung Anreize zu einer Verbesserung der Patientenversorgung oder Einsparungen von Gesundheitskosten schafft und eine bevölkerungsbezogene flächendeckende Versorgung ermöglicht.[129]

Ausgenommen vom Verbot der Verweisung sind die Hörgeräteakustik und die Brillenversorgung (Hilfsmittelversorger), wenn ein hinreichender Grund vorliegt. Die rechtliche Zulässigkeit des verkürzten Versorgungsweges in diesen Bereichen ist seit mehreren Jahren höchstrichterlich anerkannt.[130] Im Übrigen ist im Bereich der Hilfsmittelversorgung die Zahlung sämtlicher Geldzahlungen oder Zuwendungen untersagt. Mit dieser Feststellung und rechtlichen Einordnung sollen vorstehende Verträge über die Patientenverweisung nachfolgend – auch aus Gründen der Übersichtlichkeit – nicht weiter thematisiert werden.

2.2.2.2 Großgerätekooperation

Großgerätekooperationen sind Kooperationen zwischen Krankenhäusern und/oder Ärzten, bei denen es darum geht, sich medizinisch-technische Geräte zu teilen. Die Großgerätekooperation zählt zu den Organisationsgemeinschaften.[131] Meist sind diese in Form einer Praxisgemeinschaft ausgestaltet. Hierunter fallen Zusammenschlüsse und Netzwerke zweier oder mehrerer Ärzte – oder auch Kliniken – gleicher und/oder verschiedener Fachrichtungen zwecks gemeinsamer Nutzung von Geräten und apparativer Ausstattung.[132] Großgerätekooperationen sind in der Form einer Gerätenutzungsgemeinschaft oder einer Betreibergemeinschaft denkbar. Vertragsgegenstand bei der Gerätenutzungsgemeinschaft ist die gemeinsame Nutzung medizinisch-technischer Geräte

---

128 Senge, in: Erbs/Kohlhaas/Ambs, § 11 ApoG, Rn. 5.

129 Werthern, Strategiehandbuch für den niedergelassenen Arzt, S. 30 f; BÄK DÄBl 104 (2007), S. A-1607, A-1609; Senge in: Erbs/Kohlhaas/Ambs, § 11 ApoG, Rn.8.

130 BGH NJW 2000, 2745, 2747; BGH NJW 2002, 962; OLG Celle GesR 2007, 220-222; Wienke HNO 61 (2011), S.112; Arning-Hövelmann MedR 19 (2001), S. 203; Balzer MedR 21 (2003), S. 699 f; Taupitz MedR 16 (1998), S. 522.

131 Hamann/Fenger, Allgemeinmedizin und Recht, S. 209; Ratzel in: Ratzel/Lippert, Kommentar zur MBO, S. 240, § 18, Rn. 1; Ries/Schnieder/Althaus, Arztrecht, S. 153; Ratzel/Möller/Michels MedR 24 (2006), S. 377.

132 Gummert, Münchener Handbuch des Gesellschaftsrechts, 3. Aufl. 2009, § 25, Rn. 152.

(Magnetresonanztomograph [MRT], Computertomograph [CT], usw.) durch die Kooperationspartner, während bei einer Betreibergemeinschaft meist ein Arzt das Gerät in seiner Praxis betreibt und andere Ärzte Patienten zur Untersuchung in seine Praxis überweisen.[133] Diese Form der Zusammenarbeit ist unkritisch, wenn keine ungerechtfertigten Vorteile für den Kooperationspartner mit der Nutzung verbunden sind.[134] So sagt Makoski, Fachanwalt für Medizinrecht:

> „Großgerätekooperationen sind in den meisten Fällen nicht das Problem, weil es in diesen Fällen im Endeffekt nur die Krankenhäuser sind, die so etwas nicht haben und die dann die Leistung zum Beispiel von Radiologen beziehen [...]. Das Krankenhaus kann seine Patienten dort versorgen. Das ist ja in dem Sinne dann keine Zuweisung, weil es, wenn man das mal ökonomisch betrachtet, ein Outsourcing von Leistung ist [...]“[135]

Vertragliche Konstellationen und Kooperationen dieser Form werden erst problematisch, wenn neben der Gerätenutzung und -überlassung noch weitere Leistungsbeziehungen zwischen den Akteuren bestehen. Vor allem ergeben sich dabei fragliche Sachlagen im Hinblick auf das Verbot der Zuweisung von Patienten gegen Entgelt bzw. sonstige Vorteilsgewährung i. S. d. § 31 MBO-Ä.[136] Eine zulässige Ausgestaltung ist die Anstellung eines Arztes in einem Medizinischen Versorgungszentrum[137] (im Folgenden: MVZ), so dass über die Gründung eines MVZ in vielen Fällen der Verbotstatbestand umgangen werden kann.[138]

133 Ratzel in: Ratzel/Lippert, Kommentar zur MBO, S. 240, § 18, Rn. 1; Ries/Schnieder/Althaus, Arztrecht, S. 153; Ratzel/Möller/Michels MedR 24 (2006), S. 377.

134 BÄK/KBV/DKG, Gemeinsame Leitlinien zur Beurteilung von Kooperationen zwischen Krankenhäusern und niedergelassenen Ärzten, www.paritaet-bw.de/content/e1537e178/e4029/e195/PDF/Entwurf-LeitlinienKH-Aerzten.pdf, S. 9.

135 IV. Anhang, Anhang B – Interviews und Statements, Nr. 4, S. 168 ff.

136 Vgl. BGH VersR 2003, 1446, 1447; Meyer MedR 2002 (5), S. 242; BÄK/KBV/DKG, Gemeinsame Leitlinien zur Beurteilung von Kooperationen zwischen Krankenhäusern und niedergelassenen Ärzten, www.paritaet-bw.de/content/e1537e178/e4029/e195/PDF/Entwurf-LeitlinienKH-Aerzten.pdf, S. 8; Werthern, Strategiebuch für den niedergelassenen Arzt, S. 85.

137 „Fachübergreifende, ärztlich geleitete Einrichtung, in dem Ärzte, die in das Arztregister eingetragen sind, als angestellte Ärzte oder Vertragsärzte tätig sind, (vgl. § 95 SGB V)“; München ZFK 94 (2005), S. IV/13; Schmidt, Das Krankenhaus in der Beratung, S. 80, Rn. 58.

138 Nass, Strategiebuch für den niedergelassenen Arzt, S. 136 f; Dahm in: Dahm/Möller/Ratzel, Rechtshandbuch Medizinische Versorgungszentren, S. 148, Rn. 48.

Das MVZ, welches zumeist von einem Klinikum getragen wird, fungiert für dieses zum Beispiel als legaler Zuweiser und stellt gleichzeitig die medizinisch-technischen Geräte bereit.[139] MVZs sind deshalb lukrative Kooperationspartner für Zuweisungsempfänger, weil innerhalb eines MVZ Zuweisungspraktiken ohne Verletzung der freien Arztwahl des Patienten gemäß § 13 Abs. 3 S. 1 BMV-Ä möglich sind.[140] § 76 Abs. 1 S. 1 SGB V bestimmt lediglich, dass der Versicherte unter den medizinischen Versorgungszentren frei wählen kann, jedoch nicht die freie Arztwahl innerhalb eines MVZ. Vor allem Krankenhäuser profitieren von diesen sogenannten Portalhäusern (Krankenhaus-MVZs), die die Patienten in das Trägerkrankenhaus einweisen und somit nicht nur an im Rahmen der ambulanten Behandlung erzielten Erlösen teilhaben, sondern auch an den Erlösen der stationären Behandlung.[141] Große Mengen an Patienten können auf diese Weise gebündelt werden.[142] Ähnlich bewertet auch Biertz, niedergelassener Allgemeinmediziner, die Interessen der Vertragspartner:

> „Krankenhäuser kaufen sich häufig Kassenärzte ein und gründen MVZ's, um teure Geräte von denen mit abbezahlen zu lassen und Pauschalen für deren Nutzung zu vereinbaren. Die Ärzte zahlen dann einen prozentualen Anteil, an dem was sie mit ihren diagnostischen Leistungen an Patienten verdienen an das Krankenhaus."[143]

Hierbei kann es jedoch an zahlreichen Stellen zu Doppelabrechnungen und „Patienten-Sharing" und so genannten Umgehungsgeschäften kommen.[144] Eine Neufassung des § 45 Abs. 3 BMV-Ä soll in Zukunft einem solchen Verhalten entgegenwirken.[145] Auftauchen kann auch die Konstellation, dass ein niedergelassener Arzt an einer Gerätegesellschaft (z. B. MVZ) beteiligt ist, der er die Patienten zuweist und dafür eine höhere Gewinnausschüttung erhält.[146] Zwischen

---

139 Raab/Drissner, Einweiserbeziehungsmanagement, S. 165.

140 Wigge in: Schnapp/Wigge, Handbuch des Vertragsarztrechts, § 6 Rn. 94; Lindenau, Das Medizinische Versorgungszentrum, Rn. 297; Frieslingsdorf, iGel Erfolg mit System, S. 48.

141 Graml, Das ärztliche Verbot der Zuweisung gegen Entgelt, S. 138.

142 Riegel/Hoffmann, Leistungsmanagement im Krankenhaus, S. 141.

143 IV. Anhang, Anhang B – Interviews und Statements, Nr. 2, S. 166.

144 Dahm MedR 16 (1998), S. 70, 73; BLÄK/KVB/BKG Bayerisches Ärzteblatt 3 (2011), S. 115.

145 Hamman/ Fenger, Allgemeinmedizin und Recht, S. 210 f.

146 Schirmer, Vertragsarztrecht kompakt, S. 321; Ratzel in: Ratzel/Lippert, Kommentar zur MBO, S. 373, Rn.20, § 31.

den Ärzten wird dazu ein Gesellschaftsvertrag geschlossen.[147] Für die Ausschüttung bzw. Vergütung gilt indessen, dass diese keinen Anreiz darstellen darf, dass über das medizinisch gebotene Maß hinaus ärztliche Diagnostik sowie medizinisch-technische Maßnahmen im Interesse der Gesellschaft geleistet werden.[148]

Besonders bei den Großgerätekooperationen und der bildgebenden Diagnostik scheint es schwierig zu entscheiden, wann eine Vereinbarung in den rechtlich nicht mehr zulässigen Bereich übergeht. Kritisch erscheint hier zum Beispiel die Konstellation einer Rückvergütung, in Form von Anteilen am Honorar, als Gegenleistung für Ärzte, die einem Radiologen Patienten zuweisen.[149] Denkbar wäre auch eine Sachlage, bei der Krankenhäuser sich gegenseitig Patienten für MRT-Untersuchungen zuschieben, wobei diese Variante eher selten anzutreffen ist. Kösters von der DKG äußert sich dazu folgendermaßen:

> „Auch Großgerätekooperationen mit Zuweisungsabsprachen würde ich als Konstellation überhaupt nicht ausschließen. In den letzten 10-15 Jahren hat sich das verändert. Niedergelassene Radiologen werden durch MVZ`s mit an das Haus genommen. Man hat indirekt partizipiert. Jedes Krankenhaus will selbst ein MRT am Haus haben und die Patienten nicht an andere Häuser schicken müssen, mit der Sorge, das diese beim nächsten Mal direkt dorthin gehen."[150]

Gerade bei radiologischen Leistungen handelt es sich – wie bei orthopädischen und chirurgischen Eingriffen – um überweisungsgebundene, medizinisch-technische Leistungen, die somit besonders häufig für Zuweisungskontrakte genutzt werden.[151] Bei einer MRT-Kooperation wird üblicherweise in einer der Praxen bereits ein Magnetresonanztomograph vorhanden sein, welcher von allen Beteiligten genutzt werden kann.

---

147 Koller, Systematisches Management, S. 351; Hamman/Fenger, Allgemeinmedizin und Recht, S. 210 f; Steinhilper in: Laufs/Kern, Handbuch des Arztrechts, § 31, Rn. 44 f; Gummert in: Münchener Handbuch des Gesellschaftsrechts, § 25, Rn. 22.

148 Schirmer, Vertragsarztrecht kompakt, S. 322; Leonhardt stomatologie 6 (2011), S. a6.

149 Vgl. hierzu auch BGH NJW-RR 1990, 1313; Die Problematik der Laborzuweisungen lässt sich auf das Beispiel der Radiologie übertragen, in: Narr, Ärztliches Berufsrecht, Rn. B 630 ff.; Dahm MedR 16 (1998), S. 70, 73.

150 IV. Anhang, Anhang B – Interviews und Statements, Nr. 5, S. 174 f.

151 LG Heidelberg MedR 1998, S. 273; Zeller/Cramer Radiologe 40 (2000), S. M-82.

Sofern die Geräteüberlassung unentgeltlich erfolgt, ist zugleich die Vorschrift des § 7 HWG zu beachten, explizit mit Blick auf die unentgeltliche und verbilligte Überlassung von medizinischen Gegenständen als unzulässigem wirtschaftlichen Vorteil i. S. d. § 128 Abs. 2 S. 1 SGB V.[152]

2.2.2.3 Patientenzuweisung

Typische Vertragsgegenstände für Kooperations- und Zuweisungsverträge, die versteckte Patientenzuweisungen gegen Entgelt enthalten, sind oftmals prä- und postoperative Leistungen, Konsiliarvereinbarungen[153], Gewinnpooling[154], Beraterverträge[155] zwischen Krankenhaus und Arzt oder Verträge über die integrierte Versorgung.[156] Diese Vertragsmodelle sind allesamt zunächst einmal zulässig, solange sie nicht dem eigentlich verdeckten Zweck der Patientenzuweisung gegen Entgelt dienen. Letzteres ist zum Beispiel der Fall, wenn bei Beraterverträgen dem Zuweiser ein bestimmter Honoraranteil unter Bezugnahme auf angebliche Beratungsleistungen rückvergütet wird.[157] Bei Konsiliarvereinbarungen könnte der Arzt das Krankenhaus oder die Facharztpraxis (meist Radiologie) beraten und als Gegenleistung ein pauschales Honorar erhalten.[158]

Die zunehmende Verzahnung sektorenübergreifender Versorgung erzeugt vermehrt Zuweisungsmodelle und -kooperationen mit Vorteilsgewährungen vom stationären an den ambulanten Sektor.[159] Bei prä- und poststationären medi-

---

152 Dieners in: Dieners, Handbuch Compliance im Gesundheitswesen, Kapitel 6, Rn. 67.

153 Dahm MedR 16 (1998), S. 70.

154 Beim Gewinnpooling werden alle Praxiseinkünfte im Innenverhältnis zusammengeführt und anschließend nach einem vereinbarten Schlüssel unter den Beteiligten ausgeschüttet; LG Arnsberg MedR 2008, 746; LG Hamburg MedR 2005, 98, Orientierungssatz 3; LSG Niedersachsen-Bremen MedR 2003, 429-432; Halstrick Frauenarzt 48 (2007), S. 13.

155 Beraterverträge betreffen Beratungsleistungen, die von Klinikärzten oder anderen Mitarbeitern medizinischer Einrichtungen, von den medizinischen Einrichtungen selbst oder von niedergelassenen Ärzten für deren Interessen erbracht werden. Dieners in: Dieners, Handbuch Compliance im Gesundheitswesen, Kapitel 6, Rn. 23.

156 Engelhard, Spenden, Sponsoren – Staatsanwalt? S. 37; Ratzel MedR 20 (2002), S. 492, 493.

157 LT-Drs. NRW 14/10405, vom 10.12.2009, S. 8; Ratzel/Knüpper in: Ratzel/Luxenburger, Handbuch Medizinrecht, § 5 Rn. 173; Ratzel in: Ratzel/Lippert, Kommentar zur MBO, S. 368, § 31, Rn. 3; Ries/Schnieder/Althaus, Arztrecht, S. 140; Stollmann GesR 3 (2011), S. 136, 139; Kiefer/Meseke VSSR 3 (2011), S. 212, 219; Dahm MedR 16 (1998), S. 70, 73.

158 Dahm MedR 16 (1998), S. 70; Dahm MedR 28 (2010), S. 597, 600.

159 Ehlers/Trümper Herz 34 (2009), S. 656.

zinischen Betreuungen werden oftmals Zuweisungsabsprachen in der Form verabredet, dass die poststationäre Behandlung durch den Arzt durchgeführt wird, der auch die Einweisung in das Krankenhaus vorgenommen hat.[160] Dabei fließen Entgelte, die für angeblich erbrachte Leistungen gezahlt werden. Im Bereich des Möglichen liegt eine Zahlung in Höhe von mindestens 25 Prozent der abgerechneten DRG-Fallpauschale.[161] Dabei machen § 115a SGB V und ebenso § 116b SGB V den Ort der geforderten, medizinischen Leistungserbringung für prä- und poststationäre Behandlungen schon in der Überschrift deutlich: „im Krankenhaus“.[162] Denkbar ist aber auch, dass die Leistungen überhöht abgerechnet werden.[163] Hauptargument mit dem diese Verträge abgeschlossen werden, ist die Qualitätssteigerung der Behandlungen – um derartige Absprachen zu verbergen.[164] VKA-Verhandlungsführer, Joachim Flinkenburg, sagte dem Deutschen Ärzteblatt, er halte Verträge über die Integrierte Versorgung[165] für den Ursprung allen Übels. Dabei würden Krankenhäuser, die nicht in diese Verträge eingebunden seien, gezielt von niedergelassenen Ärzten unter Druck gesetzt, Prämien für Zuweisungen zu zahlen. Angeblich kursieren in Ärztekreisen Listen mit detaillierten Angaben zu Forderungen gegenüber Krankenhäusern.[166] Nach Ansicht von Ingo Pflugmacher regeln Verträge über die integrierte Versorgung nichts anderes als die derzeit diskutierten Zuweiserpauschalen, auch hier müssten die berufsrechtlichen Regelungen beachtet werden.[167] Ohne genauere Hinter-

---

160 LG Duisburg MedR 2008, 445.

161 OLG Schles.-Holst. NJW 2004, 1745-1747; OLG Koblenz GesR 2004, 150, 151; LT-Drs. NRW 14/10405, vom 10.12.2009, S. 8; Ihle, Korruption im Gesundheitswesen, www.dgvt.de/1465.html; Maehle Medical Humanities 36 (2010), S. 84; Dahm MedR 22 (2004), S. 270; Kiefer/Meseke VSSR 3 (2011), S. 212, 217; Raab/Drissner, Einweiserbeziehungsmanagement, S. 188; Wodarz/Sellmann NZS 2008, S. 466, 470; Dahm MedR 28 (2010), S. 597, 599.

162 Dahm MedR 27 (2009), S. 664.

163 Borstel/Kuhn, Fangprämien für Patienten, http://www.welt.de/wirtschaft/article4456812 /Aerzte-wehren-sich-gegen-Korruptionsvorwurf.html.

164 Lehmphul, Pro Patient 250 Euro Prämie, http://www.wiso-net.de/webcgi?START=A60 &DOKV_DB=TSP&DOKV_NO=20090905501O299&DOKV_HS=0&PP=1; S. 12; Ehlers/Trümper Herz 34 (2009), S. 657.

165 Innerhalb der integrierten Versorgung arbeiten verschiedene Akteure des Gesundheitswesens gemeinsam in einem fach- und/oder sektorenübergreifenden Versorgungsprozess zusammen. In jedem Fall ist eine Krankenkasse beteiligt, siehe dazu: KBV, Vertragsmöglichkeiten, Integrierte Versorgung, http://www.kbv.de/koop/8777.html; Siehe zur „Bereichsübergreifende Versorgungskette“: Bode, Die Malaise der Krankenhäuser, S. 196; Udsching NZS 8 (2003), S. 411-417.

166 Flintrop/Rieser DÄBl 106 (2009), S. A-1819 f; Makoski MedR 27 (2009), S. 376.

167 Bäune MedR 25 (2007), S. 566, 569 - Interview mit Ingo Pflugmacher.

gründe zu kennen, scheint es zunächst unzumutbar, Ärzte und Kliniken bei Abschluss von Verträgen und Absprachen, die ähnliche Konzepte enthalten zu verurteilen, während Modelle mit Beteiligung einer Krankenkasse zulässig sind.[168] 2008 gab es 6407 Verträge zur integrierten Versorgung, welche – ganz legal – „Zuweisungsvergütungen" vorsahen.[169] Patientenzuweisungen, -überweisungen und -einweisungen im Rahmen der integrierten Versorgung nach § 140a SGB V sind zulässig, aber dennoch immer auch am Tatbestand des § 31 MBO-Ä zu messen.[170] Zulässig werden diese Verträge erst durch die Beteiligung der Krankenkassen („Bezahler") an den Vertragsmodellen und ihre ausdrückliche Einwilligung.[171] Hierzu äußert sich Kösters wie folgt:

> „Die integrierte Versorgung zahlt ohnehin schon Pauschalen. Das da auch Geld fließt, weil der niedergelassene Arzt das nicht umsonst macht, ist ja auch nachvollziehbar. Der entscheidende Unterschied ist dabei, dass die Financiers das mit bewilligt und abgestempelt haben. Es hat ja auch gute Seiten für die verbesserte Patientenversorgung zum Beispiel, nur leider wird da oft mit dem Rasenmäher über alles drüber gefahren."[172]

Kommen unzulässige Fälle oder Absprachen ans Tageslicht, stellt sich die Situation meist so dar, dass belastete Ärzte beteuern, die Initiative sei von den Kliniken ausgegangen, während diese wiederum behaupten, die Mediziner hätten Entgelte gefordert.[173] Da Zuweisungen von Patienten und Untersuchungsmaterial vornehmlich zwischen Leistungserbringern verschiedener Fachrichtungen und Sektoren erfolgen, sind hiervon vor allem die Beziehungen zwischen nie-

---

168 Pflugmacher, Zuweiserprämien – am Ende kommt es darauf an, was dem Patienten nützt, http://www.aerztezeitung.de/praxis_wirtschaft/vertragsarztrecht/article/564078/zuweiserpraemien-ende-kommt-darauf-patienten-nuetzt.html; o.V, Zahlen Kliniken in Berlin Einweisungsprämien? http://www.wiso-net.de/webcgi?START=A60&DOKV_DB=ZGEH&DOKV_NO=AEZT000204317&DOKV _HS=0&PP=1.

169 Grothaus, Entwicklung der integrierten Versorgung in der Bundesrepublik Deutschland 2004 – 2008, http://www.bqs-register140d.de/dokumente/bericht-140d.pdf; siehe auch: Bode Leviathan 38 (2010), S. 189, 190.

170 Bohle in: Huster/Kaltenborn, Krankenhausrecht § 8 Rn. 35.

171 OLG Düsseldorf GesR 2005, 330, 331; LSG Schlesw.-Holst. MedR 2007, S. 566, 569; Girr, Gesundheitsnetzwerke initiieren, S. 141; BÄK/KBV/DKG, Gemeinsame Leitlinien zur Beurteilung von Kooperationen zwischen Krankenhäuser und niedergelassenen Ärzten, http://www.paritaet-bw.de/content/ e153/e178/e4029/e195/PDF/Entwurf _LeitlinienKH_Aerzten.pdf, S. 10 f; Makoski MedR 27 (2009), Nr. 7, S. 376, 385; Raab/Drissner, Einweiserbeziehungsmanagement, S. 188 f.

172 IV. Anhang, Anhang B – Interviews und Statements, Nr. 5, S. 174 f.

173 Drougais RDG 6 (2009), S. 252.

dergelassenen Ärzten und Krankenhäusern betroffen, aber auch die Überweisungen von Hausärzten an Fachärzte, wie zum Beispiel Radiologen, Augenärzte, Orthopäden etc.[174] Vor diesem Hintergrund können zwei Formen von Patientenzuweisungen unterschieden werden. Die erste ist die *„Erpressungsform*", bei der der Verstoß vom Zuweiser veranlasst wird und dieser der maßgebliche wirtschaftliche Interessenträger ist. Hier fordern Zuweiser die Prämien für Einweisungen von Patienten. Die zweite Variante ist die *„Bestechungsform*", bei der der Verstoß vom Zuweisungsempfänger veranlasst wird und dieser der maßgebliche wirtschaftliche Interessenträger ist. Meist bietet hier ein Krankenhaus Geldprämien für künftige Einweisungen.[175]

Hausärzte scheinen dabei weniger interessant zu sein, als ihre fachärztlichen Kollegen.[176] Diesbezüglich meint Biertz:

> „Ich als Hausarzt bin als Zuweiser überhaupt nicht interessant, diese Problematik betrifft vor allem die Kollegen Fachärzte jeglicher Richtung, wobei Orthopäden, Kardiologen und Radiologen meiner Ansicht am häufigsten betroffen sind."[177]

Fortgang der Untersuchung:

Im Folgenden soll sich diese Untersuchung allein auf zwei Modelle von Zuweisungsverträgen beschränken: die Großgerätekooperationen und die Patientenzuweisungen zwischen den Sektorengrenzen. Die Patientenverweisung wird nicht behandelt, weil bereits in diesem Abschnitt festgestellt werden konnte, dass diese Modellvariante durch explizite/klare Verbote bzw. Ausnahmeregelungen weitgehend höchstrichterlich geregelt wurde.

Bei der folgenden Betrachtung und Analyse soll von privaten Krankenhausträgern ausgegangen werden, so dass eine vergaberechtliche Problematisierung[178] außer Acht bleibt.

---

174 Graml, Das ärztliche Verbot der Zuweisung gegen Entgelt, S. 136.

175 Wittmann MedR 26 (2008), S. 716, 722.

176 Bonsert/Gehrmann, „Der Kopfgeld-Erreger" – Ärzte kassieren von Kliniken Fangprämien, http://www. zeit.de/2009/38/Krankenhaeuser/komplettansicht?print=true.

177 IV. Anhang, Anhang B – Interviews und Statements, Nr. 2, S. 166.

178 Eingehender: Kingreen MedR 22 (2004); Hesselmann/Motz MedR 23 (2005), S. 498-502; zu den Vergaberechtlichen Definitionen und öffentlichen Auftraggebern: Bohle MedR 24 (2006), S. 259, 264.

Arbeitsrechtliche, kommunalrechtliche und steuerrechtliche Vorgaben[179] sowie Zuwendungen sollen ebenso nicht bearbeitet werden, weil diese nicht im Zentrum der Problemstellung stehen.[180]

2.2.3 Kritische Vertragsklauseln – Vertragsbeispiele

Viele Verträge und Absprachen über Zuweisung gegen Entgelt bewegen sich in einer juristischen Grauzone. Folgender Teil der Arbeit soll einige Beispielklauseln aufzeigen, die sich in dieser Zone bewegen und schon vorab einige Hilfestellungen bei der Formulierung richtiger Klauseln bzw. Vermeidung von Verstößen geben. Die Recherche beispielhafter Klauseln stieß jedoch zunächst auf beachtliche Hürden, die es zu bewältigen galt. Der Versuch öffentlich an Zuweisungsverträge oder Beispiele unzulässiger Absprachen zu gelangen, stellt sich als sehr schwierig bis fast aussichtslos dar. So werden Verträge dieser Art nur zwischen zwei Parteien geschlossen und kaum einer der Beteiligten ist zu einer Auskunft bereit. Freilich liegt das in der Natur der Sache, denn die Beteiligten bewegen sich in einer rechtlichen Grauzone. So werden solche Dinge oft nur in einem „Vier-Augen-Gespräch" zur Sprache gebracht.[181] Dabei fallen laut N. N. (Internist)[182] Sätze wie: „Was können wir für Sie tun, damit Sie uns favorisieren?" Absprachen über Zuweisungen unterliegen dem Vertragsgeheimnis und sind in fast allen Fällen unzulässig. Dies ist der Grund, weshalb alle Vertragspartner ein immenses Interesse an der Geheimhaltung haben und derartige Absprachen nicht offen preisgeben. Trotzdem ist es im Rahmen dieser Arbeit gelungen, einige Vertragsbeispiele zeigen zu können.

Vorausgeschickt werden muss, dass Art. 12 Abs. 1 GG nicht nur die Berufsfreiheit, sondern auch die Vertrags- und Dispositionsfreiheit der Unternehmen schützt.[183] Denn grds. gilt das Prinzip der Privatautonomie.[184] Dass es dennoch zu besagtem Graubereich kommt, liegt daran, dass die (gesellschaftsrechtliche)

179 Ratzel/Knüpper in: Ratzel/Luxenburger, Handbuch Medizinrecht, § 37 Rn. 381 ff.

180 Eiff, Unternehmensverbindungen, S. 164; Deutscher Orthopäden Verband e.V., Überlassung medizinischer Großgeräte, http://www.dov-online.de/online_magazin/detail.php?article_id=85.

181 Makoski MedR 27 (2009), S. 376, 380.

182 Name des Arztes (Internist) ist der Autorin bekannt, dieser wünscht allerdings Anonymität.

183 BVerfGE NJW 2009, 2033, 2042.

184 Vgl. BVerfG NJW 2010, 3422-3430, Rn. 51; BGH NJW 2002, 2386, 2387; OLG Stuttgart ZIP 2011, 462-465, Rn. 33; OLG Frankfurt ZIP 2010, 316, 317 ff.; LG Düsseldorf AE 2011, 117, 118.

Vertragsfreiheit der Ärzte unter einem Berufsrechtsvorbehalt steht.[185] Zuweisungsabsprachen und -verträge verstecken die Beteiligten meist hinter Kooperationsvereinbarungen oder Formen der Zusammenarbeit, die an sich zulässig sind.[186] Dieser Umstand macht das Erkennen potenziell unrechtmäßiger Modelle nicht unbedingt leichter.[187] Hinweise auf besonders fragwürdige Vertragsgestaltungen sind trotzdem zu finden. So sind gewisse Formulierungen auffällig, wie etwa „Integration", „Verbesserung der Versorgung", „Vermeidung von Doppeluntersuchung" und „sektorenübergreifende Versorgung".[188] Derartige Formulierungen werden oft dazu missbraucht, eigentlich unzulässige Vertragsabsprachen legal erscheinen zu lassen.

Ein bereits vermuteter Gestaltungsmissbrauch offenbart sich häufig anhand der Ausgestaltung der Gewinnverteilung und -ausschüttung.[189] Bei Zuweiserprovisionen in der poststationären Behandlung geht es um verdeckte Vorteilsgewährung für eine Einweisung, bei der der (vor)behandelnde, niedergelassene Arzt Positionen für angeblich oder tatsächlich erbrachte Leistungen gegenüber der Klinik überteuert abrechnet. Die Klinik wiederum profitiert von den höheren Fallzahlen im Rahmen der Einweisungen bzw. Zuweisungen.[190] Bei Betrachtung der im Anhang beispielhaft angefügten Verträge fällt auf, dass besonders die Klauseln über die Vergütung bedenklich und an vielen Stellen zweifelhaft erscheinen. Im Vertragsbeispiel Nr. 6[191] enthält der Kooperationsvertrag mit § 5 (siehe Vertragsauszug; Schwärzungen aus Gründen der Anonymität), eine Klausel, die für bestimmte Heilmittelversorgungsleistungen pauschale Prozentwerte vom Nettovergütungswert als Gegenleistung festlegt. Diese ist wie folgt ausgestaltet:

---

185 Meyer MedR 20 (2002), S. 241; Ratzel/Möller/Michels MedR 24 (2006), S. 377, 384.

186 Baumann, Unter den Tisch gekehrt, http://www.fr-online.de/wirtschaft/korruption-unter-den-tisch-gekehrt,1472780,11356010.html.

187 Schmidt DÄBl 107 (2010), S. A-1543.

188 Siehe dazu auch: IV. Anhang, Anhang A – Vertragsbeispiele, Nr. 4, Präambel 1 und § 1 Grundsätze des Vertrages, S. 154 ff.

189 Werthern, Strategiebuch für den niedergelassenen Arzt, S. 81.

190 Mihm, Schmidt mahnt Ärzte wegen Klinik-Kopfprämie ab, http://www.faz.net/aktuell/wirtschaft/wirtschaftspolitik/gesundheitspolitik-schmidt-mahnt-aerzte-wegen-klinik-kopfpraemien-ab-1843190.html, S. 15.

191 Siehe dazu: IV. Anhang, Anhang A – Vertragsbeispiele, Nr. 6, § 5, S. 158 f.

5. Vergütung

[redacted] arbeitet bei der Versorgung dieser Arztpraxen auf eigene Rechnun[redacted] vergütet die Dienstleistungen vo[redacted] wie folgt:
Für die Durchführung von Anwendungsbeobachtungen und ärztlichen Studien sowie dokumentarischen Aufzeichnungen beim Einsatz der nachfolgenden Hilfsmittel:

[redacted] Hartrahmenorthesen:	15% vom Netto-Versorgungswert
[redacted] Softbraces:	10% vom Netto-Versorgungswert
[redacted] Bandagen:	10% vom Netto-Versorgungswert
Übrige Produkte:	5% vom Netto-Versorgungswert

[redacted] berichtet monatlich unter Beachtung des für Patientdaten geltenden Datenschutzes über alle abgegebenen Produkte mit Kostenträger/KV-Summe/ Abrechnungsnummer a[redacted]

Ebenso setzt § 3 des Vertrages Nr. 8 bei der Vergütung eine pauschale Behandlungsgebühr für Haartransplantationen fest.[192] Oft werden fragwürdige Vertragsklauseln mit „Sach-„ oder „Unkostenpauschalen“ bezeichnet. Dann gilt es herauszufinden, ob diese ein Äquivalent zu tatsächlich angefallenen Leistungen darstellen.[193] Ein Beispiel einer unzulässigen Vertragsklausel ist diese Formulierung: „Wenn Sie in unser Labor einsenden, erhalten Sie folgende Rückvergütungen.“[194] Generell sollten Leistung und Gegenleistung in einem angemessenen Verhältnis zueinander stehen und es sollte überhaupt eine Gegenleistung geschuldet werden.[195] Das bedeutet, dass keine unangemessen hohen Vergütungen oder Gewinnanteile zum objektiven Wert der Tätigkeit des jeweiligen Vertragspartners gezahlt werden dürfen. Der äquivalenten Gegenleistung sollte ein sachlicher Grund zugrunde liegen, zum Beispiel eine für den Patienten notwendige Behandlung. Als Maßstab und Orientierungshilfe gilt dabei die GOÄ und die Vergütung im Rahmen von marktüblichen Konditionen nach dem Prinzip des Fremdvergleichs („dealing-at-arms-lenght-principle“)[196] – wobei die GOÄ be-

192 Siehe dazu: IV. Anhang, Anhang A – Vertragsbeispiele, Nr. 8, § 3, S. 161 f.

193 Krafzyk/Lietz ZMGR 01 (2010), S. 24, 26.

194 Walbert A&W, Nein, nein und noch mal nein! http://www.walbert-helmut.de/images/data/Kick_back_200908.pdf.

195 BÄK DÄBl 104 (2007), S. A-1610; Bonvie MedR 17 (1999), S. 64, 66; Makoski MedR 27 (2009), S. 376, 378.

196 Dieners in: Dieners, Handbuch Compliance im Gesundheitswesen, Kapitel 6, Rn. 12; Rumpenhorst, Arzt und Krankenhaus 5 (2010), S. 155, 156 f; Wittmann/Koch MedR 29 (2011), S. 476, 479; Möller JR 01 (2011), S. 26, 30.

reits in einigen Fällen als Entgelt gewertet wird, da diese über dem KV-Honorar liegt.[197] Unzulässig sind gleichfalls Vereinbarungen, bei denen nach außen hin eine Gegenleistung des Arztes vereinbart wird, diese Gegenleistung aber nicht „werthaltig“ ist. Auch Vorteilsgewährungen oder Zahlungen, die in irgendeiner Art und Weise an die Tatsache der Zuweisung oder Überweisung eines Patienten an einen *bestimmten*[198] Leistungserbringer anknüpfen, sind verboten.[199] Der Verschleierungscharakter eines unrechtmäßigen Vertrages wird eher noch verstärkt durch die unzutreffenden Bezeichnungen als „sektorenübergreifend“, „integrierte Versorgung“, „prä-/post“ oder „der verbesserten Patientenversorgung“.[200] Eine Nichtanzeige beziehungsweise das Verdecken der Vorteilszuwendungen entgegen dem Transparenzprinzip deutet auf eine Unrechtsvereinbarung i. S. d. § 31 MBO-Ä hin.[201] Äußerst auffällig waren auch die Klauseln eines Kooperationsvertrages zwischen einem Krankenhaus und einem niedergelassenen Arzt, die lauteten: „Der Vertragsarzt empfiehlt dem Patienten [...] die Vorstellung im Krankenhaus. Das Krankenhaus nimmt den Patienten als Behandlungsfall i. S. d. Vereinbarung an“, wie in dem Vertragsbeispiel Nr. 4 in § 3 Abs. 1, 2 über das Ablaufkonzept enthalten. Auch die in Abs. 4 des § 3 enthaltende Fassung „Das Krankenhaus beauftragt den Vertragsarzt, der die Indikation gestellt hat, mit den im konkreten Behandlungsfall notwendigen prästationären Leistungen [...]“ ist geradezu entwaffnend. Hiermit verbunden war sonach die Klausel über die Vergütung: „Das Krankenhaus zahlt den Vertragsärzten für die von ihnen erbrachten prä- und poststationären Leistungen die Vergütung nach Anlage B. Mit der Vergütung sind alle beim Vertragsarzt mit der Leistungserbringung verbundenen Kosten, einschließlich derjenigen für Verbrauchsmaterialien, abgegolten.“[202] Vertragsbeispiel Nr. 1 hat folgende Formulierung zum Gegenstand: "Für gültige Neueinschreibungen in eines der von der deutschen BKK angebotenen DMP-Programme, die für den Zeitraum [...] bis [...] erfolgen (maßgeblich ist das Datum der Erstdokumentation) erhält der am DMP teilnehmende sowie dem Fördervertrag beigetretene Vertragsarzt:

– 100,00 Euro für jede Neueinschreibung bis zum ...
– 75,00 Euro für jede Neueinschreibung bis zum ...
– 25,00 Euro für jede Neueinschreibung bis zum ...“ [203]

197 LG Duisburg MedR 2008, S. 445, 446; Dahm MedR 49 (2010), S. 277.
198 Hervorhebungen im Original nicht enthalten.
199 Riedle/Gillig-Riedle, Praxisrecht für Therapeuten, S. 38.
200 Ratzel MedR 26 (2008), S. 445, Leitsatz 2 des Bearbeiters.
201 Graml, Das ärztliche Verbot der Zuweisung gegen Entgelt, S. 225.
202 Siehe dazu: IV. Anhang, Anhang A – Vertragsbeispiele, Nr. 4, § 3, S. 154 ff.
203 Siehe dazu: IV. Anhang, Anhang A – Vertragsbeispiele, Nr. 1, S. 150.

Dass dabei dem teilnehmenden Arzt bei der Neueinschreibung in ein Disease-Management-Programm (DMP) Pauschalen gewährt werden sollen, lässt Zweifel an der Zulässigkeit dieses Vorhabens aufkommen. Auch Formulierungen wie „auch gegenüber Dritten Stillschweigen über die Existenz und den Inhalt dieser Vereinbarung zu bewahren“ stößt gerade bei eigentlich zulässigen Kooperationsformen auf Bedenken.[204]

Letztendlich ist in jeder Konstellation eine Einzelfallprüfung vorzunehmen, in welcher festgestellt werden muss, ob alle Kriterien legitimer Vertragsgestaltung erfüllt sind. Daran sieht man bereits, dass die Grenzen zu unzulässigen Vertragsgestaltungen im Sinne des Verbots der Zuweisung gegen Entgelt fließend sind. Im Folgenden sollen die unterschiedlichen Auswirkungen der Zahlung von Zuweiserprämien auf die davon betroffenen Akteure unter juristischem, ökonomischem und ethischem Blickwinkel näher analysiert werden.

2.2.4 Juristische Analyse

Zunächst sollen die rechtlichen Rahmenbedingungen, die von jeder Vertragspartei beachtet werden müssen, näher analysiert werden. Dabei sollen hier überblicksartig möglichst viele einschlägige Vorschriften genannt und kurz besprochen werden. Allem voran steht die Prämisse, dass es unzulässig ist, gesundheitliche Versorgung allein aus pekuniären Erwägungen heraus zu erbringen. Ausformungen dieses Gedankens finden sich heute vielfach auch in der Gesetzgebung.[205]

2.2.4.1 Rechtliche Rahmenbedingungen

So vielfältig wie die vertraglichen Ausgestaltungsmöglichkeiten bei Kooperationen im Gesundheitswesen, so zahlreich sind auch die rechtlichen Rahmenbedingungen. Rechtliche Problemlagen entstehen insbesondere dann, wenn Gewinn- und Umsatzerwartungen auf die Pflicht zur Einhaltung rechtlicher Vorschriften, ethischer Aspekte sowie Verhaltensanforderungen treffen.[206] So werden in der vertragsärztlichen Versorgung durch Vorteilsgewährungen im Rahmen von Zuweisungen gegen Entgelt möglicherweise ungerechtfertigte Wett-

---

204 Dahm MedR 16 (1998), S. 70.

205 Vorberg, Gesundheitsnetzwerke managen, S. 113.

206 Dieners/Lembeck in: Dieners, Handbuch Compliance im Gesundheitswesen, Kapitel 7, Rn. 25.

bewerbsvorteile gegenüber den unbeteiligten Berufskollegen erzielt.[207] Ein solches Verhalten kann viele Vorschriften betreffen und umfangreiche rechtliche Konsequenzen haben. Es geschieht aber dennoch, treffen im Gesundheitswesen doch strikte Trennung der Sektoren einerseits und enge Kooperation andererseits aufeinander.

2.2.4.1.1 Musterberufsordnung der Ärzte – MBO-Ä

Richtschnur für jegliche Kooperationen mit Ärzten im Gesundheitswesen ist die Musterberufsordnung für Ärzte (MBO-Ä) auf Bundesebene, die festlegt, welche ethisch-moralischen und juristischen Anforderungen ein Vertrag erfüllen muss.[208] In der Präambel der Berufsordnung steht geschrieben, dass sie dem Ziel dient, berufswürdiges Verhalten zu fördern, berufsunwürdiges Verhalten zu verhindern und die Freiheit und das Ansehen des Arztberufes zu wahren.[209] Die bundesgesetzliche Regelung entfaltet allerdings für Mitglieder der Ärztekammer keine Rechtswirkung. Es handelt sich lediglich um ein unverbindliches Muster, verbindliches und unmittelbar geltendes Recht setzen die ärztlichen Landesberufsordnungen fest.[210] Die Länder-MBO-Ä´s werden von den in jedem Bundesland eigens eingerichteten Landesärztekammern niedergeschrieben (die MBO-Ä der Länder gleichen sich im Wesentlichen und werden auch aufgrund der Orientierung an der bundesgesetzlichen Regelung im Folgenden unter: MBO-Ä zusammengefasst).[211] Sie sind selbst gesetztes Satzungsrecht – demnach ein Gesetz im materiellen Sinne – und besitzen Gültigkeit für alle Mitglieder.[212]

Der Abschnitt 4 im zweiten Kapitel der MBO-Ä befasst sich mit der Wahrung der ärztlichen Unabhängigkeit bei der Zusammenarbeit eines Arztes mit Dritten.[213] Dies berührt einen Kern des ärztlichen Berufsrechts, nämlich, dass der

---

207 OLG Hamm NJW 1985, 678, 679; OLG Schleswig NJW 2004, 1745, 1747; OLG Hamburg NJW-RR 1999, 1649, 1650; Scholz in: Spickhoff, Medizinrecht, § 31, Rn. 1.; Engelhardt Trauma 10 (2008), S. 200.

208 Jonitz/Steffens Urologe 48 (2009), S. 845.

209 Lippert in: Ratzel/Lippert, Kommentar zur MBO, § 1, S. 29; Woopen MedR 29 (2011), S. 232, 233.

210 Graml, Das ärztliche Verbot der Zuweisung gegen Entgelt, S. 59 ff.

211 Ebd., S. 59 ff.

212 OLG München Magazindienst 2008, 718, 720 ff.; Lippert in: Ratzel/Lippert, Kommentar zur MBO, § 1, S. 31, Rn. 4; Ihle, Korruption im Gesundheitswesen, www.dgvt.de /1465.html; GKV/BVMed, Spenden, Sponsoren – Staatsanwalt? S. 96.

213 Lippert in: Ratzel/Lippert, Kommentar zur MBO, §30, S. 358, Rn. 1; „Dritter ist derjenige, der sich an den Tätigkeiten eines niedergelassenen Arztes beteiligen möchte“, vgl. § 23 a MBO-Ä.

Beruf des Arztes ein freier sein soll. Grenzenlos ist diese Freiheit jedoch nicht. Eine wesentliche Begrenzung findet sich in § 31 MBO-Ä n. F., der zuletzt auf dem 114. Deutschen Ärztetag 2011 in Kiel geändert wurde, und der im Folgenden vornehmlich auf seine Einschlägigkeit hin untersucht werden soll. Dieser lautet nun:

> „Ärztinnen und Ärzten ist es nicht gestattet, für die Zuweisung von Patientinnen und Patienten oder Untersuchungsmaterial oder für die Verordnung oder den Bezug von Arznei- oder Hilfsmitteln oder Medizinprodukten ein Entgelt oder andere Vorteile zu fordern, sich oder Dritten versprechen oder gewähren zu lassen oder selbst zu versprechen oder zu gewähren."

Folgender Absatz 2 wurde zusätzlich hinzugefügt:

> „Sie dürfen ihren Patientinnen und Patienten nicht ohne hinreichenden Grund bestimmte Ärztinnen oder Ärzte, Apotheken, Heil- und Hilfsmittelerbringer oder sonstige Anbieter gesundheitlicher Leistungen empfehlen oder an diese verweisen."[214]

§ 34 MBO-Ä a. F. entfällt, dieser wird zum Teil in § 31 MBO-Ä n. F. eingefügt. Der neue Abs. 2 des § 31 MBO-Ä n. F. übernimmt das Zuweisungsverbot an Apotheken, und Heilmittelerbringer, welches bisher in § 34 Abs. 5 MBO-Ä a. F. geregelt war.[215] Hiermit erfährt das Zuweisungsverbot gegen Entgelt oder anderweitige Vorteilsgewährung eine inhaltliche Verschärfung. „War es bislang hauptsächlich verboten, Patienten an Hilfs- und Heilmittelerbringer ohne hinreichenden Grund zu verweisen, ist es nun auch explizit verboten, eine Zuweisung, im Sinne einer Überweisung, von Arzt zu Arzt vorzunehmen."[216] Im Normalfall hat ein Arzt bei einer Einweisung die beiden nächst erreichbaren geeigneten Krankenhäuser anzugeben, vgl. § 73 Abs. 2 Nr. 7, Abs. 4 SGB V, § 26 Abs. 2 BMV-Ä, § 7 Abs. 1 S. 6 KH-RL.[217] Im Folgenden wird sichtbar, was geschieht, wenn der Arzt dieser Verpflichtung aus eigenen monetären Interessen nicht nachkommt und stattdessen eine Zuweisung gegen Entgelt vornimmt.

---

214 MBO-Ä 1997, in der F. von 1997, zuletzt geändert durch den 114. Deutschen Ärztetag 2011, Stand 29.08.2011.

215 Weber, Stenografischer Wortbericht 114. Ärztetag, S. 345; Schirmer, Vertragsarztrecht kompakt, S. 127.

216 Wienke/Stenger/Sailer HNO 59 (2011), S.1230, 1232.

217 Lindemann/Ratzel, Brennpunkte des Wirtschaftsstrafrechts, S. 12.

2.2.4.1.1.1 Tatbestände

Geschütztes Rechtsgut der berufsrechtlichen Vorgaben ist der Schutz der ärztlichen Entscheidung vor unlauterer Beeinflussung durch Dritte und mittelbar der Schutz der Patienten vor mönetär beeinflussten, für ihn nachteilhaften Zuweisungen, niedergelegt in den §§ 31-34 MBO-Ä.[218] § 30 MBO-Ä steht unter der Überschrift der Zusammenarbeit von Ärztinnen und Ärzten. Danach bestimmt § 30 Abs. 1 MBO-Ä,

> „Die nachstehenden Vorschriften dienen dem Patientenschutz durch Wahrung der ärztlichen Unabhängigkeit gegenüber Dritten".[219]

Der Paragraph 31 MBO-Ä n. F. verbietet gleichförmiges Verhalten am Markt.[220] Während § 31 Alt. 1 MBO-Ä n. F. die Zuweisung zwischen Ärzten oder Ärzten und Krankenhäusern untersagt, stellt § 31 Alt. 2 MBO-Ä n. F. gleichzeitig die Verweisung von Patienten durch Ärzte an Heilmittelversorger unter ein Verbot.[221] Bei dem dabei gezahlten Entgelt spielt es keine Rolle, ob es als Provision, Rabatt, Rückvergütung, gesonderte Rechnungsstellung oder in Form einer Gewinnausschüttung für gehaltene Anteile erfolgt.[222] Wie Abbildung 6 zeigt, existieren aber Zuwendungserwartungen, insbesondere in Form finanzieller Leistungen.

---

218 Dieners in: Dieners, Handbuch Compliance im Gesundheitswesen, Kapitel 2, Rn. 71; Graml, Das ärztliche Verbot der Zuweisung gegen Entgelt, S. 119.

219 Ratzel in: Ratzel/Lippert, Kommentar zur MBO, § 30, S. 361; Schirmer, Vertragsarztrecht kompakt, S. 15 f; Struckel in: Harte-Bavendamm/Henning-Bodevig, Kommentar UWG, § 4 Nr. 1, Rn. 172; Scholz in: Spickhoff, Medizinrecht, § 31, Rn. 1; BÄK DÄBl 104 (2007), S. A-1607.

220 Dahm MedR 27 (2009), S. 669.

221 OLG Koblenz GesR 2004 150, 151; OLG Schlesw.-Holst. NJW 2004, 1745, 1446 f.; OLG Düsseldorf GesR 2005, 330, 331 f.; Krieg DÄBl 1997 (48), S. A-902; Schirmer, Vertragsarztrecht kompakt, S. 294; Bährle, Praxisrecht für Therapeuten, S. 83, Praxisrecht Therapeuten; GKV/BVMed, Spenden, Sponsoren – Staatsanwalt?, S. 96 f; Bonvie 17 (1999), S. 64 f; Linder, A&W 05 (2011), S. 16; Bohle in: Huster/Kaltenborn, Krankenhausrecht § 8 Rn. 33.

222 Jordt/Girr/Weiland, Erfolgreich IGeLn, S. 118.

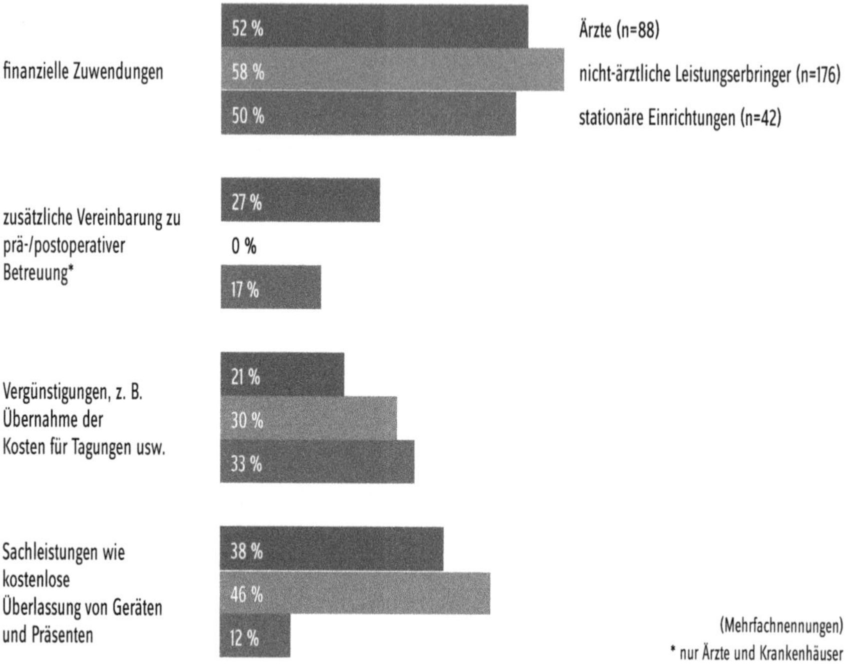

Abb. 6: Art der Zuwendungserwartungen für Zuweisungen

Quelle der Grafik: *GKV*, Unzulässige Zusammenarbeit im Gesundheitswesen, September 2012. S. 55, abrufbar unter http://www.gkv-spitzenverband.de/media/dokumente/presse/publikationen/Studie_Zuweisung_gegen_Entgelt_2012.pdf, zuletzt geprüft am 24.01.2013.

Sinn und Zweck dieser Regelung ist es also den Arzt an seine medizinischen Pflichten zu erinnern und zu verhindern, dass er sich im Vorfeld an eine Zuweisungsentscheidung aus wirtschaftlichen Interessen bindet.[223] Denn schon das OLG Koblenz ging davon aus:

> „Hat der niedergelassene Arzt bei der Beratung des Patienten über die Möglichkeit der weiteren […] Versorgung mehrere in Betracht kommende, qualitativ gleichwertige Operateure zur Wahl, wird er nach allgemeiner Lebenserfahrung seinem Patienten denjenigen empfehlen, bei dem er – der niedergelassene Arzt – bei sonst vergleichbaren Bedingungen selbst einen wirtschaftlichen Vorteil hat.“[224]

223 BGH NJW 1986, S. 2360; Kiefer/Meseke VSSR 3 (2011), S. 212, 219 f.

224 OLG Koblenz GesR 2004, 150, 151.

Zu berücksichtigen ist allerdings, dass sich diese – wie auch andere Entscheidungen – die in diese Arbeit eingearbeitet wurden, noch auf die alte Regelung des § 31 MBO-Ä beziehen, wobei insoweit zwischen § 31 Abs. 1 MBO-Ä n. F. und § 34 Abs. 5 MBO-Ä a. F. inhaltlich überwiegend Übereinstimmung besteht. Gerade aus diesem Grunde sind auch die bereits ergangene Rechtsprechung und deren Erwägungsgründe von Relevanz für die Wertung der Neuregelung. Zunächst richtet sich die Norm an Ärztinnen und Ärzte, unabhängig davon in welcher Form diese tätig sind, und der Tatbestand der Norm setzt als Tathandlung eine Zuweisung voraus. Der Begriff „Zuweisung" ist weit auszulegen. Verboten ist dabei nicht nur eine entsprechende Vertragsanbahnung und -gestaltung, sondern auch jede Zuweisung oder Auftragserteilung.[225] Eine Zuweisung liegt in jeder Einwirkung auf oder Beeinflussung des Patienten mit der Absicht, dessen Wahl unter den Leistungserbringern zu beeinflussen.[226] Der Patient muss dazu veranlasst worden sein, den Entschluss zur Hinzuziehung des Zuweisungsempfängers zu fassen.[227] Eine Zuweisung i. S. d. § 31 MBO-Ä n. F. umfasst alle Fälle der Überweisung, Verweisung, Einweisung und Empfehlung von Patienten an bestimmte Ärzte, Apotheker, Kliniken, Geschäfte oder Anbieter von gesundheitlichen Leistungen gegen Entgelt.[228] Eine Verweisung nach § 34 Abs. 5 MBO-Ä a. F. umfasste nicht nur eine bindende Überweisung, sondern auch grundsätzliche Empfehlungen.[229] Auch diese Auslegung steht in Analogie zu der Auslegung des Zuweisungsverbots in § 31 MBO-Ä n. F. Eine Empfehlung kann ausdrücklich oder konkludent erfolgen.[230] Der subjektive Tatbestand verlangt zumindest den Eventualvorsatz, der Täter (Zuweiser oder Zuweisungsempfänger) muss die Tatbestandsverwirklichung wenigstens für möglich halten oder billigend in Kauf nehmen.[231] Zusammenfassend überzeugt die Definition der „Zuweisung" von Graml. Demnach ist als ärztliche Zuweisung

> „[…] jedes zweckgerichtete Tun oder Unterlassen des zuweisenden Arztes anzusehen, das den Patienten dazu veranlasst, den Zuweisungsempfänger mit der Mit-, Weiter- bzw. Nachbehandlung zu beauftragen. Unter eine Zuweisung fallen daher

---

225 Bährle, Praxisrecht für Therapeuten, S. 83.

226 Scholz in: Spickhoff, Medizinrecht, § 31, Rn. 2.

227 Graml, Das ärztliche Verbot der Zuweisung gegen Entgelt, S. 166.

228 BGH NJW 2011, 2211, 2217; Graml, Das ärztliche Vebot der Zuweisung gegen Entgelt, S. 167.

229 BGH NJW 2011, 2211, 2213; Berner DÄBl 108 (2011), S. B-1045; Brammen DOZ 05 (2011), S. 14, 16.

230 Struckel in: Harte-Bavendamm/Henning-Bodevig, Kommentar UWG, § 4 Nr. 1, Rn. 172.

231 Graml, Das ärztliche Verbot der Zuweisung gegen Entgelt, S. 195 f.

neben den sozialversicherungsrechtlich bindenden Überweisungen auch subtile Vorgehensweisen, wie gegenüber dem Patienten geäußerte ‚Empfehlungen' des anderen Arztes, Krankenhauses oder sonstigen Leistungserbringers."[232]

Anstelle des „zuweisenden Arztes" hätte besser Zuweiser oder zuweisender Leistungserbringer stehen sollen, da nicht nur der Arzt Zuweiser bzw. Anstifter zu der Handlung sein kann.

Weitere Voraussetzung für die Verwirklichung des Tatbestandes ist, dass durch die Handlungsweise des Arztes der Eindruck erweckt wird, dass die Unabhängigkeit seiner ärztlichen Entscheidung beeinflusst sein könnte. Maßgeblich ist allein die Erweckung des Eindrucks (Eindruckstheorie), nicht die tatsächliche Beeinflussung.[233]

Der Begriff „Entgelt" wird dabei, Bezug nehmend auf den im Strafrecht normierten § 11 Abs. 1 Nr. 9 StGB, weit ausgelegt, so dass jede dem Arzt gewährte, in einem Vermögensvorteil bestehende Gegenleistung berücksichtigt wird.[234] Sonstiger Vorteil im Sinne des § 31 MBO-Ä n. F. ist jede unentgeltliche Leistung materieller oder immaterieller Art (Sachwerte, Stundungen, Fortbildungen, Bewirtungen, etc.), welche die wirtschaftliche, rechtliche oder persönliche Lage des Empfängers objektiv verbessert und auf die er keinen Anspruch hat.[235] Diesem muss nicht notwendigerweise eine Gegenleistung oder ein Gegenseitigkeitsverhältnis zugrunde liegen.[236] Der Begriff des wirtschaftlichen Vorteils wird dahingehend ausgelegt, dass auch die unentgeltliche oder verbilligte Überlassung von medizinischen Geräten und Materialien nach § 128 Abs. 2 S. 3 SGB V von dem Tatbestand erfasst wird.[237] Als Vorteil ist auch schon die Mög-

---

232 Ebd, S. 169.

233 LBG Hannover MedR 2011, 197; Bährle, Praxisrecht für Therapeuten, S. 83; Dahm MedR 21 (2003), Nr. 10, S. 580, Leitsatz 2.

234 Ries/Schnieder/Althaus, Arztrecht, S. 88; Graml, Das ärztliche Verbot der Zuweisung gegen Entgelt, S. 176.

235 BGH NJW 2011, 2211, 2217; BGH NJW 1983, 2509-2514; LBG für Heilberüfe Münster GesR 2011, 733, 735 ff.; Scholz in: Spickhoff, Medizinrecht, § 31, Rn. 4; ; Stollmann GesR 3 (2011), S. 136, 139.

236 Graml, Das ärztliche Verbot der Zuweisung gegen Entgelt, S. 176.

237 BT-Drs. 17/6909, vom 05.09.2011, S. 55 f.; Dieners in: Dieners, Handbuch Compliance im Gesundheitswesen, Kapitel 2, Rn. 89; Stollmann GesR 3 (2011), S. 136, 139; Schulenberg, Der Arzt als Unternehmer, http://www.aekno.de/page.asp?pageId=8975 &noredir=True.

lichkeit der Abrechnung nach GOÄ, statt nach dem EBM zu sehen.[238] Hierzu merkt Kösters, ehemaliger Präsident der DKG, an:

> „Dabei wird dann oft nach GOÄ statt nach EBM abgerechnet, und die Beträge können variieren zwischen Bagatellgrößen von 20 bis 50 €, aber auch Größenordnungen von bis zu 1000 € pro Patient annehmen."[239]

Auch sonstige Einnahmen aus einer gesellschaftsrechtlichen Stellung werden dazu gezählt.[240] Steht das gewährte Entgelt nicht in einem angemessenen Verhältnis zu der Gegenleistung, ist § 31 Abs. 1 MBO-Ä verletzt. Es darf sich bei solchen Gegenleistungen keinesfalls um medizinisch-ärztliche Leistungen handeln, die ohnehin hätten erbracht werden müssen oder die jeglicher sachlicher Rechtfertigung entbehren.[241] Entgeltliche Vorteilsgewährungen und Leistungen, die das Versorgungs-, Überweisungs-, Einweisungs- und Zuweisungsverhalten des Arztes zumindest theoretisch beeinflussen könnten, sind daher nach §§ 31 ff. MBO-Ä verboten.[242] Sowohl Zuweiser/Vorteilsnehmer als auch Zuweisungsempfänger/Vorteilsgeber können Täter sein.[243] Die Unrechtsvereinbarung liegt dabei im „Fordern", „Annehmen" oder „Sich-Versprechen-Lassen" des Vorteils.[244] Zum Beispiel wird „Fordern" definiert als „offenes oder verdecktes Verlangen der Leistung".[245] Die Annahme ist das tatsächliche, aktive Entgegennehmen einer Vergütung und passiv kann sie dadurch entstehen, dass der Zuweiser den in seinen Machtbereich gelangten Vorteil nicht zurückweist.[246] Da-

---

238 OLG Düsseldorf GesR 2009, 605, 608.

239 IV. Anhang, Anhang B – Interviews und Statements, Nr. 5, S. 174 f; Diese Vermutung bestätigt auch: o.V., Kliniken bezahlen angeblich Ärzte für Vermittlung von Patienten, http://www.welt.de/die-welt/wirtschaft/article4437755/Kliniken-bezahlen-angeblich-Aerzte-fuer-Vermittlung-von-Patienten.html.

240 LBG für Heilberüfe Münster GesR 2011, 733, 735; Berner DÄBl 108 (2011), S. B-1045; Schulenberg, Der Arzt als Unternehmer, http://www.aekno.de/page.asp?pageId=8975&noredir=True.

241 Jonitz/Steffens Urologe 48 (2009), S. 845.

242 Ries/Schnieder/Althaus, Arztrecht, S. 88.

243 Graml, Das ärztliche Verbot der Zuweisung gegen Entgelt, S. 179.

244 OLG Koblenz GesR 2004, 150, 151; OLG Schlesw.-Holst. NJW 2004, 1745-1747 – sahen beide bereits im Versprechen einer Rückvergütung einen Verstoß gegen § 31 MBO-Ä; Lippert in: Ratzel/Lippert, Kommentar zur MBO, § 30, S. 360, Rn. 6; Scholz in: Spickhoff, Medizinrecht, § 31, Rn. 3.

245 Siehe zu weiteren Definitionen auch: Lippert in: Ratzel/Lippert, Kommentar zur MBO, § 30, S. 360, Rn. 8 f; Ratzel Hessisches ÄBl 8 (2007), S. 488, 490.

246 Ratzel Hessisches ÄBl 8 (2007), S. 488, 490; Graml, Das ärztliche Verbot der Zuweisung gegen Entgelt, S. 180.

bei muss das Entgelt oder der Vorteil „für" die Zuweisung gewährt werden; beides muss also in einem kausalen Zusammenhang zueinander stehen.[247] Es bedarf insoweit einer synallagmatischen Verknüpfung zwischen der Zuweisung von Patienten und der Gewährung von Entgelt bzw. sonstigen Vorteilen in der Form, dass sie in einem Verhältnis von Leistung und Gegenleistung rechtlich wechselseitig voneinander abhängen.[248] Die Vorschrift dient nicht nur dazu, den Patienten vor sachfremden Erwägungen zu schützen, sondern auch dazu, die Verschaffung ungerechtfertigter Wettbewerbsvorteile gegenüber Berufskollegen durch Vorteilsgewährung zu verhindern. So ist wieder auf Vertragsbeispiel Nr. 1 aus dem Kapitel über die kritischen Vertragsklauseln zurückzukommen.[249] Da der Arzt sich in diesem Fall Pauschalen für die Neueinschreibung von Patienten in ein DMP versprechen bzw. gewähren lässt, verstößt die Klausel gegen § 31 Abs. 1 MBO-Ä.

§ 31 Abs. 1 MBO-Ä n. F. wendet sich an den empfangenden und den zuweisenden Arzt gleichermaßen,[250] demzufolge an Zuweiser und Zuweisungsempfänger.[251] Fraglich scheint aber dennoch, an wen sich der persönliche Anwendungsbereich genau richtet. Unstrittig richtet sich die Norm an niedergelassene Ärzte sowie Ärzte in privat- oder öffentlich-rechtlichen Dienstverhältnissen, zum Beispiel in Kliniken, vgl. § 23 Abs. 1 MBO-Ä.[252] Allerdings scheint auch heute noch fraglich, mangels einheitlicher Rechtsprechung, ob auch Krankenhäuser von dem Anwendungsbereich erfasst werden.[253] Dazu führte das OLG Düsseldorf[254] in zwei Entscheidungen aus, dass schon dem Wortlaut nach Klini-

---

247 BGH NJW 2011, 2211, 2217; BGH, NJW 2005, 3718, 3720; BGH NJW 2011, 2211-2217; LBG für Heilberüfe Münster GesR 2011, 733, 735 ff; Krafczyk/Lietz, ZMGR 1 (2010), S. 24, 26; Scholz in: Spickhoff, Medizinrecht, § 31, Rn. 7-9; Wienke, der Arzt im Wirtschaftsstrafrecht, S. 26.

248 Graml, Das ärztliche Verbot der Zuweisung gegen Entgelt, S. 189; Stumpf/Voigts MedR 2009, S. 205, 209.

249 Siehe Kapitel 2.2.3.

250 Ratzel in: Ratzel/Lippert, Kommentar zur MBO, § 31, S. 367, Rn. 1; Schulenberg Rheinisches ÄBl 12 (2008), S. 16; Ihle, Korruption im Gesundheitswesen, www.dgvt.de/1465.html; Häser Klinikarzt 38 (2009), S. 373-374; Dahm MedR 16 (1998), S. 70, 73.

251 Scholz in: Spickhoff, Meidzinrecht, § 31, Rn. 3.

252 BÄK DÄBl 104 (2007), S. A-1612.

253 Krafczyk/Lietz, ZMGR 1 (2010), S. 24, 27; Ihle, Korruption im Gesundheitswesen, www.dgvt.de/1465. html; Dieners in: Dieners, Handbuch Compliance im Gesundheitswesen, Kapitel 2, Rn. 71.

254 OLG Düsseldorf GesR 2005, 330 ff.; OLG Düsseldorf GesR 2009, 605-609.

ken nicht erfasst sein könnten und für diese das sogenannte „Klinikprivileg“[255] gelte, nachdem sie sogar verpflichtet seien, den Krankenhausbetrieb wirtschaftlich zu führen.[256] So sollen diese aber zumindest als Teilnehmer haften können.[257] Diese Möglichkeit besteht allerdings nur, wenn Kenntnis seitens der Kliniken hinsichtlich des berufsrechts- und wettbewerbswidrigen Verhaltens der Ärzte bestehe – im Sinne einer vorsätzlichen Mitwirkung. Nach dieser Auffassung müsse sich ein Krankenhaus allein am Wettbewerbsrecht messen lassen.[258]

Auf der anderen Seite stellten das OLG Koblenz[259] und das OLG Schleswig-Holstein[260] die Möglichkeit des Verstoßes eines Krankenhauses gegen § 31 MBO-Ä bei ihren Entscheidungen nicht in Frage. Die Norm diene dem Schutz des Patienten. Daher scheine es fraglich, warum dieser den für ihn nicht weniger gefährlichen, wirtschaftlichen Interessen einer juristischen Person, wie einem Klinikum, ausgeliefert sein solle, während die wirtschaftlichen Interessen eines Arztes unter dem Vorbehalt des § 31 MBO-Ä stünden.[261] Was jedoch auf den ersten Blick als eine klare rechtliche Regelung erscheint, erweist sich bei der rechtlichen Bewertung und Auslegung nur bedingt als hilfreich.[262] So ist der ersten Ansicht folgend, ein Verstoß eines Krankenhauses gegen § 31 MBO-Ä anzunehmen, abzulehnen – diese Vorschrift richtet sich ausdrücklich an Ärzte.

Eine Zusammenarbeit von Ärzten mit anderen Leistungserbringern[263] unterliegt stets aber dem grds. Gebot der Wahrung der ärztlichen Unabhängigkeit. Dies bestimmten schon §§ 31, 34 MBO-Ä a. F. und der neue § 31 MBO-Ä macht dies nun noch deutlicher als zuvor.[264] Berufliche Kooperationen sind in § 18 MBO-Ä geregelt.[265] Danach heißt es:

---

255 OLG Düsseldorf GesR 2005, 330-332.

256 Ohly in: Piper/Ohly/Sosnitza, UWG § 4, Rn. 11.57; Gummert/Meier MedR 25 (2007), S. 84.

257 Köhler in: Hefermehl/Köhler /Bornkamm/Baumbach, Wettbewerbsrecht, § 4 UWG Rn. 1.13.

258 OLG Düsseldorf GesR 2005, 330 ff.; OLG Düsseldorf GesR 2009, 605-609.

259 OLG Koblenz GesR 2004, 150, 151.

260 OLG Schleswig-Holstein, MedR 2004, S. 270 ff.

261 Krafczyk/Lietz, ZMGR 1 (2010), S. 24, 28.

262 Koller, Zuweisermarketing und sektorenübergreifende Kommunikation, S. 100, Rn. 78.

263 „Vertragspartner der Krankenkassen, die die Leistungen erbringen, z.B. Ärzte, und Krankenhäuser.“ Kluth, Ärztliche Freiheit, S. 132.

264 Ullrich, Versorgungsstrukturen im deutschen Gesundheitswesen, S. 78.

265 Ratzel/Möller/Michels MedR 24 (2006), S. 377.

> „Ärztinnen und Ärzte dürfen sich zu Berufausübungsgemeinschafen – auch beschränkt auf einzelne Leistungen -, zu Organisationsgemeinschaften, zu medizinischen Kooperationsgemeinschaften und Praxisverbünden zusammenschließen."[266]

Der Gesetzgeber hat aber erkannt, dass neue Kooperationsmöglichkeiten für Ärzte auch negative Auswirkungen mit sich bringen können. Die Ärztekammer Niedersachsen hat aus diesem Grund beschlossen den § 18 Abs. 1 MBO-Ä in folgender Weise zu ändern:

> „Ärzte dürfen sich zu Berufsausübungsgemeinschaften, Organisationsgemeinschaften, Kooperationsgemeinschaften und Praxisverbünden zusammenschließen. Der Zusammenschluss zur gemeinsamen Ausübung des Arztberufs kann zum Erbringen einzelner Leistungen erfolgen, *sofern er nicht* einer Umgehung des § 31 dient".[267]

Wenn in einem Verbund von Ärzten der Gewinn nicht leistungsorientiert und ohne sachlichen Grund nicht nach dem Anteil der persönlich erbrachten medizinischen Leistungen verteilt wird, sondern auf andere nicht nachvollziehbare Weise, liegt eine Umgehung i. S. d. § 31 MBO-Ä vor.[268] Diese ist auch gegeben, wenn sich der Beitrag des Arztes auf das Erbringen medizinisch-technischer Leistungen auf Veranlassung der übrigen Mitglieder einer Berufsausübungsgemeinschaft beschränkt, vergleiche dazu § 33 Abs. 2 Ärzte-ZV. Durch die Streichung des Wortes „lediglich" im zweiten Satz des § 18 Abs. 1 MBO-Ä n. F. soll klargestellt werden, dass es nicht genügt, wenn neben einer Umgehung des Verbots der Zuweisung gegen Entgelt auch für die Versorgung sinnvolle Zwecke mit der Kooperation verfolgt werden.[269] Vor allem bei Teilberufsausübungsgemeinschaften[270] wird unter dem Deckmantel des „Gesellschaftsgewinns" oft eine unzulässige Zuweisungsprovision vereinbart, vgl.

---

266 Ratzel in: Ratzel/Lippert, Kommentar zur MBO, § 18, S. 235.

267 Hervorhebung im Original nicht enthalten; MBO-Ä i. d. F. der Bek. der Beschl. des 100. Deutschen Ärztetages 1997 in Eisennach, zuletzt geändert durch die Beschlüsse des 114. Deutschen Ärztetages 2011 in Kiel; Scholz in: Spickhoff, Medizinrecht, § 18, Rn. 7.

268 Wigge NZS 8 (2007), S. 393, 397; Hausser Frauenarzt 2007 (48), S. 538, 539.

269 Weber, Stenografischer Wortbericht 114. Ärtzetag 2011, S. 343 f; Gemke, "Novellierung der Musterberufsordnung für Ärzte Verschärfungen der Anforderungen an eine Berufsausübungsgemeinschaft, http://www.med-recht.de/wp-content/uploads/ Novellierung-der-Musterberufsordnung-f%C3%BCr-%C3%84rzte-Versch%C3%A 4rfungen-der-Anforderung-an-eine-Berufsaus%C3%BCbungsgemein schaft.pdf

270 Definition der Berufsausübungsgemeinschaft siehe § 18 Abs. 2a MBO-Ä n. F.; § 33 Abs. 2 Ärzte-ZV.

§ 18 Abs. 1 S. 2, 3 MBO-Ä.[271] Für diese wird im Rahmen der Zulassung nach § 33 Ärzte-ZV ermöglicht, zu prüfen, ob sie nicht allein zu dem Zweck ins Leben gerufen werden, unzulässige Zuweisungen gegen Entgelt zu verschleiern.[272] In § 33 Abs. 2 Ärzte-ZV heißt es nunmehr:

> „Die gemeinsame Berufsausübung [...] ist zulässig, sofern diese nicht einer Umgehung des Verbots der Zuweisung von Versicherten gegen Entgelt oder sonstige wirtschaftliche Vorteile nach § 73 Absatz 7 des Fünften Buches Sozialgesetzbuch dient. Eine Umgehung liegt insbesondere vor, wenn sich der Beitrag des Arztes auf das Erbringen medizinisch-technischer Leistungen auf Veranlassung der übrigen Mitglieder einer Berufsausübungsgemeinschaft beschränkt oder wenn der Gewinn ohne Grund in einer Weise verteilt wird, die nicht dem Anteil der persönlich erbrachten Leistungen entspricht."[273]

Kritisch zu sehen ist an § 33 Abs. 2 Ärzte-ZV, dass dieser künftig auch aus medizinischen Erwägungen getroffene, zum Wohle des Patienten gedachte und für alle Beteiligten vorteilhafte Kooperationsvorhaben bzw. gemeinsame Formen der Berufsausübung zwischen Ärzten unterbinden könnte.[274] Des Weiteren bleibt festzuhalten, dass dadurch Zuweisungen gegen Entgelt oder Vorteilsgewährung zwischen zuweisungsabhängigen, privatärztlichen Leistungserbringern nicht unterbleiben werden, weil diese von der Regelung nicht erfasst werden. Grundsätzlich hat ein Arzt das Gebot der persönlichen Leistungserbringung zu beachten. Die Anstellung zweier Ärzte zuweisungsabhängiger Fächer – zum Beispiel Radiologie und Orthopädie – gemeinsam in einer Praxis ist nicht zulässig, wenn beide Ärzte verschiedenen Fachrichtungen angehören. Diese Verbotsregelung dient als legitimes gesetzgeberisches Ziel, der Verhinderung der wirtschaftlich negativen Auswirkungen von medizinisch nicht indizierten Mengenausweitungen – zusätzlichen Behandlungen und Eingriffen – im Bereich der überweisungsgebundenen medizinisch-technischen Leistungen auf die Gesamt-

---

271 Ratzel in: Ratzel/Lippert, Kommentar MBO, § 18, S. 250, Rn. 15; Krafczyk/ Lietz ZMGR 1 (2010), S. 24, 25; BÄK DÄBl 104 (2007), S. A-1611.

272 Krafczyk/Lietz ZMGR 1 (2010), S. 24, 25; Ries/Schnieder/Althaus, Arztrecht, S. 141; Wigge RöFo 180 (2008), S. 933, 934 f.

273 Ärzte-ZV i. d. F. der Bek. vom 28. Mai 1957, BGBl. S. 572; zuletzt geändert durch Art. 9 GKV-VStG vom 22.12.2011, BGBl. S. 2983; Wigge NZS 2007, S. 398; Näheres zu ärztlichen Kooperationensformen und Teilberufsausübungsgemeinschaften in: Zwingel/Preißler, Ärzte-Kooperationen; Riedel/Hansis/Schlesinger, Wirtschaftlich erfolgreich in der Arztpraxis.

274 Schroeder-Printzen in: Ratzel/Luxenburger, Handbuch Medizinrecht, § 7 Rn. 478; Wigge NZS 8 (2007), S. 393, 400; Gummert/Meier MedR 25 (2007), S. 75, 78.

vergütung.[275] Wie eine überweisungsgebundene medizinisch-technische Leistung zu definieren ist, bestimmt § 13 Abs. 4 BMV-Ä bzw. § 7 Abs. 4 EKV.[276] Darin heißt es:

> „Ärzte für Laboratoriumsmedizin, Mikrobiologie und Infektionsepidemiologie, Nuklearmedizin, Pathologie, Radiologische Diagnostik bzw. Radiologie, Strahlentherapie und Transfusionsmedizin können nur auf Überweisung in Anspruch genommen werden."[277]

Denn darf ein Facharzt nur auf Überweisung eines anderen Arztes hin tätig werden, kann bei gemeinsamer Berufsausübung (wie zum Beispiel bei einer Teil-Berufsausübungsgemeinschaft) allerdings der Anreiz entstehen, zusätzliche Überweisungen von Patienten über eine Umgehung des Verbots der Zuweisung gegen Entgelt zu generieren. So sind Ringüberweisungen denkbar, das heißt Patienten werden innerhalb einer Teil-Berufsausübungsgemeinschaft für die medizinischen Behandlungen von Arzt zu Arzt gereicht.[278] Die Patientenzuweisungen können dann auch von Rückvergütungen abhängig gemacht werden.[279] Überweisungen ohne gemeinsame Behandlung des Patienten können demzufolge als legitimer Gesellschaftszweck nicht ausreichen.[280] Weitere wichtige Rahmenbedingungen sind die Bestimmungen der § 76 Abs. 1 SGB V und § 24 Abs. 5 BMV-Ä. Nach § 24 Abs. 5 BMV-Ä soll zur Gewährleistung der freien Arztwahl die Überweisung (Zuweisung) nicht auf den Namen eines bestimmten Vertragsarztes, sondern auf die Gebiets-, Teilgebiets- oder Zusatzbezeichnung ausgestellt werden. Gleiches gilt für die Einweisung in Kliniken. Eine Überweisung kann

---

275 Wigge NZS 8 (2007), S. 393, 395 ff; Steinbrück Anästhesist 55 (2006), S. 997, 1002; Ratzel/Möller/Michels MedR 24 (2006), Nr. 7, S. 381; Wigge RöFo 180 (2008), S. 933, 934.

276 Schallen, Zulassungsverordnung für Vertragsärzte, §, Rn. 44; Wigge RöFo 180 (2008), S. 933.

277 BMV-Ä i. d. F. der Bek. vom 1. Januar 1995; zuletzt geändert am 01.01.2011.

278 BSG DÄBl 1963, 2399; LSG München BeckRS 9999, 03978, Rn. 10; SG Stuttgart Der Kassenarzt 2000, 56; Ries/Schnieder/Althaus, Arztrecht, S. 91.

279 Harney/Buck RöFo 2008 (12) 180, S. 1137 ff; Potthoff/Bartels/Koecke Frauenarzt 2007 (48), S. 928, 929; Wigge NZS 8 (2007), S. 393, 396; Halstrick Frauenarzt 48 (2007), S. 12.

280 Werthern, Strategiebuch für den niedergelassenen Arzt, 2009, S. 80 f.; Wigge NZS 8 (2007), S. 393, 395; Ries/Schnieder/Althaus, Zahnarztrecht, S. 151.; Reiling MedR 16 (1998), S. 273, Leitsatz des Bearbeiters.

zwecks Auftragsleitung, Weiterbehandlung, Mitbehandlung oder Konsiliaruntersuchung erfolgen, vgl. § 24 Abs. 3 BMV-Ä.[281]

Wie bereits oben erwähnt ist eine den Leistungen entsprechende Gewinnverteilung anzustreben, weil sonst die Gefahr besteht, dass der zuweisende Arzt in unzulässiger Weise am Erlös des die Leistung erbringenden Arztes beteiligt wird.[282] Ist vertraglich eine andere Gewinnverteilung bzw. -ausschüttung vereinbart, kann dies zur Nichtigkeit des Gesellschaftsvertrages ex tunc gemäß § 134 BGB führen und zusätzlich auch zu einem Verstoß gegen § 31 MBO-Ä, da dieser als Verbotsnorm im Sinne des § 134 BGB anzusehen ist.[283] In Einzelfällen könnte dieser Umstand dazu führen, dass pekuniäre Leistungen rechtsgrundlos erfolgt sind[284] und kein zulässiger Gesellschaftszweck vorliegt, vgl. § 726 BGB.[285] Diese Problematik betrifft Vereinbarungen über Großgerätekooperationen ebenso.[286] In einem vor dem OLG Stuttgart verhandelten Fall[287] erhöhten Zuweiser vorab den Gewinn der Gesellschaft durch vermehrte Patientenzuweisungen, die wiederum zu abrechenbaren Behandlungen führten. So wuchs den zuweisenden Ärzten, welche Gesellschaftsanteile an der GbR hielten, letztlich entsprechend der Höhe ihrer Beteiligung eine Gewinnausschüttung zu. Auf diese Weise konnten zuweisende beteiligte Ärzte unmittelbar die Höhe ihrer Gewinne mitbestimmen. Daraus folgt, dass nicht nur bei einer nach der Quote der Zuweisungen abhängigen Gewinnverteilung ein wirtschaftlicher Vorteil im Sinne des in § 31 MBO-Ä niedergelegten Verbots der Zuweisung gegen Entgelt vorliegt, sondern auch bei einer kapitalanlagebezogenen Gewinnausschüttung an die zuweisenden Ärzte.[288] Eine vermehrte Zuweisung und in Folge dessen ein größerer wirtschaftlicher Erfolg der Gesellschaft schlägt sich über Umwege letztendlich doch bei der Gewinnausschüttung für den zuweisenden Arzt nieder,

281 Hellmann/Herffs, Der ärztliche Abrechnungsbetrug, S. 10, Rn. 31 ff.

282 Ratzel in: Ratzel/Lippert, Kommentar zur MBO, § 31, S. 368, Rn. 3.

283 BGH NJW 1986, 2360; BGH NJW 1986, 2360, 2369; BGH NJW-RR 1990, 1313, 1314; BGH VersR 2003, 1446-1447; Bay OLG MedR 2001, 206 ff.; Schulenberg Rheinisches ÄBl 12 (2008), S. 16; Ratzel/Möller/Michels MedR 24 (2006), S. 381; Kiefer/Meseke VSSR 3 (2011), S. 212, 220; Lindemann/Ratzel, Brennpunkte des Wirtschaftsstrafrechts, S. 14; Sack/Seibl in: Staudinger, § 134 BGB, Rn. 16, 27; vgl. auch Dörner in: Schulze/Dörner/Ebert, § 134 Rn. 2 ff; Jauernig in: Jauernig, § 134, 3. VerbotsGes., b) Verstoß; Ellenberger in: Palandt § 134 Rn. 16.

284 Häser Klinikarzt 38 (2009), S. 373-374; Ratzel MedR 20 (2002), S. 492.

285 Ratzel/Möller/Michels MedR 24 (2006), S. 382; Lindemann/Ratzel, Brennpunkte des Wirtschaftsstrafrechts, S. 117.

286 Ratzel MedR 20 (2002), S. 496.

287 OLG Stuttgart MedR 2007, 543.

288 Dahm MedR 16 (1998), S. 70, 73.

denn der Arzt kann über sein Zuweisungsverhalten die Einkünfte maßgeblich beeinflussen.[289] Es besteht die Gefahr einer Anreizwirkung. Vor allem beim Gewinnpooling, bei dem alle Praxiseinkünfte im Innenverhältnis zusammengeführt und anschließend nach einem vereinbarten Schlüssel unter den Beteiligten ausgeschüttet werden, wird diese Systematik deutlich.[290] Somit entsteht eine Pflichtenkollision zwischen vertragsärztlicher Tätigkeit und Gesellschaftsvertrag. Gewinnpooling ist weder berufs- noch vertragsarztrechtlich verboten, wenn es nicht der Umgehung des § 31 MBO-Ä dient.[291] Neben einer unmittelbaren Koppelung von Zuweisung und Höhe der Gewinnausschüttung deutet eine überhöhte oder nicht gerechtfertigte Vorteilszuwendung ohne sachlichen Grund, über die geleistete Einlage hinaus, ebenfalls auf einen Verstoß gegen § 31 MBO-Ä hin. Auch die Ausgabe von Aktien ausschließlich an Zuweiser ist ein eindeutiges Zeichen.[292] Zum Schluss bleibt noch festzuhalten, dass ein solches Verhalten in den meisten Fällen auch gegen das Gebot des kollegialen Verhaltens in § 19 MBO-Ä verstößt.[293] Zusätzlich legt § 15 Abs. 2 MBO-Ä Offenbarungspflichten fest.[294]

„Kick-Backs"[295] sind vor allem dann häufig anzutreffen, wenn ein Arzt im Krankenhaus wegen seiner Fachkompetenz auch die Patientenlenkung übernimmt.[296] Das Verbot der Zuweisung gegen Entgelt weist in Teilen Analogien zu der Untreue durch „Kick-Backs" im Bankensektor auf,[297] wobei festzuhalten bleibt, dass Provisionszahlungen für die Vermittlung von Geschäften in der freien Wirtschaft, etwa bei Maklergeschäften, normales Geschäftsgeschehen sind.[298]

---

289 OLG Köln GRUR 2006, 600, 601 f; Graml, Das ärztliche Verbot der Zuweisung gegen Entgelt, S. 137.

290 Zustimmend: LSG Niedersachsen-Bremen MedR 2003, 429-432; ablehnend: LG Hamburg MedR 2005, 98-101; Dietze, Wer darf bei Ihnen mitverdienen? http://www.auw.de/2007/09/wer-darf-bei-ihnen-mitverdienen/; Wittmann/Koch MedR 29 (2011), S. 476, 479.

291 Rothfuß in: Bäune/Meschke/Rothfuß, Kommentar zur Zulassungsverordnung für Vertragsärzte, § 33, Rn. 12.

292 Graml, Das ärztliche Verbot der Zuweisung gegen Entgelt, S. 233 f.

293 BGH NJW 1986, 2360, 2361; Rieger DMW 122 (1997), S. 275.

294 Ratzel MedR 20 (2002), S. 63 f.

295 Rückvergütungen.

296 Schönhöfer, Missbrauch, Betrug und Verschwendung, www.transparency.de/Vortrag-Schoenhoefer. 96.0.html.

297 BGH ZIP 1989, 830-833; BGH ZIP 1990, 365-367; BGH ZIP 2001, 230-232; Wittmann/Koch MedR 29 (2011), S. 476, 481; Schmidt DÄBl 107 (2010), S. A-1543.

298 o.V., Fangprämien: Anderer Markt, andere Regeln, https://www.ecovis.

Nicht zuletzt verstößt auch ein Arzt-Such- und Vermittlungsdienst gegen § 31 MBO-Ä, wenn Ärzte für die Weitergabe Ihrer Kontaktdaten an Patienten durch eine Agentur ein Entgelt bezahlen.[299]

2.2.4.1.1.2 Rechtsfolgen

Bei den Rechtsfolgen eines Verstoßes gegen § 31 MBO-Ä, ist nicht auf den ersten Blick ersichtlich, was den Arzt in Konsequenz erwartet – § 31 MBO-Ä selbst enthält keine Rechtsfolgenregelung. Dafür erfolgt eine Abwicklung nach Bereicherungsrecht i. S. d. § 817 BGB – nicht nach den Grundsätzen einer fehlerhaften Gesellschaft.[300] Bei der „Erpressungsform“ muss die Kondiktionssperre des § 817 S. 2 BGB durchbrochen werden können, um dem Zuweisungsempfänger einen Anspruch auf Rückzahlung der Zuweisungsentgelte zu gewähren. Allerdings bleibt es im Patienteninteresse bei der Kondiktionssperre, wenn die „Bestechungsform“ vorliegt.[301] Weiterhin kann es zu einer Schadensersatzpflicht gemäß § 823 Abs. 2 BGB kommen, nämlich aufgrund der Verletzung eines Schutzgesetzes. Wenn es durch die Zuweisung (kausal) zu einer falschen oder überflüssigen Behandlung des Patienten, entgegen dessen Wohl kommt, ist diese Rechtsfolge denkbar.[302]

Geahndet werden Verstöße gegen das Berufsrecht auch im berufsgerichtlichen Verfahren durch die Kassenärztliche Vereinigung (im Folgenden: KV) und ÄK, welches im Einzelnen in den Kammergesetzen geregelt ist.[303] So sind Strafen i. S. d. § 58 HBKG denkbar, die von einer Verwarnung bis hin zu einer Geldbuße von 50.000 Euro reichen und zu einer Entziehung der Approbation wegen Unwürdigkeit der Berufsausübung führen können.[304] Gesamt betrachtet, handelt es sich um sehr ineffektive Rechtsfolgen, die bisher nach Kenntnis der Verfasserin noch nicht ausgesprochen wurden. Die Norm § 31 MBO-Ä leidet angesichts der immanenten Nachweisschwierigkeiten an einer mangelhaften

---

com/index.php?id=10885&tx_ttnews[tt_news]=4333&tx_ttnews[backPid]=10884&cHash=e62aed4f8ba6ad8b74563776f7a8d803; Stollmann GesR 3 (2011), S. 136.

299 BDR Radiologe 11 (1999), S. M-187, M-188.; Wigge NZS 8 (2007), S. 393, 394.

300 OLG Hamm NJW 1985, 679, 680 f.; Möller in: Ratzel/Luxenburger, Handbuch Medizinrecht, § 15 Rn. 247; Ratzel/Möller/Michels MedR 24 (2006), S. 382; Lindemann/Ratzel, Brennpunkte des Wirtschaftsstrafrechts, S. 119.

301 BGH NJW 2006, 45; Ähnlich BGH NJW 1983, S. 109, 111; Bay OLG MedR 2001, S. 206, 212; Wittmann MedR 26 (2008), S. 716, 722 f.

302 Krafczyk/Lietz, ZMGR 1 (2010), S. 24, 26.

303 Fenger/Göben, Sponsoring im Gesundheitswesen, S. 157.

304 Ihle, Korruption im Gesundheitswesen, www.dgvt.de/1465.html; Häser Klinikarzt 38 (2009), S. 373-374; Wittmann MedR 26 (2008), S. 716, 721.

Umsetzung und Anwendung – einem Vollzugsdefizit.[305] Die Nachweisschwierigkeiten entstehen, weil die Erfüllung aller Tatbestandsmerkmale belegt werden muss, was sich insbesondere bei einer Entgelt- oder Vorteilszuwendung angesichts der Verschleierung als schwierig erweisen dürfte.[306]

2.2.4.1.1.3 Ausnahmetatbestände

Die Formulierung des § 31 MBO-Ä zeigt jedoch auch, dass nicht sämtliche Zuweisungskonstellationen per se als unzulässig einzustufen sind. So können zum Beispiel Leistung und Gegenleistung i. S. d. Äquivalenzprinzips angemessen sein oder echte ärztliche Leistungen mit sachlich-medizinischer Rechtfertigung erbracht worden sein.[307] Vergütungs- und Honorarmodelle sind dann rechtlich unbedenklich, wenn der Grund für die Zahlung in der ärztlichen Behandlung selbst liegt, der Arzt die Erbringung der Leistung freiwillig vornimmt, nicht bereits dazu verpflichtet ist und keine sinnfreien Leistungen vorliegen.[308] Die GOÄ ist dabei ein guter Anhaltspunkt für die angemessene Höhe einer Vergütung bzw. Honorarleistung.[309] Das OLG Düsseldorf hat beispielsweise entschieden, dass Vereinbarungen, die dem Modell der integrierten Versorgung gem. § 140a SGB V ähneln, zulässig seien.[310] Ein Arzt kann einen Verstoß gegen § 31 MBO-Ä auch vermeiden, indem er den Patienten über die Zuweisung aufklärt und dessen Einwilligung einholt.[311] Weiterhin liegt kein ungerechtfertigter Vorteil für die Zuweisung eines Patienten vor, wenn die Zahlung als Kostenbeteiligung für gemeinsam genutzte Einrichtungen, zum Beispiel eines Großgerätes, erfolgt.[312] Bedingung ist allerdings, dass die in diesem Zusammenhang geleisteten Zahlungen nicht überhöht sind und als verdeckte Zuweisungsprovisionen den Besitzer wechseln.[313] Eine verbotene Zuweisung liegt auch dann nicht vor, wenn ein hinreichender, sachlicher oder medizinischer Grund für die Zuweisung besteht. Hinreichende Gründe für eine Empfehlung ergeben sich aus,

---

305 Graml, Das ärztliche Verbot der Zuweisung gegen Entgelt, S. 123, 259.

306 Ebd., S. 196.

307 Schramm Urologe 48 (2009), S. 864, 868.

308 Häser Klinikarzt 38 (2009), S. 373-374; Koller, Zuweisermarketing und sektorenübergreifende Kommunikation, S. 100, Rn. 77; Bährle, Praxisrecht für Therapeuten, S. 83.

309 Dahm MedR 27 (2009), S. 664.

310 OLG Düsseldorf GesR 2005, 330-332.

311 Lindenau, Das Medizinische Versorgungszentrum, Rn. 298 ff.

312 Ratzel MedR 21 (2003), S. 459; Andreas/Debong/Bruns, Beteiligung des Anästhesisten an den Kosten des Operateurs nicht standeswidrig, http://www.bdc.de/index_level 3.jsp?documentid=E27CDE39 B000A602C1256DC6002D82E8&form=Dokumente.

313 Bährle, Praxisrecht für Therapeuten, S. 83.

neben auf dem medizinischen Gebiet liegenden sachlichen Gründen, wie die Qualität der Versorgung, fachlich und wirtschaftlich günstigeren Angeboten eines bestimmten Anbieters (Wirtschaftlichkeitsgesichtspunkte), aus der Vermeidung von Wegen bei gehbehinderten Personen und aus schlechten Erfahrungen, die Patienten mit Konkurrenten gemacht haben.[314] Ein technisch defektes Gerät (CT oder MRT) kann hingegen allenfalls für einen kürzeren Zeitraum einen hinreichenden Grund bieten.[315]

Fraglich ist auch, ob durch den § 31 MBO-Ä eine Einschränkung der Berufsausübungsfreiheit nach Art. 12 Abs. 1 GG – schränkt doch die berufsrechtliche Regelung bestimmte Handlungsmöglichkeiten des Arztes als Berufsträger ein – gerechtfertigt werden kann.[316] Nach der „Stufenlehre" des Art. 12 GG ist diese gerechtfertigt, wenn die jeweilige Regelung dem Schutz wichtiger Gemeinwohlgüter dient und hinreichend bestimmt ist.[317] Hier wird vertreten, dass keine Ausnahme von § 31 MBO-Ä besteht und der Eingriff aufgrund des § 31 MBO-Ä zum Schutze der Volksgesundheit und der finanziellen Stabilität des Gesundheitssystems als überragend wichtige Güter des Gemeinwohls gerechtfertigt ist.[318] Zum Schluss bleibt festzuhalten, dass Unkenntnis den Zuweiser und den Empfänger vor einer Strafe nicht schützen, da jeder Arzt nach § 2 Abs. 5 MBO-Ä die Pflicht hat, sich über die für die Berufsausübung geltenden Vorschriften zu unterrichten,[319] um somit zu einem lauteren Wettbewerb beizutragen.

2.2.4.1.2 Wettbewerbsrecht und Kartellrecht

Ein zunehmender Wettbewerb unter den Leistungserbringern im Gesundheitswesen kann nur dann zweckmäßig und sinnvoll sein, wenn dieser auf einer fairen Basis um Qualität und Versorgung stattfindet.[320] Der Wettbewerb bei der

314 BGH NJW 2011, 2211-2217; BGH GRUR 2001, 271; BGH NJW 2000, 2745, 2747; OLG Köln, GRUR 2006, 600; OLG Celle GesR 2008, 476-479; OLG Celle GesR 2007, 220-222; LBG für Heilberüfe Münster GesR 2011, 733, 735 ff; Koch Westfälische ÄBl 07 (2011), S. 14, 15; Ratzel Hessisches ÄBl 8 (2007), S. 488, 489.

315 LG München MedR 2008, 507-508.

316 Graml, Das ärztliche Verbot der Zuweisung gegen Entgelt, S. 124.

317 Pitschas MedR 26 (2008), S. 473, 480.

318 Vollmöller NZS 11 (2006), S. 572, 576.

319 Rieger MedR 29 (2011), S. 197, 198, Leisatz 3 des Bearbeiters.

320 Thole, Verstöße gegen Wettbewerbsrecht - auch Ärzte wurden ertappt, http://www.wiso-net.de/webcgi?START=A60&DOKV_DB=ZGEH&DOKV

Zuweisung von Patienten findet vor allem unter den Zuweisungsempfängern statt.[321] Makoski weist auf dessen Gefahren hin:

> „Je mehr Wettbewerb wir haben desto stärker wird auch der Druck auf die einzelnen Teilnehmer im Wettbewerb ihre Position mit nicht ganz legalen Mitteln zu verbessern. Das Wettbewerbsrecht ist ein Korrektiv. Dadurch dass wir hier aber einen Wettbewerb um öffentliche Gelder haben, ist die Frage, ob das Wettbewerbsrecht das alleinige Regulativ sein kann.“[322]

Der Wettbewerb zwischen Krankenhäusern oder zwischen Krankenhäusern und Ärzten ist in der Regel Wettbewerb um Fallzahlen, in diesem Sinne den Faktor Patient.[323] Verträge und Absprachen zwischen medizinischen Leistungserbringern sind auch im Hinblick auf § 69 Abs. 1 SGB V nicht – wie vielleicht vermutet – der wettbewerbsrechtlichen Kontrolle und Prüfung entzogen.[324] Bei alledem darf allerdings Folgendes nicht vergessen werden: Da Ärzte im Gesundheitswesen eine Schlüsselrolle einnehmen und unmittelbar mit dem hohen Gut der Gesundheit des Menschen zu tun haben, dürften sie sich ausschließlich von medizinischen Gesichtspunkten, bei der Festlegung und Abrechnung von Leistungen mit den Krankenkassen, leiten lassen.[325]

2.2.4.1.2.1 Gesetz gegen den unlauteren Wettbewerb – UWG

Das Gesetz gegen den unlauteren Wettbewerb zielt darauf ab, ethisch korrekte und sittlich gebotene Grundlagen im Geschäftsgeschehen sicherzustellen.[326] Gerade das Zuweisermanagement und die Zuweisung gegen Entgelt befinden sich aktuell in der Kritik, weil sich in bestimmten Bereichen, wie etwa der Radiologie und in bestimmten Regionen Deutschlands, regelrechte Kartellabsprachen herausgebildet haben, die den Wettbewerb zwischen den Krankenhäusern und Ärzten verzerren und nicht unbedingt an der bestmöglichen Behandlung des Pa-

---

_NO=AEZT000201768&DOKV_HS=0&PP=1; o.V., Ärzte verstoßen öfter gegen das Wettbewerbsrecht als zuvor, http://www.genios-fachpresse.de/artikel, AEZT,20030228,-rzte-verstossen-oefter-gegen-das-w,000250206.html.

321 Wittmann MedR 26 (2008), S. 716, 720; Wienke, Der Arzt im Wirtschaftsstrafrecht, S. 32.

322 IV. Anhang, Anhang B – Interviews und Statements, Nr. 4, S. 178 ff.

323 Sichert, Wahlmöglichkeiten und Wettbewerb in der Krankenhausversorgung, S. 200 f.

324 OLG Düsseldorf GesR 2009, 605, 606 f.; Dahm MedR 27 (2009), S. 664; Dahm MedR 49 (2010), S. 275, 276.

325 Köber chefarzt aktuell 09 (2009), S. 45, 46; Neubacher Spiegel 45 (2007), S.130.

326 Börnecke, Ethisch und rechtlich konformes Verhalten, S. 27.

tienten orientiert sind.[327] Wirth vom Uniklinikum Dresden vertritt diese Ansicht seit langem:

> „Zuweisung gegen Entgelt führt den Wettbewerb um Qualität ad absurdum. Denn den Wettbewerb im Gesundheitswesen sollte die medizinische Qualität ausmachen, das heißt, dass die Patienten die beste medizinische Behandlung bekommen und möglichst gut versorgt werden sollten.“[328]

Doch die Ist-Situation stellt sich anders dar. Wenn Krankenhäuser Prämien zahlen, versuchen mitbewerbende Krankenhäuser durch Zahlung einer Zuweisungsprovision eine „normale und gerechte“ Wettbewerbssituation wieder herzustellen.[329] Nicht beteiligte Leistungserbringer sehen sich durch solch „unsaubere“ Geschäfte auf dem Markt benachteiligt, denn es entsteht für sie eine Schlechterstellung, weil sie keine faire Chance mehr auf Zuweisungen erhalten.[330]

Das das Ganze keine Einzelfallproblematik ist, wird beim Blick in die Praxis besonders deutlich.[331] Nahezu alle Krankenhäuser sind sich der Bedeutung einer Zusammenarbeit mit Zuweisern bewusst und an einer solchen interessiert.[332]

---

327 Schäfer, Die gesunde Gesellschaft, S. 95; Möller JR 01 (2011), S. 26, 29 f.

328 IV. Anhang, Anhang B – Interviews und Statements, Nr. 6, S. 176.

329 Dahm MedR 21 (2003), S. 580; Hakenberg Urologe 48 (2009), S. 858, 860; Kiefer/Meseke VSSR 3 (2011), S. 212, 213.

330 Wittmann MedR 26 (2008), S. 716, 720.

331 Tendenzen zu Kooperationen allgemein, lassen sich finden unter: o.V., Gesundheitswesen: Kliniken forcieren Kooperationen, http://www.steria.com/de/presse/presse informationen/press-releases/article/gesundheitswesen-kliniken-forcieren-kooperationen-mit-aerzten/.

332 Siehe auch Abbildung Nr. 7, Klinikmanager heiß auf Kooperation mit Zuweisern.

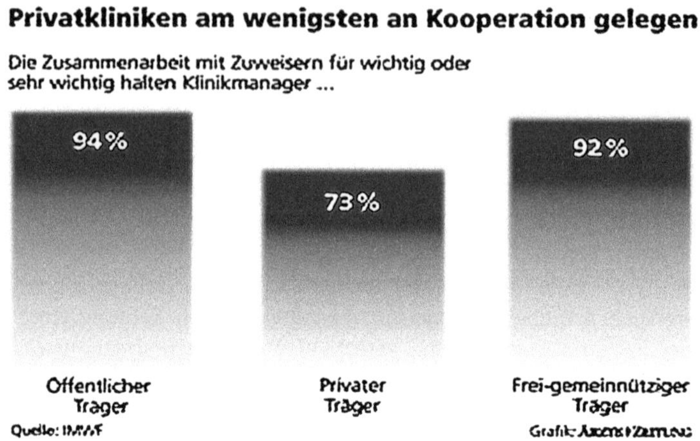

Abb. 7: Klinikmanager heiß auf Kooperation mit Zuweisern

Quelle der Grafik: *Wallenfels*, Matthias, Ärzte Zeitung, Klinikmanager heiß auf Kooperation mit Zuweisern, 25.10.2011, abrufbar unter http://www.aertzezeitung.de/extras/druckansicht/?sid=675615&pid=683378, zuletzt geprüft am 14.12.2011.

Aus diesem Grund ist es wichtig, Zuweisungsverträge auch auf ihre kartell- und wettbewerbsrechtliche Zulässigkeit hin zu überprüfen.[333]

2.2.4.1.2.1.1 Tatbestände

Ein Vertrag, der darauf gerichtet ist, einen Arzt zu einem Verstoß gegen das Berufsrecht zu verleiten und planmäßig Patienten für sich zu gewinnen, verstößt gegen das Gesetz gegen den unlauteren Wettbewerb (§ 3 UWG).[334] § 4 Nr. 1 UWG ist eines der Fallbeispiele[335], welches § 3 UWG konkretisiert.[336] Dabei regelt dieses die Unlauterkeit durch unangemessenen unsachlichen Einfluss.[337] Erste Voraussetzung aller Beispielfälle der §§ 4 - 7 UWG ist das Vorlie-

333 Wollersheim in: Terbille, Münchener Anwaltshandbuch Medizinrecht, § 5, Rn. 188.

334 LG Aachen ArztuR 2000, 184.

335 Zu den Beispielen eingehender siehe: Köhler in: Hefermehl/Köhler/Bornkamm/Baumbach, UWG § 4, Rn. 1.63.

336 Sichert, Wahlmöglichkeiten und Wettbewerb in der Krankenhausversorgung, S. 149 f.; Dettmar, Unlauterer Wettbewerb durch Rechtsbruch, S. 158.

337 Unangemessener unsachlicher Einfluss in Form von Druck ist die Zufügung und Androhung von Nachteilen wirtschaftlicher, gesellschaftlicher oder sonstiger Art zu verstehen. Als Nachteil reicht auch der Entzug bisher gewährter Vorteile (z.B. Patientenzuweisung), OLG Düsseldorf GesR 2009, 605-609.

gen der Tatbestandsmerkmale des § 3 UWG.[338] Gemäß § 4 Nr. 1 UWG handelt unlauter insbesondere,

> „wer geschäftliche Handlungen vornimmt, die geeignet sind, die Entscheidungsfreiheit der Verbraucher oder sonstiger Marktteilnehmer durch Ausübung von Druck, [...] oder durch sonstigen unangemessenen unsachlichen Einfluss zu beeinträchtigen."[339]

§ 4 Nr. 1 UWG schützt die Entscheidungsfreiheit und ist im Lichte des Art. 8 UGP-RL auszulegen. Ausgelegt wird der Begriff Freiheit im Sinne dieser Vorschrift als: „Eine andere, als die vom Handelnden angestrebte geschäftliche Entscheidung, zu treffen".[340] Ein unangemessener, unsachlicher Einfluss muss zur Beeinträchtigung der Entscheidungsfreiheit der Marktteilnehmer, Patienten und Zuweisungsempfänger führen.[341] Dabei muss die Entscheidungsfreiheit nicht gänzlich ausgeschaltet sein, es genügt die bestehende Gefahr einer Beeinträchtigung.[342] Wenn ein Krankenhaus mit einem niedergelassenen Arzt einen Vertrag darüber schließt, dass dieser seinen Patienten nur das fragliche Krankenhaus bei Einweisungen vorschlägt und dafür im Gegenzug eine Pauschale pro Patient erhält, nehme dieses geschäftliche Handlungen vor, die geeignet seien, die Entscheidungsfreiheit des Patienten (Verbraucher) durch unangemessenen Druck zu beeinträchtigen.[343] An dieser Stelle kann Vertragsbeispiel Nr. 4 des Kapitels über die kritischen Vertragsbeispiele angeführt werden.[344] Durch die in § 5 enthaltene Vergütungsklausel i. V. m. Klausel 3 über das Ablaufkonzept wird, über die Vergütung, für den Arzt ein Anreiz geschaffen Patienten in ihrer Entscheidungs-

---

338 Dettmar, Unlauterer Wettbewerb durch Rechtsbruch, S. 158.

339 UWG i. d. F. der Bek. vom 3. März 2010, BGBl. Teil I/2010, Nr. 11, S. 254 ff.; zuletzt geändert durch Art. 2 des Gesetzes zur Bekämpfung unlauterer Telefonwerbung und zur Verbesserung des Verbraucherschutzes bei besonderen Vertriebsformen vom 29. Juli 2009, BGBl. Teil I/2009, Nr. 49, S. 2355 ff.

340 Köhler in: Hefermehl/Köhler/Bornkamm/Baumbach, UWG § 4, Rn. 1.19.

341 Brammen DOZ 05 (2011), S. 14, 15.

342 Heße, Wettbewerbsrecht, S. 52; Häser Klinikarzt 38 (2009), S. 373, 374.

343 OLG Düsseldorf GesR 2009, 605-609; LG Duisburg MedR 2008, 445-448; BÄK/KBV/DKG, Gemeinsame Leitlinien zur Beurteilung von Kooperationen zwischen Krankenhäuser und niedergelassenen Ärzten, http://www.paritaet-bw.de/content/e153/e178/e4029/e195/PDF/Entwurf_LeitlinienKH_Aerzten.pdf, S. 2; Dahm MedR 27 (2009), Nr. 11, S. 664; Kölbel NStZ 31 (2011), S. 195, 197; Ratzel MedR 26 (2008), S. 445, Leitsatz 1 des Bearbeiters; Dahm Urologe 47 (2008), S. 1354 ff; Dahm MedR 49 (2010), S. 275, 276; Struckel in: Harte-Bavendamm/Henning-Bodewig, UWG § 4 Nr. 1, Rn. 29.

344 Siehe Kapitel 2.2.3.

findung zu beeinflussen. Einer Empfehlung seines Arztes würde sich kaum ein Patient entgegenstellen, und zwar auf der einen Seite aus Unwissenheit und dem bestehenden asymetrischen Vertrauensverhältnis und auf der anderen Seite aus Angst, Ärger zu bereiten. So zeigt sich auch, dass der Wunsch und die Erfahrungen eines Patienten allein nicht als ausreichender Nachweis zur Begründung einer Zuweisungsnotwendigkeit dienen können.[345] Der Patient wolle im Hinblick auf die eigene und die Gesundheit Familienangehöriger nicht das Wohlwollen des Arztes verlieren.[346] Einen Druck auf die Entscheidungsfreiheit des Patienten auszuüben, sei nur angemessen, wenn die Empfehlung eines bestimmten Leistungserbingers *allein*[347] auf medizinischen Erwägungen im Hinblick auf die Bedürfnisse des konkret beratenen Patienten ausgesprochen werde, so dass die Neutralitätspflicht des Arztes gewahrt bleibt.[348] Auch durch Kopplungsgeschäfte kann ein unsachlicher Einfluss auf die Entscheidungsfreiheit ausgeübt werden, besagt § 4 Nr. 1 Alt. 3 UWG.[349] Ein Kopplungsgeschäft entsteht beispielsweise, wenn die Höhe der Vergünstigung bzw. Gewinnausschüttung von der Anzahl der in Auftrag gegebenen Untersuchungen bzw. von der Anzahl der zugewiesenen Patienten abhängig gemacht wird und die Ausschüttung mit Zunahme der Zuweisungen steigt, vgl. §§ 3, 4 Nr. 1 Alt. 3 UWG.[350] Diese Konstellation kann auch bei Großgerätekooperationen entstehen. Ein weiteres Beispiel für einen unangemessenen, unsachlichen Einfluss liegt vor, wenn ein Laborarzt einem niedergelassenen Arzt die Durchführung von Laboruntersuchungen, die dieser selbst gegenüber der Krankenkasse abrechnen könnte, unter Selbstkosten anbietet. Dies wohl wissend mit der Aussicht und in der Erwartung, dass der niedergelassene Arzt ihm im Gegenzug Patienten für Untersuchungen überweist, die nur von einem Laborarzt vorgenommen werden können.[351]

---

345 BGH NJW 2009, 3582, 3586; Wittmann MedR 27 (2009), S. 728.

346 OLG Düsseldorf GesR 2009, 605-609; OLG Stuttgart GRUR-RR 2008, 429, 434; Rumpenhorst Arzt und Krankenhaus 5 (2010), S. 155, 156.

347 Hervorhebungen im Original nicht enthalten.

348 Vgl. Struckel in: Harte-Bavendamm/Henning-Bodewig, UWG § 4 Nr. 1, Rn. 171 f.

349 LG Duisburg MedR 2008, 445; Heße, Wettbewerbsrecht, S. 48.

350 OLG Stuttgart MedR 2007, 543; Ries/Schnieder/Althaus, Arztrecht, S. 140, 544.; Wittmann/Koch MedR 29 (2011), S. 476, 477; Dahm MedR 25 (2007), S. 543; Ratzel in: Ratzel/Lippert, Kommentar zur MBO, 2006, § 31, S. 367, Rn. 2; Fritzsche in: Spickhoff, Medizinrecht, § 4, Rn. 3.

351 BGH NJW 2005, 3718; Gröning, zu BGH Urt. v. 21.04.2005, Az. ZR 201/02, „Quersubventionierung von Laborgemeinschaften"; Wittmann MedR 26 (2008), S. 716, 722; Dahm MedR 25 (2007), S. 543.

Auch gegen die Fallgruppe des unlauteren Wettbewerbs durch Rechtsbruch kann eine Zuweisungsabsprache verstoßen.[352] § 4 Nr. 11 UWG bestimmt, dass unlauter handelt, wer „einer gesetzlichen Vorschrift zuwiderhandelt, die auch dazu bestimmt ist, im Interesse der Marktteilnehmer das Marktverhalten zu regeln.“[353] Gesetzliche Vorschrift i. S. d. § 4 Nr. 11 UWG ist jede Rechtsnorm mit Geltung in Deutschland (vgl. Art. 2 EGBGB), dazu zählt auch § 31 MBO-Ä. Unlauter sind Rechtsbrüche nur, wenn die rechtsverletzende Handlung einen Marktbezug aufweist, d. h. im geschäftlichen Verkehr erfolgt, und die verletzte Norm eine marktregelnde Tendenz, d. h. auf die Lauterkeit des Wettbewerbs bezogene Schutzfunktion, hat.[354] Als Normen mit marktregelnder Tendenz kommen auch solche in Betracht, die den Zugang zum Markt als solchen regeln, zum Beispiel Gesetze, die die Ausübung einer bestimmten Tätigkeit an eine fachliche Qualifikation binden, wie das Arztrecht.[355] Verbote des HWG[356] stellen ebenso Gesetze i. S. d. § 4 Nr. 11 UWG dar und Zuwiderhandlungen dagegen sind unlauter.[357] Die MBO-Ä wurde als wertbezogene Norm qualifiziert, weil sie aus Gründen der Volksgesundheit erlassen wurde und das Marktverhalten von Ärzten und Kliniken zum Wohle des Patienten und zum Schutz der Mitbewerber beschränken soll.[358] So verstößt auch Vertragsbeispiel Nr. 1[359] gegen ein Schutzgesetz, in diesem Falle § 31 MBO-Ä, und damit gleichzeitig gegen § 4 Nr. 11 UWG. Das BVerfG stellte fest, dass ein Verstoß gegen eine Norm der Berufsordnung für Ärzte nur unlauter sein könne, wenn dieser standesrechtliche

---

352 Wodarz/Sellmann NZS 9 (2008), S. 466, 470.

353 UWG i. d. F. der Bek. vom 3. März 2010, BGBl. Teil I/2010, Nr. 11, S. 254 ff.; zuletzt geändert durch Art. 2 des Gesetzes zur Bekämpfung unlauterer Telefonwerbung und zur Verbesserung des Verbraucherschutzes bei besonderen Vertriebsformen vom 29. Juli 2009, BGBl. Teil I/2009, Nr. 49, S. 2355 ff.

354 Heße, Wettbewerbsrecht, S. 78.

355 BGH NJW 2000, 2745, 2747; BGH NJW 2005, 3422-3424; OLG Stuttgart MedR 2007, S. 543, 546; Heße, Wettbewerbsrecht, S. 79 f.

356 HWG i. d. F. der Bek. vom 19. Oktober 1994, BGBl. I S. 3068; zuletzt geändert durch Art. 2 G zur Verbesserung der Wirtschaftlichkeit in der Arzneimittelversorgung vom 26. April 2006, BGBl. I S. 984.

357 Hobusch/Ochs MedR 27 (2009), S. 15, 19.

358 OLG Schleswig NJW 2004, 1745, 1747; OLG Koblenz MedR 2005, 723; LG München Magazindienst 2009, 612, 616 f., Rn. 38; Dahm MedR 23 (2005), S. 723, 724; Jagow in: Harte-Bavendamm/Henning-Bodewig, UWG Kommentar, 2009, § 4 Nr. 11, Rn. 67; Ohly in: Piper/Ohly/Sosnitza, UWG Kommentar, 5. Aufl. 2010, § 4, Rn. 11.53.

359 Siehe Kapitel 2.2.3.

Verstoß zusätzlich einen ungerechtfertigten Wettbewerbsvorteil begründet.[360] Gerade besondere Umstände des Wettbewerbsverstoßes, wie zum Beispiel die Anreizwirkung zur Nachahmung für andere Ärzte oder Krankenhäuser oder Umsatzeinbußen für Kollegen, sind Anhaltspunkte für die Auswirkungen des unlauteren Handelns auf den Wettbewerb im Gesundheitswesen.[361] Durch die gezielte Einweisung in ein ganz bestimmtes Krankenhaus erleidet eine konkurrierende Klinik erhebliche finanzielle Einbußen und wird bewusst vom Markt abgeschnitten.[362] Die Zusammenarbeit eines Arztes mit einem Krankenhauses im Rahmen von Patientensteuerungen und -zuweisungen gegen Entgelt verstößt gegen § 31 MBO-Ä i. V. m. §§ 3, 4 Nr. 11 UWG.[363] Das Krankenhaus hingegen kann zwar nicht gegen § 31 MBO-Ä verstoßen, aber bei einer Zuweisung gegen Entgelt durchaus nach den §§ 3, 4 Nr. 11 UWG belangt werden.[364] Der Kooperationspartner des zuweisenden Arztes trägt durch Anstiftung und Beihilfe zum standeswidrigen Verhalten bei und verstößt mit diesem Verhalten gegen Regelungen des lauteren Wettbewerbs im Sinne der §§ 3, 4 Nr. 11 UWG.[365]

Bei der unterlassenen Aufklärung, vor allem eines privat versicherten Patienten, kann unter Umständen auch eine Verletzung der §§ 3, 5a Abs. 2 UWG in Frage kommen, wenn der Arzt die Zuweisung nicht vorher ankündigt.[366] § 5a Abs. 2 UWG verbietet eine Irreführung von Verbrauchern durch Vorenthalten wesentlicher Informationen oder eine unsachliche Beeinflussung.[367] Dieser lautet,

---

360 BVerfG GRUR 1986, 387, 392; BGH NJW 1970, 1967; BGH NJW 2001, 1791, 1793; Dettmar, Unlauterer Wettbewerb durch Rechtsbruch, S. 219, 245; Krafczyk/Lietz, ZMGR (1), 2010, S. 24, 26.

361 Dettmar, Unlauterer Wettbewerb durch Rechtsbruch, S. 175.

362 Ullrich, Versorgungsstrukturen im deutschen Gesundheitswesen, S. 80; Schirmer, Vertragsarztrecht kompakt, S. 129.

363 Fritzsche in: Spickhoff, Medizinrecht, § 4, Rn. 25 ff.; Dahm MedR 27 (2009), S. 669; Dahm MedR 49 (2010), S. 279; Jagow in: Harte-Bavendamm/Henning-Bodewig, UWG § 4 Nr. 11, Rn. 68; Sichert, Wahlmöglichkeiten und Wettbewerb in der Krankenhausversorgung, S. 212.

364 Weid/Geissler, Möglichkeiten der leistungsorientierten Vergütung, S. 11; Köber chefarzt aktuell 09 (2009), S. 45; Kölbel NStZ 31 (2011), S. 195, 197; Kiefer/Meseke VSSR 3 (2011), S. 212, 221 f.

365 Stumpf/Voigts MedR 27 (2009), S. 205, 208.

366 BGH NJW 2011, 2211, 2216.

367 Meurers ZEFQ 103 (2009), S. 677, 680.

„Unlauter handelt, wer die Entscheidungsfreiheit von Verbrauchern im Sinne des § 3 Absatz 2 dadurch beeinflusst, dass er eine Information vorenthält, die im konkreten Fall unter Berücksichtigung aller Umstände [...] wesentlich ist.“[368]

Die Information, dass der Arzt eine Einweisung in ein bestimmtes Krankenhaus oder Überweisung an einen bestimmten Arzt nicht aus alleinigen Erwägungen bezüglich des Patientenwohls vornimmt, sondern aus finanziellen Gründen, könnte für viele Patienten eine entscheidende Information darstellen. Der Arzt verletzt seine Aufklärungspflicht aus dem Behandlungsvertrag mit dem Patienten. Denn es wäre durchaus denkbar, dass einige Patienten, bei Kenntnis über die Umstände der Zuweisung, von der Entscheidung des Arztes abweichen und sich einen anderen Arzt suchen würden. Der Umstand ist demnach wesentlich für die Erhaltung der Entscheidungsfreiheit der Patienten, die §§ 3, 5a Abs. 2 UWG wären verletzt.

Insgesamt bleibt festzuhalten, dass Zuweiserprämien, gleich in welcher Form diese vereinbart werden, zu einer Verzerrung des Wettbewerbs führen. Nimmt man als Beispiel die Krankenhäuser, fällt auf, dass diejenigen, welche Zuweiserprämien an niedergelassene Einweiser zahlen, höhere Fallzahlen und dadurch bedingt höhere Beträge gegenüber den Krankenkassen abrechnen können, als diejenigen, die nicht die finanziellen Mittel oder die Absicht haben, sich an diesen Praktiken zu beteiligen.[369] Letztere Krankenhäuser geraten als Konkurrenten in ein marktliches Abseits. Auch Krankenhäuser in privater Trägerschaft können sich zwar gemäß Art. 19 Abs. 3 GG auf die Art. 12 Abs. 1 und Art. 14 Abs. 1 GG berufen.[370] Das Grundgesetz (im Folgenden: GG) gewährt jedoch durch Art. 12 Abs. 1 GG und Art. 14 Abs. 1 GG weder einen Anspruch darauf, ungestört von anderen medizinischen Leistungserbringern dem eigenen Beruf bzw. Gewerbe nachgehen zu können (Berufsfreiheit), noch einen Anspruch auf Erhalt eines bestimmten Patientenpools oder auf Sicherung der geldwerten Einnahmen hieraus (Eigentumsfreiheit).[371]

---

368 UWG i. d. F. der Bek. vom 3. März 2010, BGBl. Teil I/2010, S. 254 ff.; zuletzt geändert durch Art. 2 des Gesetzes zur Bekämpfung unlauterer Telefonwerbung und zur Verbesserung des Verbraucherschutzes bei besonderen Vertriebsformen vom 29. Juli 2009, BGBl. Teil I/2009, S. 2355 ff.

369 Patzschke DÄBl 106 (2009), S. A-86; Schramm Urologe 48 (2009), S. 864.

370 BVerfG NJW 1990, 2306, 2308 f., Sichert, Wahlmöglichkeiten und Wettbewerb in der Krankenversorgung, S. 138 f.; Vollmöller NZS 11 (2006), S. 572, 577; Kaltenborn in: Huster/Kaltenborn, Krankenhausrecht, § 2 Rn. 7.

371 Pitschas, MedR 26 (2008), S. 473, 478.

Die Entscheidung des LG Düsseldorf[372] zeigt, dass auch der Aufruf an einen Arzt, einem anderen Arzt keine Patienten zuzuweisen mit dem Vorwand, dass dieser schlechte Behandlung leiste, als Boykottaufruf[373] bzw. unzulässige Verunglimpfung/Herabsetzung i. S. d. § 4 Nr. 7 UWG verstanden werden kann.

2.2.4.1.2.1.2 Rechtsfolgen

Kommt es zu einer Verletzung der §§ 3, 4 Nr. 11 UWG i. V. m. § 31 MBO-Ä, §§ 3, 4 Nr. 1 UWG oder einer anderen Vorschrift der §§ 3, 4 - 7 UWG, kann dies zu wettbewerbsrechtlichen Abmahnungen oder zu Unterlassungs- und Schadensersatzklagen nach §§ 8, 9 UWG führen.[374] Weiterhin steht den Landesärztekammern ein Gewinnabschöpfungsanspruch gemäß § 10 UWG zu.[375] Alles in allem sollten die Rechtsfolgen des Gesetzes gegen den unlauteren Wettbewerb von allen Beteiligten nicht unterschätzt werden. Denn im Gegensatz zum berufgerichtlichen Verfahren können auch Nichtärzte und demnach Einrichtungen, die Ärzte beschäftigen – beispielsweise Krankenhäuser, MVZs und Heilkunde-GmbHs – und mit den unlauteren Wettbewerbshandlungen im Zusammenhang stehen in Anspruch genommen werden.[376] Bei einem Vorliegen aller Voraussetzungen für den Schadensersatz nach § 9 UWG kann auch der entgangene Gewinn gemäß § 252 BGB geltend gemacht werden. So ist schließlich davon auszugehen, dass die durch Zuweisung einbrechenden Patienten- und damit Fallzahlen Erlöseinbußen verursachen. Ebenso müssen bei der Gewinnabschöpfung gemäß § 10 UWG alle für die Zuweisung erlangten Entgelte und Vorteile sowie das durch die Behandlung zugewiesener Patienten erzielte Honorar, abzüglich der Betriebskosten, herausgegeben werden.[377]

2.2.4.1.2.1.3 Ausnahmetatbestände

An dieser Stelle ist vor allem darauf hinzuweisen, dass die Vertragshandlungen und deren Folgen dazu geeignet sein müssen, die Interessen der Patienten und Mitbewerber zu beeinträchtigen, um einen Verstoß zu begründen. Die Beein-

372 LG Düsseldorf BeckRS 2008, 02376.

373 Vgl. BGH VesR 1999, 1167-1170; BGH GRUR 2000, 340-344.

374 Krafczyk/Lietz, ZMGR 1 (2010), S. 24, 26; Stumpf/Voigts MedR 27 (2009), S. 205, 206; Ratzel MedR 20 (2002), S. 492; Wittmann MedR 26 (2008), S. 719; Lindemann/Ratzel, Brennpunkte des Wirtschaftsstrafrechts, S. 13; Deutsche Krankenhausgesellschaft e. V., Einweiserpauschalen, http://www.dkgev.de /dkg.php/aid/6531/cat/74.

375 Wittmann MedR 26 (2008), S. 716, 721.

376 Graml, Das ärztliche Verbot der Zuweisung gegen Entgelt, S. 237.

377 Ebd, S. 241 f.

trächtigung muss von spürbarem Gewicht sein, wodurch Bagatellfälle ausgeschlossen werden sollen.[378] Bei der Beurteilung spielen verschiedene Faktoren eine Rolle, wie zum Beispiel die Schutzwürdigkeit, die Nachahmungsgefahr und die Häufigkeit.[379] Weiterhin darf dem Anspruch keine Einrede oder Einwendung entgegenstehen; so etwa die Einrede der Verjährung gemäß § 11 UWG oder die Einwände des Rechtsmissbrauchs gemäß § 242 BGB, der Verwirkung oder der Abwehrhandlung.[380]

2.2.4.1.2.2 Gesetz gegen Wettbewerbsbeschränkungen – GWB

Das Gesetz gegen Wettbewerbsbeschränkungen dient der Offenhaltung der Märkte, dem Schutz des funktionierenden und ungehinderten Wettbewerbs. Es soll eine Ordnungsfunktion ausüben und daher Missbrauch von Marktmacht sowie abgestimmte Verhaltensweisen verhindern.[381] Durch Mindestmengenregelungen und anschwellenden Wettbewerb im Gesundheitsmarkt werden Kooperationen und Fusionen für viele Leistungserbringer überlebensnotwendig.[382]

2.2.4.1.2.2.1 Tatbestände

Da das europäische Kartellrecht mit dem Art. 101 AEUV, aufgrund der zumeist nationalen Märkte für Zuweisungen zwischen Ärzten und Krankenhäusern eine eher geringe Bedeutung aufweist, bleibt es hier außer Betracht.[383] Im Übrigen sind aufgrund der Angleichung des deutschen an das europäische Kartellrecht keine wesentlich anderen Ergebnisse zu erwarten, selbst wenn der notwendige europäische Bezug vorliegen sollte.

Es lassen sich zahlreiche Vertragsmodelle und Absprachen zwischen stationären Leistungserbringern, die ihre Patienten – und damit ihre Wettbewerbsposition – gegenüber konkurrierenden Einrichtungen sichern wollen, denken. Solche Kooperationsvereinbarungen bewegen sich nicht im kartellfreien Raum, sondern verstoßen gegen § 1 GWB.[384] Nach § 1 GWB sind,

---

378 Rittner/Dreher, Europäisches und deutsches Wirtschaftsrecht, § 16, Rn. 56 ff.

379 Ohly in: Piper/Ohly/Sosnitza, UWG § 4, Rn. 11.30.

380 Alexander, Schadensersatz und Abschöpfung im Lauterkeits- und Kartellrecht, § 10, S. 686 f.

381 Emmerich, Kartellrecht, § 1 Rn. 2 ff.

382 Bold in: Huster/Kaltenborn, Krankenhausrecht, § 9 Rn. 1.

383 Sichert, Wahlmöglichkeiten und Wettbewerb in der Krankenhausversorgung, S. 153.

384 Bohle MedR 24 (2006), S. 259, 262; Pfeiffer in: Robbers/Wagner, Kooperationsverträge, S. 51; Makoski MedR 27 (2009), S. 376, 381.

„Vereinbarungen zwischen Unternehmen [...] und aufeinander abgestimmte Verhaltensweisen, die eine Verhinderung, Einschränkung oder Verfälschung des Wettbewerbs bezwecken oder bewirken, verboten“.[385]

Schwerwiegende Verstöße gegen § 1 GWB stellen Kunden- und Marktaufteilungen dar, die auch im Gesundheitswesen möglich sind. Letztere können beispielsweise dann vorliegen, wenn sich zwei medizinische Leistungserbringer darüber einig sind, sich auf bestimmten medizinischen Gebieten, bei bestimmten medizinischen Spezialleistungen, in bestimmten Regionen bzw. bei bestimmten Patienten keinen Wettbewerb zu liefern.[386] So können auch Ärzte, Krankenhäuser und weitere medizinische Leistungserbringer betroffen sein, wenn sie untereinander vereinbaren, sich Patienten zuzuweisen, um dadurch dem lauteren Wettbewerbsgeschehen zu entgehen und bestimmte Teilmärkte abzuschotten.[387] Hier wäre wohl der Begriff „Zuweiserkartell“ zutreffend.[388] Die Monopolisierung der Zusammenarbeit durch abgestimmtes Verhalten und Absprachen kann zu einer marktbeherrschenden Stellung in einer Region führen.

Den sachlich und räumlich relevanten Markt (§ 19 Abs. 2 S. 1 GWB) legt das BKartA auf Grundlage von tatsächlichen Marktverhältnissen fest. Ausschlaggebend ist im Markt der Gesundheitsversorgung, dass eine wohnortnahe Betreuung der Patienten gewährleistet sein muss, weshalb der räumlich relevante Markt stark eingeschränkt ist.[389] Unter anderem finden daher Befragungen der in einem Gebiet befindlichen Krankenhäuser zu dem Einzugsgebiet statt.[390] Allerdings ist zu beachten, dass weitgehend § 21 Abs. 1 GWB, unter anderem bei einem kollektiven Boykottaufruf von Ärzten oder Kliniken, gegenüber sich der Zuweisung entziehenden Ärzten oder Krankenhäusern, in Frage kommen kann.[391] Auch wäre an eine quasi kartellrechtliche Alleinbezugsvereinbarung zu denken, wenn Krankenhäuser sich verpflichten allein Patienten von einem Zuweiser zu beziehen oder MRT-Leistungen nur in einem bestimmten Kranken-

385 GWB i. d. F. der Bek. vom 15. Juli 2005, BGBl. I S. 2114; zuletzt geändert durch Art. 3 G zur Neuregelung energiewirtschaftl. Vorschriften vom 26.07.2011, BGBl. I S. 1554.

386 Besen in: Dieners, Handbuch Compliance, Kapitel 9, Rn. 15.

387 Sichert, Wahlmöglichkeiten und Wettbewerb in der Krankenhausversorgung, S. 151 f.; Bruckenberger/Klaue/Schwintowski, Krankenhausmärkte, S. 173.

388 Ratzel MedR 26 (2008), S. 445.

389 Greß/Stegmüller, Vernetzung im Gesundheitswesen, S. 100; Bruckenberger/Klaue/Schwintowski, Krankenhausmärkte, S. 176 f.

390 Bohle MedR 24 (2006), S. 259, 261.

391 Markert in: Immenga/Mestmäcker, GWB § 21, Rn. 16 ff; Loewenheim in; Loewenheim/Meessen/Riesenkampff, Kartellrecht, § 21 Rn. 17; Kiefer/Meseke VSSR 3 (2011), S. 212, 215; Makoski MedR 27 (2009), S. 376, 381.

haus erbringen zu lassen.[392] Vertikale Wettbewerbsbeschränkungen entstehen hauptsächlich bei der prä- und poststationären Behandlung von Patienten.[393] An Missbrauch absoluter Marktmacht wäre in ländlichen Gebieten zu denken, in denen ein Krankenhaus durch Behinderungsmissbrauch gemäß § 19 Abs. 1, Abs. 4 Nr. 1 GWB die Wettbewerbsmöglichkeiten niedergelassener, nicht beteiligter Ärzte durch Zuweisungsabsprachen, ohne sachlichen Grund, erheblich beeinträchtigt.[394] Auch ein Missbrauch relativer Marktmacht in Ballungsgebieten gemäß § 20 Abs. 2 GWB i. V. m. § 20 Abs. 1 GWB sowie passive Diskriminierung gemäß § 20 Abs. 3 S. 2 i. V. m. § 20 Abs. 2 S. 1 GWB i. V. m. § 20 Abs. 3 S. 1 GWB sind nicht auszuschließen.

2.2.4.1.2.2.2 Rechtsfolgen

Bei einer vorsätzlichen oder fahrlässigen Verletzung einer der oben genannten Normen des Gesetzes gegen Wettbewerbsbeschränkungen, sind die Verletzer dem verletzten Krankenhaus oder Arzt zum Schadensersatz gemäß § 33 Abs. 3 S. 1 GWB verpflichtet.[395] Auch drohen Unterlassungs- und Beseitigungsverfügungen, gemäß §§ 32 Abs. 1, 33 Abs. 1 GWB. Des Weiteren kann laut § 81 Abs. 3 S. 1, Abs. 4 S. 1 GWB eine Geldbuße bis zu einer Höhe von einer Million Euro verhängt werden.[396] Auch hier, wie an anderen Stellen bereits erwähnt, ist der Autorin kein Verfahren bekannt, bei welchem die oben stehenden Rechtsfolgen für eine verbotene Zuweisung gegen Entgelt ausgesprochen wurden.

2.2.4.1.2.2.3 Ausnahmetatbestände

Als ungeschriebene Ausnahmen vom Kartellverbot sind die „rule of reason“, die Immanenztheorie, die kartellfreien Kooperationen und die Effizienzgewinne bei Nebenbestimmungen zu nennen. Freistellungen nach § 2 GWB könnten vorliegen, wenn die positiven und negativen Voraussetzungen der Vorschrift erfüllt

392 Schmitt/Ulmer, Wirtschaftsverträge rechtssicher gestalten, S. 151; Keinert, Vertragsrechtliche Probleme im Streckengroßhandel, S. 199; Pfeiffer in: Robbers/Wagner, Kooperationsverträge, S. 56.

393 Entwickelt aus: Lindenau, Das medizinische Versorgungszentrum, S. 192, Rn. 503 ff. Baier MedR 28 (2010), S. 832, 835.

394 Schneider HRRS 10 (2009), S. 484, 485.

395 Heße, Wettbewerbsrecht schnell erfasst, S. 180.

396 Weid/Geissler, Möglichkeiten der leistungsorientierten Vergütung, S. 11; Makoski MedR 27 (2009), S. 376, 381.

sind.[397] So müssen unter anderem Effizienzgewinne erzielt werden, an denen der Verbraucher beteiligt ist.[398] Effizienzgewinne wären darin zu sehen, dass Kosten im Gesundheitswesen eingespart werden oder es zu einer qualitativen Verbesserung der Patientenbehandlung kommt. Andererseits dürfen die Vereinbarungen nicht, für einen wesentlichen Teil der betreffenden Versorgung, den Wettbewerb ausschalten (negative Voraussetzung), was hier jedoch zu befürchten ist.[399] Eine Ausnahme im Sinne des § 2 GWB zuzulassen, scheint demnach nicht möglich.

2.2.4.1.3 Sozialgesetzbuch – SGB

„Sozialrecht und Wettbewerbsrecht verbindet nicht gerade eine Liebe auf den ersten Blick.“[400]

Das Sozialgesetzbuch wurde jüngst durch das Gesetz zur Verbesserung der Versorgungsstrukturen in der gesetzlichen Krankenversicherung (GKV-Versorgungsstrukturgesetz – GKV-VStG) vom 22.12.2011 geändert. Eingefügt wurde § 73 Abs. 7 SGB V, der wie folgt gefasst ist:

> „Es ist Vertragsärzten nicht gestattet, für die Zuweisung von Versicherten ein Entgelt oder sonstige wirtschaftliche Vorteile sich versprechen oder sich gewähren zu lassen oder selbst zu versprechen oder zu gewähren. § 128 Abs. 2 S. 3 SGB V n. F. gilt entsprechend.“[401]

Das Gesetz tritt am 01.01.2012 in Kraft, vgl. Art. 12 Abs. 1 GKV-VStG. § 128 Abs. 2 S. 3 SGB V wurde wie folgt geändert:

> „Unzulässige Zuwendungen im Sinne des Satzes 1 sind auch die unentgeltliche oder verbilligte Überlassung von Geräten [...] sowie Einkünfte aus Beteiligungen an Un-

---

397 Boldt in: Huster/Kaltenborn, Krankenhausrecht, § 9 Rn. 12.

398 Greß/Stegmüller, Vernetzung im Gesundheitswesen, S. 101.

399 Bohle MedR 24 (2006), S.259, 263.

400 Kingreen MedR 22 (2004), S.188; vgl. dazu auch Sichert, Wahlmöglichkeiten und Wettbewerb in der Krankenhausversorgung, S. 212.

401 SGB V i. d. F. der Bek. vom 20. Dezember 1988, BGBl. I S. 2477; zuletzt geändert durch Art. 1 GKV-VStG vom 22.12.2011, BGBl. I S. 2983; Ihle, Korruption im Gesundheitswesen, www.dgvt.de/1465.html; Näheres zu unentgeltlichen Zuwendungen an Ärzte und Industrie: Kübler ZFK 89 (2000), S. 807-809; Mahlberg MedR 17 (1997), S. 299 ff.

ternehmen von Leistungserbringern, die Vertragsärzte durch ihr Verordnungs- oder Zuweisungsverhalten selbst maßgeblich beeinflussen."[402]

Das Wort „können" wurde gestrichen, um zur Rechtssicherheit beizutragen, indem nur eine tatsächliche Beeinflussung des Zuweisungs- und Überweisungsverhaltens erfasst sein soll.[403]

2.2.4.1.3.1 Tatbestände

Das in der Neufassung des § 31 Abs. 1 MBO-Ä enthaltene Verbot der Verordnung oder des Bezuges von Arznei-, Hilfsmitteln oder Medizinprodukten und der Zuweisung von Untersuchungsmaterial gegen Entgelt oder andere Vorteile ist Gegenstand des § 128 SGB V n. F. Gegenüber einschlägigen berufsrechtlichen, strafrechtlichen, bürgerlichrechtlichen und wettbewerbsrechtlichen Regelungen ist § 128 SGB V eine autonome Vorschrift.[404] Schon der § 128 Abs. 2 SGB V a. F. sollte verhindern, dass durch Leistungserbringer eine Steuerung von Patienten erfolgt und der Arzt davon durch Gegenleistungen profitiert.[405] Dabei ist nun im Rahmen von Zuweisungen und Vorteilgewährungen § 128 Abs. 2 SGB V n. F. die zentrale Vorschrift, welche besagt:

> „Leistungserbringer dürfen Vertragsärzte sowie Ärzte in Krankenhäusern und anderen medizinischen Einrichtungen nicht gegen Entgelt oder Gewährung sonstiger wirtschaftlicher Vorteile an der Durchführung der Versorgung mit Hilfsmitteln beteiligen oder solche Zuwendungen im Zusammenhang mit der Verordnung von Hilfsmitteln gewähren. Unzulässig ist ferner die Zahlung einer Vergütung für zusätzliche privatärztliche Leistungen, die im Rahmen der Versorgung mit Hilfsmitteln von Vertragsärzten erbracht werden, durch Leistungserbringer. Unzulässige Zuwendungen im Sinne des Satzes 1 sind auch die unentgeltliche oder verbilligte Überlassung von Geräten und Materialien und Durchführung von Schulungsmaßnahmen, die Gestellung von Räumlichkeiten oder Personal oder die Beteiligung an den Kosten hierfür sowie Einkünfte aus Beteiligungen an Unternehmen von Leistungserb-

402 SGB V i. d. F. der Bek. vom 20. Dezember 1988, BGBl. I S. 2477; zuletzt geändert durch Art. 1 GKV-VStG vom 22.12.2011, BGBl. I S. 2983; Butzer in: Becker/Kingreen, SGB V, 2010, § 128, Rn. 12; Kiefer/Meseke VSSR 3 (2011), S. 212, 222.

403 BT-Drs. 17/8005, vom 30.11.2011, S. 70.

404 Luthe MedR 29 (2011), S. 404; Butzer in: Becker/Kingreen, SGB V, § 128, Rn. 1.

405 Vgl. dazu AG Kiel NZS 2011, 821; Knittel in: Krauskopf/Wagner/Knittel, § 128 SGB, Rn. 6; Dieners in: Dieners, Handbuch Compliance im Gesundheitswesen, Kapitel 2, Rn. 88.

> ringern, die Vertragsärzte durch ihr Verordnungs- oder Zuweisungsverhalten selbst maßgeblich beeinflussen."[406]

Trotz der in Satz 2 erwähnten Unzulässigkeit von Zahlungen für zusätzliche privatärztliche Leistungen findet der § 128 SGB V n. F. für die Versorgung der privat versicherten Patienten keine Anwendung.[407] Sonstige wirtschaftliche Vorteile bzw. Zuwendungen, im Sinne des § 128 SGB V n. F., sind alle geldwerten oder sonstigen Vorteile, die sich auf die Einkommens- und Wettbewerbsposition des medizinischen Leistungserbringers positiv auswirken, auch die unentgeltliche und verbilligte Geräteüberlassung sowie die Gestellung von Räumlichkeiten und Personal (§ 128 Abs. 2 S. 3 SGB V).[408] Die Verbote des Absatzes 2 gelten für sämtliche Leistungserbringer, Ärzte, Kliniken und andere medizinische Einrichtungen gleichermaßen. In diesem Absatz wurden in Satz 1 die Wörter „sowie Ärzte in Krankenhäusern und anderen medizinischen Einrichtungen" ergänzt.[409] Dies holt eine wichtige und längst fällige Gleichstellung zwischen Vertragsärzten und angestellten Ärzten in Kliniken sowie anderen medizinischen Einrichtungen, wie Reha-Zentren, etc., nach.

Der im Dezember 2011 neu eingeführte § 73 Abs. 7 SGB V orientiert sich an § 31 MBO-Ä vom 03.06.2011. Durch diese neue Regelung erhalten Sozialversicherungsträger die Möglichkeit Verstöße gegen das Verbot der Zuweisung gegen Entgelt zu ahnden. § 73 Abs. 7 SGB V lautet wie folgt:

> „Es ist Vertragsärzten nicht gestattet, für die Zuweisung von Versicherten ein Entgelt oder sonstige wirtschaftliche Vorteile sich versprechen oder sich gewähren zu lassen oder selbst zu versprechen oder zu gewähren. § 128 Absatz 2 Satz 3 gilt entsprechend."[410]

Im Wesentlichen gleicht der § 73 Abs. 7 SGB V dem § 31 MBO-Ä. Explizit wird in § 73 Abs. 7 SGB V aber auf § 128 Abs. 2 S. 3 SGB V verwiesen, wel-

---

406 SGB V i. d. F. der Bek. vom 20. Dezember 1988, BGBl. I S. 2477; zuletzt geändert durch Art. 1 GKV-VStG vom 22.12.2011, BGBl. I S. 2983.

407 Butzer in: Becker/Kingreen, SGB V, § 128, Rn. 1.

408 Nolte in: Kasseler Kommentar Sozialversicherungsrecht, 2011, § 128, Rn. 13; zu § 128 SGB V auch: Goßens, Bundestag verschärft erneu § 128 SGB V, http://www.anwalt24.de/beitraege-news/fachartikel/bundestag-verschaerft-erneut-s-128-sgb-v-kooperationen-der-aerzte-vor-dem-ende-gossens-berlin.

409 BT-Drs. 16/13428, vom 17.06.2009, S. 60 und 92.

410 SGB V i. d. F. der Bek. vom 20. Dezember 1988, BGBl. I S. 2477; zuletzt geändert durch Art. 1 GKV-VStG vom 22.12.2011, BGBl. I S. 2983.

cher die unentgeltlich bzw. verbilligte Überlassung von Geräten etc. regelt. Anders ist ebenfalls die ausdrückliche Erwähnung der Vertragsärzte, so dass Ärzte, die ausschließlich Privatpatienten behandeln, von dieser Vorschrift im Gegensatz zu § 31 MBO-Ä nicht betroffen sind. Wolff, vom Spitzenverband der Gesetzlichen Krankenversicherungen (im Folgenden: GKV), meint zu dem neu eingeführten § 73 Abs. 7 SGB V:

> „Für die GKV und die Krankenkassen gewinnt das Thema aktuell an praktischer Bedeutung, da mit Inkrafttreten des GKV-VStG und dem neuen § 73 Abs. 7 SGB V ab 02.01.2012 auch ein sozialgesetzliches Verbot besteht. Zukünftig können die Kassen hier Sanktionen wegen Verletzung vertragsärztlicher Pflichten verhängen."[411]

Abzuwarten bleibt die Entwicklung in der nächsten Zeit. Makoski von Möller und Partner konstatiert aber bereits folgendes:

> „Also § 73 Abs. 7 SGB V ist [...] eine Klarstellung und in einem gewissen Sinne auch eine Verschärfung, weil § 128 SGB V ja auch verschärft wurde. [...] § 73 Abs. 7 SGB V ist noch einmal ausdrücklich ein Ansporn oder eine Regelung an die Vertragsärzte, dass sie sich auch daran zu halten haben. Ich würde sagen nicht nur die klassischen Beispiele, also die Hilfsmittelerbringer, Hörgerätehersteller und Optiker, sondern auch die Vertragsärzte selbst werden in die Pflicht genommen."[412]

In Bezug auf § 76 Abs. 3 S. 1 SGB V dürfte der versicherte Patient den zur vertragsärztlichen Versorgung zugelassenen Arzt innerhalb eines Kalendervierteljahres nur bei Vorliegen eines wichtigen Grundes wechseln und der Arzt dürfte schon gar nicht steuernd darauf hinwirken, dass dieser Wechsel stattfindet.[413] Auch § 115a SGB V, der bedeutsam für die vor- und nachstationäre Behandlung im Krankenhaus ist, erlangt bei Zuweisungsverträgen Geltung. Dieser wurde jüngst geändert und in Absatz 1 ergänzt durch folgenden bedeutungsvollen Satz,

> „Das Krankenhaus kann die Behandlung nach Satz 1 auch durch hierzu ausdrücklich beauftragte niedergelassene Vertragsärzte in den Räumen des Krankenhauses oder der Arztpraxis erbringen."[414]

---

411 SGB V i. d. F. der Bek. vom 20. Dezember 1988, BGBl. I S. 2477; zuletzt geändert durch Art. 1 GKV-VStG vom 22.12.2011, BGBl. I S. 2983.

412 IV. Anhang, Anhang B – Interviews und Statements, Nr. 4, S. 168 ff.

413 Krafczyk MedR 21 (2003), S. 313, 314.

414 BT-Drs. 17/8005, vom 30.11.2011, S. 59.

Nunmehr können auch niedergelassene Ärzte vorstationäre Behandlungen nach § 115a S. 1 SGB V erbringen. Die Krankenhausleistung in der niedergelassenen Praxis wird möglich.[415] Zudem wurde § 115b Abs. 1 SGB V wie folgt ergänzt:

> „In der Vereinbarung ist vorzusehen, dass die Leistungen nach Satz 1 auch auf Grundlage einer *vertraglichen Zusammenarbeit*416 des Krankenhauses mit niedergelassenen Vertragsärzten ambulant im Krankenhaus erbracht werden können"[417]

Fraglich ist, ob durch diese Regelung Zuweisungsverträge über prä- und poststationäre Behandlung zunehmen werden. Auch Makoski kann diesbezüglich keine eindeutige Prognose abgeben:

> „Zuweisungen haben sie meist zwischen den verschiedenen Behandlungsebenen. Also die Vorbehandlungsebene und dann eben für die Hauptbehandlung eine Einweisung in das Krankenhaus. [...] Wie das Ganze sich jetzt in Zukunft auswirken wird, auch mit den im GKV-VStG enthaltenen Änderungen des § 115a und b SGB V müssen wir eigentlich noch abwarten."[418]

Diese Frage bleibt schwer zu beantworten, dennoch scheint dadurch zumindest die Hintertür geöffnet, um solchen Vertragsbeziehungen ein Alibi zu geben. In diesem Zusammenhang ist darauf hinzuweisen, dass eine Weiterreichung von DRG-Entgelten aus der prä-/poststationären Behandlung nach § 115a SGB V an die niedergelassenen Vertragsärzte der sozialversicherungsrechtlichen Sektorentrennung widerspricht und damit eine Zuwiderhandlung im Sinne des § 31 MBO-Ä darstellt.[419]

Für Verträge über die integrierte Versorgung ist § 140a SGB V wichtig. Dieser besagt schon in Absatz 1 Satz 1:

> „Abweichend von den übrigen Regelungen dieses Kapitels können die Krankenkassen Verträge über eine verschiedene Leistungssektoren übergreifende Versorgung

---

415 Ebd., S. 151.
416 Hervorhebungen im Original nicht vorhanden.
417 BT-Drs. 17/8005, vom 30.11.2011, S. 60.
418 IV. Anhang, Anhang B – Interviews und Statements, Nr. 4, S. 168 ff.
419 Graml, Das ärztliche Verbot der Zuweisung gegen Entgelt, S. 217.

der Versicherten oder eine interdisziplinär-fachübergreifende Versorgung mit den in § 140b Abs. 1 genannten Vertragspartnern abschließen."[420]

Der Unterschied besteht darin, dass wie oben bereits angedeutet, Krankenkassen an diesen Konzepten beteiligt sind, dem Patienten ein Informationsrecht zukommt und dieser freiwillig an der Versorgungsform teilnehmen kann. So steht in Absatz 3 geschrieben:

„Die Versicherten haben das Recht, von ihrer Krankenkasse umfassend über die Verträge zur integrierten Versorgung, die teilnehmenden Leistungserbringer, besondere Leistungen und vereinbarte Qualitätsstandards informiert zu werden."[421]

Der einzige Unterschied ist, dass niedergelassene Ärzte bei den Modellen der integrierten Versorgung weiterhin im Wettbewerb um Patienten stehen und bei vereinbarten Zuweisungsverträgen nicht mehr.[422] Allerdings kann sich unter dem Deckmantel eines Vertrages über die integrierte Versorgung ebenso gut ein Zuweisungsvertrag verbergen, in dem angeblich eine optimierte Patientenversorgung angestrebt wird. In jedem Fall profitieren Zuweiser an der Mit-, Weiter-, oder Nachbehandlung des Integrationspartners und Zuweisungsempfängers, denn den Zugewinn aus der Integrierten Versorgung teilen sich alle Leistungserbringer eines Vertrages.[423] Hier ist also Vorsicht geboten. Auch unter § 20 Abs. 2 S. 2 Ärzte-ZV lässt sich das Verbot der Zuweisungsprovisionierung subsumieren, wenn die ausgeübte Tätigkeit nicht mit dem Vertragsarztsitz vereinbar ist.[424] § 20 Abs. 2 S. 2 Ärzte-ZV besagt:

„Die Tätigkeit in oder die Zusammenarbeit mit einem zugelassenen Krankenhaus nach § 108 des Fünften Buches Sozialgesetzbuch oder einer Vorsorge- oder Rehabilitationseinrichtung nach § 111 des Fünften Buches Sozialgesetzbuch ist mit der Tätigkeit des Vertragsarztes vereinbar."[425]

---

420 SGB V i. d. F. der Bek. vom 20. Dezember 1988, BGBl. I S. 2477; zuletzt geändert durch Art. 1 GKV-VStG vom 22.12.2011, BGBl. I S. 2983.

421 SGB V i. d. F. der Bek. vom 20. Dezember 1988, BGBl. I S. 2477; zuletzt geändert durch Art. 1 GKV-VStG vom 22.12.2011, BGBl. I S. 2983.

422 Mühlbacher, Erfolgreiche Wege in die integrierte Versorgung, S. 106.

423 Graml, Das ärztliche Verbot der Zuweisung gegen Entgelt, S. 144.

424 Ebd., S. 135.

425 Ärzte-ZV i. d. F. der Bek. vom 28.05.1957 BGBl. I S. 572, 608; zuletzt geändert durch Artikel 9 G. v. 22.12.2011 BGBl. I S. 2983.

2.2.4.1.3.2 Rechtsfolgen

Die Novellierung des Zuwendungsverbots des § 128 SGB V n. F. ist am 01.01.2012 in Kraft getreten und stellt vor dem Hintergrund einiger Sanktionsregelungsdefizite noch immer ein kaum kalkulierbares Risiko für alle Normadressaten dar.[426] Nach § 128 Abs. 5 SGB V und § 128 Abs. 3 SGB V kommt den Krankenkassen eine „Ordnungshüterfunktion" zu. So haben sie vertraglich sicherzustellen, dass Verstöße gegen die Verbote aus § 128 SGB V geahndet werden. Bei Auffälligkeiten, die auf eine mögliche Zuweisung von Versicherten an bestimmte Leistungserbringer, eine sonstige Form unzulässiger Zusammenarbeit oder eine unzulässige Beeinflussung von Versicherten hindeuten, ist die Kassenärztliche Vereinigung zu informieren.[427] Ausreichend ist bereits ein Anfangsverdacht, um auch der Ärztekammer eigene weitere Ermittlungen und Sanktionen, im Rahmen des ärztlichen Berufsrechts, zum Beispiel nach § 31 MBO-Ä, zu ermöglichen.[428] Bei schwerwiegenden und wiederholten Verstößen können Leistungserbringer, für die Dauer von bis zu zwei Jahren, von der Versorgung der Versicherten ausgeschlossen werden. Grundlage hierfür ist § 128 Abs. 3 S. 2 SGB V.

Seit dem 21. Juli 2004 sind gemäß den §§ 81a Abs. 1 und 197a SGB V KVen und KBVen nunmehr verpflichtet, organisatorische Stellen zur Bekämpfung von Fehlverhalten im Gesundheitswesen zu unterhalten.[429] Bei einem Anfangsverdacht mit nicht nur geringfügiger Bedeutung sind diese nach § 81a Abs. 4 SGB V verpflichtet, die Staatsanwaltschaft unverzüglich zu unterrichten.[430] Unregelmäßigkeiten liegen beispielsweise vor, wenn die ärztlichen Verordnungen regelmäßig nur von bestimmten Leistungserbringern eingelöst werden, was bei der Überprüfung der Abrechnungsdaten festgestellt werden kann und die Vermutung nahe liegt, dass der Arzt bewusst nur an einen Hilfsmittelerbringer, eine Apotheke etc. verweist.[431] Danach wird eine Abrechnung-

---

426 Luthe MedR 29 (2011), S. 404, 411.

427 Pawlita, Jahrbuch Sozialrecht Band 30, S. 167; Dieners in: Dieners, Handbuch Compliance im Gesundheitswesen, Kapitel 2, Rn. 92; Lindemann/Ratzel, Brennpunkte des Wirtschaftsstrafrechts, S. 17; Butzer in: Becker/Kingreen, SGB V, § 128, Rn. 27.

428 Luthe, MedR 29 (2011), S. 404, 409.

429 Kols in: Rolfs/Giesen/Udsching/Kreikebohm, § 81a SGB V, Rn. 3; Kiefer/Meseke VSSR 3 (2011), S. 212; Steinhilper MedR 23 (2005), S. 131.

430 Schirmer, Vertragsarztrecht kompakt, 2006, S. 513; Hellmann/Herffs, Der ärztliche Abrechnungsbetrug, S. 27.

431 Luthe MedR 29 (2011), S. 404, 409.

sunregelmäßigkeit[432] angenommen, wenn der Anteil der Patientenüberschneidungen der behandelnden Ärzte – zum Beispiel in einer unter Ärzten gegründeten Kooperation bzw. Gemeinschaft – nicht plausibel ist. Unterstellt wird dies bei 20 Prozent Patientenidentität.[433] Wenn Zuweisungen in erheblicher Fallzahl, über einen längeren Zeitraum und bei schwerwiegenden Erkrankungen getätigt worden sind, handelt es sich um einen schwerwiegenden Verstoß. Letztendlich besteht aber ein beträchtlicher Ermessensspielraum bei der Beurteilung des Ausmaßes eines Verstoßes gegen das Zuweisungsverbot.[434] Das Ziel sozialrechtlicher Sanktionsregelungen liegt vornehmlich darin, Versichertengelder vor zweckbestimmungswidriger Nutzung zu schützen. Bei den Stellen zur Bekämpfung von Fehlverhalten im Gesundheitswesen handelt es sich auch um Anlaufstellen für Dritte, wie § 81a Abs. 2 SGB V deutlich macht.[435] Jede Person kann sich mit Unregelmäßigkeiten an die zuständigen Stellen wenden, wenn die Hinweise aufgrund der einzelnen Angaben oder der Gesamtumstände glaubhaft erscheinen. Zuständig für Verfahren wegen nicht oder nicht ordnungsgemäßer Erfüllung vertragsärztlicher Pflichten ist der bei der KV gebildete Disziplinarausschuss, so verfügt in § 81 Abs. 5 S. 1 SGB V. Zu den möglichen Disziplinarmaßnahmen gehören gemäß § 81 Abs. 5 S. 2 SGB V, je nach Schwere der Verfehlung, unter anderem die Verwarnung, der Verweis, eine Geldbuße bis zu 10.000 Euro[436] und die Anordnung des Ruhens der Zulassung für die Dauer von bis zu 2 Jahren.[437] Da in § 73 Abs. 7 SGB V n. F. nicht auf § 128 Abs. 3 SGB V verwiesen wird, bleiben die mit einem Verstoß gegen § 73 Abs. 7 SGB V verbundenen Rechtsfolgen zunächst unklar. Möglich könnte gemäß § 95 Abs. 6 SGB V eine vollständige oder hälftige Entziehung der vertragsärzt-

---

432 Näheres zum Abrechnungsbetrug in: Fiori/Bunzemeier/Roeder, Abrechnungsbetrug der Krankenhäuser?,http://www.kohlhammer.de/krankenhaus.de/download/Portale/Zeit schriften/Krankenhaus/Abrechnung_10/Abrechnung_07_10_621_628_%20Fiori_ Roeder.pdf; Abrechnungsbetrug ist „das willentlich falsche abrechnen von ärztlichen Leistungen, welche nicht abrechnungsfähig sind, weil die nicht erbracht wurden oder weil sie zwar erbracht wurden, die Abrechnung aber nicht den Vorgaben des Sozialversicherungssystems entspricht“, dazu mehr in: Engelhard, Spenden, Sponsoren – Saatsanwalt?, S. 35 ff.

433 Krafczyk MedR 21 (2003), S. 313.

434 Luthe, MedR 29 (2011), S. 404, 407 ff.

435 Steinhilper MedR 23 (2005), S. 131, 132 f.; Dritte i.S.d. Vorschrift sind Patienten, Arztkollegen, Unbeteiligte und die Presse.

436 Lindemann/Ratzel, Brennpunkte des Wirtschaftsstrafrechts, S. 81.

437 Hamann/Fenger, Allgemeinmedizin und Recht, S. 155 f; Makoski MedR 27 (2009), S. 376, 381.

lichen Zulassung sein.[438] Weck, vom Bundesministerium für Gesundheit, bestätigt:

> „Dadurch, dass das Verbot der Zuweisung gegen Entgelt nunmehr auch umfassend sozialversicherungsrechtlich verankert ist, besteht die Möglichkeit, Verstöße [...] sozialversicherungsrechtlich - und nicht nur berufsrechtlich - zu sanktionieren. Verstöße [...] stellen nunmehr eine Verletzung der vertragsärztlichen Pflichten dar und können gemäß § 95 Abs. 6 SGB V bis zum Entzug der vertragsärztlichen Zulassung führen. Darüber hinaus haben die Zulassungsausschüsse bereits im Vorfeld der Entscheidung über die Zulassung von Berufsausübungsgemeinschaften bessere Möglichkeiten, anhand der vorzulegenden Vertragsunterlagen zu klären, ob es Hinweise auf Verstöße gegen das Zuweisungsverbot gibt. Damit sind die sozialversicherungsrechtlich zuständigen Akteure (Zulassungsausschüsse) nicht mehr auf ein Tätigwerden der Ärztekammern angewiesen.“[439]

Die konkrete Maßnahme ist dabei abhängig von der Schwere der Verfehlung. Dass jedoch trotz erheblicher Verdachtsmomente in den letzten Jahren so gut wie nie Strafanzeigen gegen Ärzte erstattet wurden, ruft Kritik hervor.[440]

2.2.4.1.3.3 Ausnahmetatbestände

Verträge über die integrierte Versorgung sollen eine bevölkerungsbezogene, flächendeckende Versorgung ermöglichen.[441] Ausgenommen von dem Verbot der pauschalierten Vergütungen ist laut Gesetz ausdrücklich § 140 a-d SGB V mit den angelegten Formen der integrierten Versorgung, allerdings nur unter den erläuterten Einschränkungen.[442] Zu Abgrenzungszwecken sei hier ein Vertragsbeispiel aus einer Entscheidung des OLG München angeführt, in dem es in § 5 über die Vergütung heißt: „11 b) Zusätzlich erhält der Partnerarzt von der AOK für seine Leistungen nach § 4 Abs. 2 eine Vergütungspauschale in Höhe von EUR 10,-- je Fall, wenn [...] die Schwangere im Rahmen dieser integrierten Versorgung von einem Partnerzahnarzt behandelt wird [...].“[443] Diese Klausel wird als zulässig erachtet, weil sie dem Ziel der Versorgungsverbesserung dient und eine Krankenkasse an dem Vertragskonzept beteiligt ist. Weitere zulässige

---

438 Dahm/Bäune/Flasbarth, Vertragsärztliche Versorgung unter dem GKV-Versorgungsstrukturgesetz, S. 89.

439 IV. Anhang, Anhang B – Interviews und Statements, Nr. 10, S. 180.

440 Steinhilper MedR 23 (2005), S. 131, 132.

441 OLG München Magazindienst 2008, 715, 718.

442 Siehe: Kapitel 2.2.4.1.1.3.

443 Siehe dazu: IV. Anhang, Anhang A – Vertragsbeispiele, Nr. 2, S. 151.

Kooperationsformen sind beispielsweise Konsiliararztverträge, dies sieht das SGB V ausdrücklich vor. Ungeachtet dessen sind die rechtlichen Grenzen von § 31 MBO-Ä, § 33 Ärzte-ZV, § 73 Abs. 7 SGB V und § 128 SGB V zu beachten.[444]

Bagatellfälle beschreibt § 81a Abs. 4 SGB V, indem festgelegt ist, dass bei einem Anfangsverdacht auf strafbare Handlungen mit nur geringfügiger Bedeutung unverzüglich die Staatsanwaltschaft zu unterrichten ist. Auch die Interessenlagen der Beteiligten sind zu berücksichtigen, die unter anderem die Verbesserung der Versorgung oder andere Gemeinwohlbelange im Blick haben können.[445] Schlussendlich bedarf es einer Abwägung im Einzelfall. Die Absätze 5a und 5b des § 128 SGB V sind letztendlich von Bedeutung für die Korruptionsbekämpfung.[446]

2.2.4.1.4 Strafgesetzbuch – StGB

Nicht nur die Änderungsankündigungen der Musterberufsordnung für Ärzte und des Sozialgesetzbuches, sondern auch die in regelmäßigen Abständen wiederkehrenden Meldungen über eine Verschärfung des Strafgesetzbuches (StGB) – insbesondere der Korruptionstatbestände – sorgen dafür, dass weiterhin rechtliche Unsicherheit besteht.[447] Bereits durch das Antikorruptionsgesetz vom 13.08.1997 wurden Teile des Strafgesetzbuches verschärft, um eine wirksamere Bekämpfung von Korruption zu erreichen und inzwischen werden immer mehr Stimmen laut, die ein Antikorruptionsgesetz für die Medizin fordern.[448]

Die Strafnormen der Korruption (lat. Corruptus – bestochen), Bestechung, Bestechlichkeit, Vorteilsnahme und Vorteilsgewährung, schützen unter anderem die Freiheit der Marktkonkurrenz vor unlauteren und verdeckten Einflüssen.[449] Eine begriffliche Definition für das Wort „Korruption“ ist gesetzlich nicht gere-

---

444 Willkomm, Zuweiserprämien - Möglichkeiten der sektorenübergreifenden Zusammenarbeit, http://praxisbetrieb-recht.de/Fachbeitraege-Recht/Zuweiserpraemien-Moeglich keiten-der-sektorenuebergreifenden-Zusammenarbeit.html.

445 Wittmann/Koch MedR 29 (2011), S. 476, 484; Roxin, Strafrecht: allgemeiner Teil, S. 10, Rn. 33.

446 SGB V in der F. vom 20.12.1988, zuletzt geändert durch GKV-VStG vom 22.12.2011, BGBl. I S. 2983.; Kölbel NStZ 31 (2011), S. 199.

447 Häser/Hoffmann Anästhesist 54 (2005), S. 263.

448 Blech Der Spiegel 20 (2011), S. 120.

449 Patzschke DÄBl 106 (2009), S. A-86.

gelt. Definiert werden kann Korruption, als ein „Missbrauch von anvertrauter Macht in einer Funktion (hier Arzt oder Krankenhaus), um einen materiellen oder immateriellen Vorteil zu erlangen, auf den kein rechtlich begründeter Anspruch besteht“.[450]

2.2.4.1.4.1 Tatbestände

Auch in strafrechtlicher Hinsicht könnte die Gewährung von Zuweiserprämien Sanktionen nach sich ziehen. Aktive und passive Bestechung im geschäftlichen Verkehr wird in § 299 StGB geregelt, der aus § 12 UWG a. F. in das Strafgesetzbuch überführt wurde. [451] Der Tatbestand setzt die Annahme, das Sich-Versprechen-Lassen oder die Forderung eines Vorteils als Gegenleistung für eine unlautere Bevorzugung im Wettbewerb, voraus.[452] § 299 Abs. 1 StGB bestimmt,

> „Wer als Angestellter oder Beauftragter eines geschäftlichen Betriebes im geschäftlichen Verkehr einen Vorteil für sich oder einen Dritten als Gegenleistung dafür fordert, sich versprechen lässt oder annimmt, dass er einen anderen bei dem Bezug von Waren oder gewerblichen Leistungen im Wettbewerb in unlauterer Weise bevorzuge, wird mit Freiheitsstrafe bis zu drei Jahren oder mit Geldstrafe bestraft“.[453]

Des Weiteren muss der betreffende Arzt als Beauftragter der Krankenkassen gehandelt haben. In der Entscheidung des OLG Braunschweig vom 23. Februar 2010 hat dieses festgestellt, dass es sich bei einem niedergelassenen Arzt um einen Beauftragten des geschäftlichen Betriebes der Krankenkassen handele und somit grundsätzlich der Tatbestand der Bestechlichkeit und der Bestechung nach § 299 StGB greifen könne.[454] Der Vertragsarzt handele als Vertreter der Kran-

---

450 Transparency International: Transparenzmängel im Gesundheitswesen: Einfallstore zur Korruption. Grundsatzpapier, www.transparency.de/fileadmin/pdfs/Themen /Gesundheitspapier_Stand_2008_Auflge_5_08-08-18.pdf, S. 3; Hakenberg Urologe 48 (2009), S. 858, 862.

451 Wigge Internist 40 (1999), S. M-69.

452 Heine in: Schönke/Schröder, § 299, Rn. 25 f.; Kühl in: Lackner/Kühl, StGB, § 299 Rn. 6; Lindemann/Ratzel, Brennpunkte des Wirtschaftsstrafrechts, S. 100.

453 StGB i. d. F. der Bek. vom 13. November 1998, BGBl. I S. 3322; zuletzt geändert durch Art. 4 G zur Bekämpfung der Zwangsheirat und zum besseren Schutz der Opfer von Zwangsheirat sowie zur Änd. weiterer aufenthalts- und asylrechtl. Vorschriften vom 23. Juni 2011, BGBl. I S. 1266.

454 OLG Braunschweig GesR 2010, 250, 251: auch nachzulesen in: Kallenberg Rheinisches ÄBl 10 (2010), S. 25, 26; Kiefer/Meseke VSSR 3 (2011), S. 212.

kenkasse, weil er die Behandlung des Patienten konkretisiere und somit die Verpflichtung der Krankenkasse zur Leistungserbringung bewirke.[455] Makoski stellt dazu fest:

> „§ 299 StGB oder sogar §§ 331 StGB könnten zur Anwendung kommen. [...] Das Ganze könnte noch einmal erheblich schärfer werden. Dann muss man sich wirklich Gedanken machen, was ist noch drin und was nicht mehr."[456]

Der Zweck von § 299 StGB sei unter anderem auch, den Schutz des Arbeitgebers sicherzustellen. Nach dieser Ansicht werden angestellte Ärzte eines Krankenhauses, die Vorteilsgewährungen eigenständig zusagen, von § 299 StGB erfasst.[457] Da die Vorschrift den freien und lauteren Wettbewerb und die Vermögensinteressen der Versichertengemeinschaft schützt, ist ein bei der Krankenkasse eintretender Schaden keine Voraussetzung.[458] Unstreitig sind jedoch Ärzte in öffentlichen Krankenhäusern, wie Universitätskliniken, städtischen oder sonstigen kommunalen Krankenhäusern, von der Regelung erfasst.[459] Zu § 299 StGB ist anzumerken, dass zwar der Arzt im Krankenhaus bei Zuweisungen eine Prüfpflicht hinsichtlich der Erforderlichkeit der stationären Behandlung gemäß § 39 Abs. 1 S. 2 SGB V, § 2 Abs. 7 KHbehandlungs-RL[460] hat, die Einweisung eines Arztes aber gerade Voraussetzung für eine Behandlung im Krankenhaus ist. Der erste Anwalt, der dieses Thema ansprach, war Oliver Pragal.[461] Eine ähnliche Regelung, die auch zum tragen kommen könnte, ist in § 331 Abs. 1 StGB enthalten. Sie stellt die Vorteilsannahme unter Strafe. Dazu bedarf es nach § 11 Abs. 1 Nr. 2c StGB der Amtsträgereigenschaft des Arztes. In § 331 Abs. 1 StGB heißt es:

> „Ein Amtsträger oder ein für den öffentlichen Dienst besonders Verpflichteter, der für die Dienstausübung einen Vorteil für sich oder einen Dritten fordert, sich ver-

455 OLG Braunschweig GesR 2010, 250, 251.
456 IV. Anhang, Anhang B – Interviews und Statements, Nr. 4, S. 168 ff.
457 Häser, Klinikarzt 38 (2009), S. 373, 374.
458 Wigge RöFo 182 (2010), S. 541; Makoski MedR 27 (2009), S. 376, 379.
459 OLG Karlsruhe NJW 1983, 352; Schmidt in: Ratzel/Luxenburger, Handbuch Medizinrecht, § 14 Rn. 137; Patzschke DÄBl 106 (2009), S. 86; Wigge RöFo 182 (2010), S. 541.
460 BSG GesR 2008, 83-88.
461 Shinde Handelsblatt 01.12.2008, S. 23.

> sprechen lässt oder annimmt, wird mit Freiheitsstrafe bis zu drei Jahren oder mit Geldstrafe bestraft.“[462]

Der Begriff des Vorteils wird auch hier in ähnlicher Weise ausgelegt. Danach ist mit einem Vorteil „jede unentgeltliche materielle oder immaterielle Leistung verbunden, die den Täter besser stellen soll und auf die er keinen rechtlich begründeten Anspruch hat“.[463]

Abschließend hat der BGH in seinem Beschluss GSSt 2/11 jedoch festgestellt, dass ein niedergelassener, für die vertragsärztliche Versorgung zugelassener Arzt bei der Wahrnehmung der ihm übertragenen Aufgaben – hier der Verordnung von Arzneimitteln – weder als Amtsträger noch als Beauftragter der gesetzlichen Krankenkassen handelt. Ausgangsfall waren Zahlungen einer Pharmareferentin, in Form eines Prämiensystems, für die ärztliche Verordnung von Medikamenten aus ihrem Betrieb, in insgesamt 16 Fällen. Dabei wurden die Honorare als fiktive wissenschaftliche Vorträge ausgewiesen. Sie umfassten einen Gesamtbetrag von etwa 18.000 €.[464] Als Urteilsbegründung wird ausgeführt:

> „Der Vertragsarzt ist nicht Angestellter oder bloßer Funktionsträger einer öffentlichen Behörde; er wird im konkreten Fall nicht aufgrund einer in eine hierarchische Struktur integrierten Dienststellung tätig, sondern aufgrund der individuellen, freien Auswahl der versicherten Person. Er nimmt damit eine im Konzept der gesetzlichen Krankenversicherung vorgesehene, speziell ausgestaltete Zwischenposition ein, die ihn von dem in einem öffentlichen Krankenhaus angestellten Arzt, aber auch von solchen Ärzten unterscheidet, die in einem staatlichen System ambulanter Heilfürsorge nach dem Modell eines Poliklinik-Systems tätig sind.“[465]

Die vertragsärztliche Versorgung der Patienten ist der Bestimmung der gesetzlichen Krankenkassen entzogen. Gemäß § 76 Abs. 1 S. 1 SGB V können Versicherte unter den zur vertragsärztlichen Versorgung zugelassenen Ärzten

---

462 StGB i. d. F. der Bek. vom 13. November 1998, BGBl. I S. 3322; zuletzt geändert durch Art. 4 G zur Bekämpfung der Zwangsheirat und zum besseren Schutz der Opfer von Zwangsheirat sowie zur Änd. weiterer aufenthalts- und asylrechtl. Vorschriften vom 23. Juni 2011, BGBl. I S. 1266; näheres zu §§ 331, 332 StGB, in: Verrel MedR 21 (2003), S. 319, 320 ff; Näheres zur Bestchelichkeit bei Patientenzuweisung, in: Pauly MedR 23 (2005), S. 289 f.

463 BGH NJW 2008, 3580; Meurer, Spenden, Sponsoren – Staatsanwalt, S. 12; Wigge RöFo 182 (2010), S. 541 f.

464 BGH BeckRS 2012, 13162.

465 Ebd., 13162, Erwägungsgrund 19.

frei wählen.[466] Die Zwischenschaltung der Kassenärztlichen Vereinigung und die Stellung der Ärzte als Freiberufler stünde der Annahme einer Abhängigkeit von den Krankenkassen entgegen, so der Große Senat für Strafsachen. Er verkennt, trotz der Entscheidung gegen eine Strafbarkeit gemäß §§ 299, 331 ff. StGB, nicht die grundsätzliche Berechtigung des Anliegens, Missständen im Gesundheitswesen mit Mitteln des Strafrechts entgegentreten zu wollen. Er verweist bei der Begründung auf die seit längerem im strafrechtlichen Schrifttum geführte Diskussion sowie auf gesetzgeberische Initiativen (BT-Drs. 17/3685) zur Bekämpfung korruptiven Verhaltens im Gesundheitswesen.[467] Fraglich bleibt zwar die Anwendbarkeit dieser Entscheidung auf Zuweisungsverträge, es liegt jedoch nahe diese zu übertragen.

Auch der Tatbestand des Betrugs gemäß § 263 StGB besitzt Relevanz, wenn es um den Abrechnungsbetrug im Gesundheitswesen durch Patientenzuweisungen geht. Leistungserbringer rechnen gegenüber der Krankenkasse den vollen Betrag ab, obwohl Teile des Honorars vom Zuweisungsempfänger vergütet werden.[468] Der Arzt trägt in diesem Fall an die Krankenkasse eine, in der GOÄ festgelegte, abrechenbare Leistung im Wissen der Nicht- oder Andersleistung heran und erhält die Pauschale vergütet. Geschädigt werden bei außerbudgetären Leistungen Versicherte und deren Krankenkassen. Bei budgetären Leistungen schädigen Ärzte sich gegenseitig. Wer Privatpatienten bewusst ohne medizinische Indikation für eine Behandlung anderen Leistungserbingern zuweist, macht sich mit hoher Wahrscheinlichkeit wegen Betrugs strafbar.[469] Vertragsbeispiel Nr. 4 in dem Kapitel über die kritischen Vertragsklauseln lässt genau diese Annahme zu. Der Arzt könnte versucht sein prä- und poststationäre Leistungen abzurechnen, obwohl tatsächlich ambulante Leistungen durchgeführt wurden.[470] Von Doppelabrechnung bis Leistungsaufwertung und Abrechnung nicht erbrachter Leistungen (sog. Luftabrechnung) ist alles gangbar.[471] Seinen Niederschlag findet Fehlverhalten von Vertragsärzte gegenüber Krankenkassen im Untreuevor-

466 Ebd., 13162, Erwägungsgrund 20 und 32.

467 BGH BeckRS 2012, 13162, Erwägungsgrund 46.

468 LG Duisburg MedR 2008, 445, 446; Kölbel NStZ 31 (2011), S. 195, 198; Kiefer/Meseke VSSR 3 (2011), S. 212; Krick A&R 1 (2011), S. 3, 14; Schneider HRRS 10 (2009), S. 484, 487 f.

469 Wigge RöFo 182 (2010), S. 541.

470 Siehe dazu: IV. Anhang, Anhang A – Vertragsbeispiele, Nr. 4, S. 154 ff.

471 Engelhard Trauma 10 (2008), S. 200.

wurf des § 266 StGB.[472] Die Anwendung ist bisher höchstrichterlich noch ungeklärt, aber von großem rechtswissenschaftlichem Interesse.[473]

Bei Zahlungen oder Vorteilsgewährungen für die Zuweisung von Patienten durch Zuweisungsempfänger an Zuweiser auf Druck, kommt ebenso der Straftatbestand der Nötigung gemäß § 240 StGB in Betracht.[474] Die Drohung mit einem empfindlichen Übel kann hier schon darin liegen, dass der Zuweiser mit dem Ausschluss aus dem regionalen Patientenstamm und Netzwerk droht, so dass der Empfänger sich gezwungen sieht, den Forderungen nachzukommen. Tut er dies nicht, drohen ihm empflindliche finanzielle Einbußen. Nötigt ein Zuweiser einen Zuweisungsempfänger dazu, ihm einen Vorteil bzw. eine Vergütung für die Zuweisung von Patienten zu gewähren, könnte er sich wegen (versuchter) Erpressung gemäß § 253 Abs. 1, 3 StGB strafbar machen.[475] Auch bei dieser Norm ist wieder die Drohung mit einem empfindlichen Übel Voraussetzung für die Erfüllung des Tatbestandes. Die Zufügung eines Vermögensnachteils entsteht durch die Forderung und tatsächliche Zahlung der Zuweisungsprovision.

2.2.4.1.4.2 Rechtsfolgen

Der § 299 StGB ist ein strafrechtliches Delikt, welches mit Freiheitsstrafe von bis zu drei Jahren oder Geldstrafe geahndet werden kann.[476] Sobald der Anfangsverdacht[477] einer Bestechlichkeit oder Bestechung im geschäftlichen Verkehr im Raume steht, rechtfertigt dies eine Durchsuchung des Krankenhauses, der Praxis und/oder der Privatwohnungen des beschuldigten Arztes. Eine öffentliche Hauptverhandlung, in der ein Arzt oder Krankenhaus sämtliche Verträge

---

472 Vgl. hierzu näher: Ulsenheimer, MedR 23 (2005), S. 622 ff; Makoski MedR 27 (2009), S. 376, 380; Lindemann/Ratzel, Brennpunkte des Wirtschaftsstrafrechts, S. 18; Schmidt in: Ratzel/Luxenburger, Handbuch Medizinrecht, § 14 Rn. 150.

473 Pragal/Apfel A&R 1 (2007), S. 10, 11; o.V., Fangprämien: Anderer Markt, andere Regeln, https://www.ecovis.com/index.php?id=10885&tx_ttnews[tt_news]=4333&tx_ttnews[backPid]=10884&cHash=e62aed4f8ba6ad8b74563776f7a8d803.

474 Vgl. OLG München VesR 1989, 198; Kiefer/Meseke VSSR 3 (2011), S. 212, 215; Lindemann/Ratzel, Brennpunkte des Wirtschaftsstrafrechts, S. 18.

475 Makoski MedR 27 (2009), S. 376, 379.

476 Häser Klinikarzt 38 (2009), S. 373, 374; Wigge RöFo 182 (2010), S. 541 f.

477 OLG Braunschweig GesR 2010, 250 f.; Der Begriff „Anfangsverdacht" ist dem Strafprozessrecht gemäß § 152 Abs. 2 StGB entnommen. Es müssen ausreichend tatsächliche Anhaltspunkte vorliegen, die die Straftat möglich erscheinen lassen, siehe dazu: Lindemann/Ratzel, Brennpunkte des Wirtschaftsstrafrechts, S. 81.

und Kooperationen offenlegen müsste, würde schnell zu einer Beeinträchtigung der Reputation der Kliniken und Vertrauensverlusten in die Integrität der Ärzteschaft seitens der Patienten führen. In besonders schweren Fällen, wenn sich also die Tat auf einen Vorteil besonders großen Ausmaßes bezieht, kann nach § 300 StGB sogar eine Freiheitsstrafe von bis zu fünf Jahren angeordnet werden.[478] Sind Zuweisungsprovisionen oder sonstige Vorteile auf Privatkonten geflossen, wird man von strafbarer Vorteilnahme bei Vorlage der sonstigen Voraussetzungen ausgehen können.[479] Durch die jüngste Entscheidung des BGH zu der Amtsträgereigenschaft bzw. Beauftragtenstellung eines niedergelassenen, für die vertragsärztliche Versorgung zugelassenen Arztes bei der Verordnung von Arzneimitteln und der klaren Zurückweisung einer Anwendbarkeit der Korruptionsdelikte auf diese, werden die § 299, 331 ff. StGB auch künftig nicht auf niedergelassene Ärzte anwendbar sein.[480] Einer Anwendung der Vorschriften auf Ärzte in einem Angestelltenverhältnis, beispielsweise in einem öffentlichen Klinikum, steht diese Entscheidung nicht entgegen.

2.2.4.1.4.3 Ausnahmetatbestände

Zu den Ausnahmen bestimmt § 331 Abs. 3 StGB, dass bei einer Einwilligung, vorher erteilten Zustimmung, der zuständigen Behörde dem Amtsträger die Annahme des Vorteils erlaubt sein soll.[481] Ein rechtfertigender Notstand gemäß § 34 StGB kommt aufgrund von wirtschaftlicher Bedrängnis oder zur Sicherung der eigenen Existenz bei einer Zuweisung gegen Entgelt nicht in Betracht, da die Beteiligten das Entgelt oder den wirtschaftlichen Vorteil nicht aus Existenznot fordern bzw. annehmen, sondern als finanzielles Zubrot. Bei Bestechung handelt es sich schließlich – auch in einer Notsituation – nicht um ein angemessenes Mittel, dessen Anwendung nachvollziehbar, geschweige denn gerechtfertigt, erscheint.[482] Eine Ausnahme kann auch bestehen, wenn Geringfügigkeit vorliegt. Diese Auslegung wird oft als teleologische Reduktion des § 299 StGB gesehen – bei geringwertigen Vorteilen und Zuwendungen im Bereich von ungefähr 5 - 15 Euro.[483] Die vorliegende Geringwertigkeit, die in den §§ 299 ff. StGB nicht ausdrücklich geregelt ist, muss auf einem Niveau liegen, welches von einer Sozia-

478 Deutsch/Spickhoff, Medizinrecht, § 302, Rn. 62; Dannecker in: Kindhäuser/Neumann /Paeffgen, Strafgesetzbuch, § 299, Rn. 101.

479 Borglie, Spenden, Sponsoren – Staatsanwalt?, S. 3 ff.

480 BGH BeckRS 2012, 13162.

481 Wessels/Hettinger, Strafrecht Besonderer Teil 1, § 25 Rn. 1113.

482 Rönnau in: Achenbach/Ransiek, Handbuch Wirtschaftsstrafrecht, § 299 Rn. 52 f.

483 Koepsel, Bestechlichkeit und Bestechung, S. 139.

ladäquanz getragen wird.[484] In einigen Fällen wird diese Sozialadäquanz nicht nur bei geringen Werten angenommen, sondern auch, wenn die Beziehungen für den Patienten ersichtlich sind oder der Arzt bzw. das Klinikum über die Verhältnisse vorher aufgeklärt hat.[485] Sozialadäquanz in diesem Sinne meint eine Handlung, die sich „innerhalb der geschichtlich gewordenen sozialethischen Ordnung des Gemeinschaftslebens bewegt".[486] Eine solche unterliegt keinem Verbot.

2.2.4.2 Überblick über weitere rechtliche Grundlagen

Die für das Verbot der Zuweisung gegen Entgelt wichtigsten rechtlichen Rahmenbedingungen wurden oben bereits dargestellt. Einige andere Randbedingungen gilt es noch aufzuzeigen, die ebenfalls Vorschriften zu diesem Thema enthalten. So gelten die Regelungen des FS-Kodex für eine Transparenz bei der Zusammenarbeit zwischen Industrie und Ärzten. Für Ärzte kommen die Vorschriften nicht zur Anwendung. Sie entfalten keine unmittelbare Verbindlichkeit. Aus diesem Grunde können sie bei der Untersuchung außer Acht bleiben.[487] Weiterhin hat der Berufsverband Deutscher Laborärzte (BDL) eine Verpflichtungserklärung zur Durchsetzung des lauteren Wettbewerbs in der Labordiagnostik formuliert und an die Laborärzte in Deutschland verschickt. Darin sollen sich die Laborärzte selbst verpflichten, auf unzulässige Absprachen, wie zum Beispiel Rabatte gegen Zuweisung oder Pauschalpreise, zu verzichten.[488] Eine Parallelregelung zu dem Verbot der Zuweisungen gegen Entgelt findet sich in § 5 Abs. 7 MBO-PP/KJP.[489] Jeder Patient, der von seinem Arzt ein Rezept erhält, soll frei darüber entscheiden können, zu welchem Therapeuten er geht. Empfiehlt der Arzt eine bestimmte Praxis, muss er auch in diesem Fall einen hinreichenden sachlichen oder medizinischen Grund haben und darf sich hierfür kein Entgelt oder sonstigen Vorteil versprechen lassen oder annehmen.[490] Eine weitere Bestimmung findet sich in § 8 Abs. 5 MBO-Zahnärzte (MBO-BZÄK), der ebenso eine Patientenvermittlung verbietet.[491] § 2 Abs. 6 MBO-Zahnärzte regelt

---

484 Pfuhl, Von erlaubter Verkaufsförderung, S.146.

485 Ebd., S.146.

486 Peters, Festschrift für Hans Wenzel, S. 419

487 Häser/Hoffmann Anästhestist 54 (2005), S. 263, 266.

488 Vgl. zu Mengenbegrenzungen bei Laborärzten: BSG ArztR 1999, 182, 183 ff; o.V. Radiologe 4 (1999), S. M-70.

489 Stellpflug/Berns, Musterberufsordnung für die psychologischen Psychotherapeuten, Kommentar, § 5, Rn. 126.

490 Riedle/Gillig-Riedle, Praxisrecht für Therapeuten, S. 38.

491 LG München MMR 2007, 192, 193.

äquivalent zum Verbot der Zuweisung gegen Entgelt für Ärzte das Verbot für Zahnärzte.[492] Einige weitere wichtige rechtlich zu beachtende Vorschriften konnten gefunden werden.

2.2.4.2.1 Krankenhausgestaltungsgesetz – KHGG (NRW)

Eine Fassung des § 31 MBO-Ä wurde im Jahr 2010 auch in das Krankenhausgestaltungsgesetz des Landes Nordrhein-Westfalen aufgenommen, niedergelegt in § 31a KHGG NRW.[493] § 31a Abs. 1 KHGG NRW lautet:

> „Krankenhäusern und ihren Trägern ist es nicht gestattet, für die Zuweisung von Patientinnen und Patienten ein Entgelt oder andere Vorteile zu gewähren, zu versprechen, sich gewähren oder versprechen zu lassen".[494]

Der Paragraph soll, als krankenhausspezifische Verbotsnorm vergleichbar zu § 31 MBO-Ä, der explizit für Ärzte Anwendung findet, eine Beteiligung von Kliniken an jeglicher Art von Zuweisungswettbewerb unterbinden.[495] Zu dem neu eingeführten § 31a KHGG NRW gibt Kösters folgendes Statement:

> „Insider haben schnell erkannt, dass man das Gute will und im Schlepptau das Schlechte hat. Situationen, die da entstehen sind vielfältigster Natur. [...] Die Landesregierung in Nordrhein-Westfalen hat den § 31a KHGG eingeführt. Dieser ermöglicht bei Verstößen nun Sanktionen bis zu dem Punkt, dass man als Krankenhaus aus dem Krankenhausplan herausgenommen werden kann. Im Vollzug des Gesetzes hat sich jedoch gezeigt, dass es schwierig ist. Es ist eine ganz komplexe Lage entstanden."[496]

Adressat der Norm ist das jeweilige Krankenhaus. § 31a KHGG NRW trägt zu einer Chancengleichheit der Krankenhäuser untereinander und zur Verhinderung ungerechtfertigter Wettbewerbsvorteile durch Zuweisungsprovisionierung

---

492 Ries/Schnieder/Althaus, Zahnarztrecht, S. 124, 151.

493 LT-Drs. NRW 14/10405, vom 10.12.2009, S. 7; Rumpenhorst Arzt und Krankenhaus 5 (2010), S. 155, 157; Dahm MedR 28 (2010), S. 597, 600; Lindemann/Ratzel, Brennpunkte des Wirtschaftsstrafrechts, S. 13; Schnapp NZS 20 (2011), S. 561.

494 KHGG NRW i. d. F. der Bek. vom 11. Dezember 2007 (GV. NRW. S. 702) SGV. NRW. 2128; zuletzt geändert durch Art. 1 ÄndG vom 16.03.2010, GV. NRW. S. 184.

495 Ihle, Korruption im Gesundheitswesen, www.dgvt.de/1465.html; Scholz in: Spickhoff, Medizinrecht, § 31, Rn. 1; Stollmann GesR 3 (2011), S. 136; Kiefer/Meseke VSSR 3 (2011), S. 212, 221.

496 IV. Anhang, Anhang B – Interviews und Statements, Nr. 5, S. 174 f.

bei.[497] Die Vorschrift enthält für besonders schwere Verstöße gegen das Verbot der Zuweisung gegen Entgelt eine Rechtsfolgenverweisung auf § 16 Abs. 2 KHGG NRW. Demnach müssen Kliniken sogar mit der Herausnahme aus dem Krankenhausversorgungsplan rechnen.[498] Unter dem Aspekt unterschiedlicher Adressatenkreise ist § 31a KHGG NRW neben § 31 MBO-Ä anwendbar.[499] Hier seien verbindliche Sanktionen für die Krankenhäuser zu finden, die ihre Fallzahlen durch Provisionen für Zuweiser zu steigern versuchten, so Peichel in der Ärztezeitung.[500] Vor dem Hintergrund von Zwangsgeldern für begangene Verstöße in Höhe von bis zu 100.000 € ist es durchaus verständlich, dass Kliniken abgeschreckt sind (§ 60 Abs. 1 S. 1 VwVG NRW), dennoch sind sie grundsätzlich zur Zusammenarbeit und gegenseitigen Unterstützung verpflichtet (§ 8 Abs. 1 KHGG NRW).[501] Für das Land Bremen findet sich eine entsprechende Regelung in § 32 BremKrhG.[502] Zu erwarten ist, dass andere Bundesländer diesen Beispielen folgen werden, in denen es bislang an einer Regelung fehlt.

2.2.4.2.2 Bürgerliches Gesetzbuch – BGB

Der Gesellschaftsvertrag einer Teilberufsausübungsgemeinschaft ist gem. § 134 BGB i. V. m. § 15 Abs. 3 S. 3 BMV-Ä nichtig, wenn die Möglichkeit besteht, dass sich die Gewinnbeteiligung eines Arztes durch Zuweisung von Patienten mehrt.[503] Da zwischen Patient und Arzt ein Behandlungsvertrag[504] mit gegenseitigen Pflichten meist konkludent abgeschlossen wird, könnte man bei einer verpassten Aufklärungspflicht – über die Zuweisung und Wahlfreiheit des Patienten – von Seiten des Arztes, auch an dessen Haftung in Form einer culpa in contrahendo (c. i. c)[505] gemäß § 311 Abs. 2 Nr. 2 BGB denken.[506] Dabei könnte es durchaus denkbar sein, dass der Arzt seine vorvertraglichen Sorgfalts- und

497 LT-Drs. NRW 14/10405, vom 10.12.2009, S. 7; Stollmann GesR 3 (2011), S. 136, 137.

498 Dahm MedR 28 (2010), S. 597, 600.

499 Stollmann GesR 3 (2011), S. 136, 138 ff.

500 Peichel, Wildwuchs bei Zuweiserprämien, abrufbar unter: http://www.aertzezeitung.de /extras/druckansicht/?sid=602526&pid=609497.

501 Stollmann GesR 3 (2011), S. 136, 138.

502 BremKHG i. d. F. der Bek. vom 12 April 2011, Brem. GBl. S. 252.

503 LG Arnsberg MedR 2008, 746, 747 f.; Ratzel MedR 26 (2008), S. 445, 446 ff. Broglie/Hartmann in: Terbille, MüKo Medizinrecht, § 6, Rn. 44.

504 Zu den einzelnen Pflichten aus dem Behandlungsvertrag siehe: Deutsch/Spickhoff, Medizinrecht, Kapitel IV, Rn. 74 ff.

505 „Verschulden bei Vertragsschluss“; Vgl. OLG Köln VersR 2009, 784, 785.

506 Busche in: Staudinger, S. 203 f.; Kern in: Laufs/Kern, Handbuch des Arztrechts, § 42 Rn. 2; Löwisch in: Staudinger, § 311 Rn. 121; Gründeberg in: Palandt § 311 Rn. 40 ff.

Aufklärungspflichten gemäß § 241 Abs. 2 BGB verletzt, indem er es unterlässt den Patienten, in dessen Interesse, ausreichend über sein Recht der freien Arzt- und Krankenhauswahl aufzuklären.[507] Eine Aufklärungspflichtverletzung durch den Arzt kann auch zu einer Schadenersatzpflicht gemäß § 823 Abs. 1 oder § 823 Abs. 2 BGB gegenüber Wettbewerbern führen.[508] Für Patienten gilt der § 823 Abs. 2 BGB, nach wohl vorzugswürdiger Ansicht, seit der Neuregelung des § 31 MBO-Ä, entgegen der Ansicht von Graml[509], entsprechend. Zwar diente der ursprüngliche Gesetzeszweck nicht dem unmittelbaren Schutz des Patienten, sondern der Ärzteschaft. Der in der Fassung der Beschlüsse des 114. Deutschen Ärztetages 2011 in Kiel neugeregelte § 31 MBO-Ä enthält aber nun in § 31 Abs. 2 MBO-Ä nicht mehr nur einen reflexartigen Schutz der Patienteninteressen, sondern bietet über den mittelbaren Schutz hinaus, ein klares Verbot für Ärzte gegenüber Patienten. Selbst bei genauer Lesart lässt sich der objektive Zweck der Norm nur schwer ermitteln. Der Wortlaut des § 30 MBO-Ä ist ergiebiger. So legt § 30 Abs. 1 MBO-Ä fest, dass die nachstehenden Vorschriften dem Patientenschutz dienen, somit auch der ihm nachstehende § 31 MBO-Ä. Als weiteres Argument dient die systematische Auslegung. § 31 MBO-Ä steht hier im Regelungskontext des vierten Unterabschnitts der MBO-Ä, der Freiheit und Unabhängigkeit ärztlicher Entscheidungen wahrt. In diesem Zusammenhang regelt § 30 MBO-Ä den Zweck der nachfolgenden Vorschriften. „Die Norm verdeutlicht, dass die fachliche Unabhängigkeit als ein Wesensmerkmal des freien Berufs kein Selbstzweck ist, sondern *dem Patientenschutz dient*."[510] Des Weiteren besagt § 823 Abs. 2 S. 1 BGB:

> „Die gleiche Verpflichtung trifft denjenigen, welcher gegen ein den Schutz eines anderen bezweckendes Gesetz verstößt."[511]

---

507 Vgl. zur ärztlichen Aufklärungspflicht OLG Koblenz VersR 2011, 1570, 1571; OLG Koblenz VersR 2011, 1149, 1150; OLG Frankfurt BeckRS 2010, 24745.

508 Vgl. OLG Köln GesR 2011, 601-604; OLG München BeckRS 2011, 27036; Quaas/Zuck, Medizinrecht Kommentar, § 13 Rn. 83; Sprau in: Palandt § 823 Abs. 2 Rn. 138.

509 Graml, Das ärztliche Verbot der Zuweisung gegen Entgelt, S. 249.

510 Scholz in: Spickhoff, Medizinrecht, § 30 Rn. 1 f; Hervorhebungen im Original nicht enthalten.

511 BGB i. d. F. der Bek. vom 2 Januar 2002, BGBl. I S. 42; zuletzt geändert durch Art. 1 G zur Anpassung der Vorschriften über den Wertersatz bei Widerruf von Fernabsatzverträgen und über verbundene Verträge vom 27. Juli 2011, BGBl. I S. 1600; Hervorhebungen im Original nicht enthalten.

Die Zuweisungsprovision gilt als Verstoß gegen ein gesetzliches Verbot i. S. d. § 134 BGB mit der Folge der Nichtigkeit des entgegenstehenden Rechtsgeschäftes.[512] Das Verbot liegt hier in der Entscheidungspraxis zulasten der Patienten. Daraus und aus der Tatsache, dass bereits die alte Fassung den Schutz des Patienten vor sachfremden Erwägungen bezweckte[513], ergibt sich ein Schadensersatzanspruch der Patienten aus § 823 Abs. 2 BGB. So heißt es nun in § 31 Abs. 2 MBO-Ä:

> „Sie dürfen ihren Patientinnen und Patienten nicht ohne hinreichenden Grund bestimmte Ärztinnen oder Ärzten, Apotheken, Heil- und Hilfsmittelerbringer oder sonstige Anbieter gesundheitlicher Leistungen empfehlen oder an diese verweisen."[514]

Unter Berücksichtigung von § 280 Abs. 1 BGB kann gegebenenfalls auch eine Haftung aus vertraglicher Pflichtverletzung entstehen.[515] Weiterhin spielt bei der Zuweisung gegen Entgelt für eine überhöhte Vergütung auch die Sittenwidrigkeit gemäß § 138 BGB eine Rolle.[516] Dieser Paragraph besagt, dass sowohl Rechtsgeschäfte, die gegen die guten Sitten verstoßen, als auch jene, die einen im auffälligen Missverhältnis zu der Leistung stehenden Vermögensvorteil gewähren, nichtig sind.[517] Sowohl nach Absatz 1 im Sinne der Sittenwidrigkeit als auch nach Absatz 2 im Sinne des Wuchers, sind Zuweisungsverträge nichtig.

2.2.4.3 De lege ferenda

De lege ferenda besteht ein dringender Regelungsbedarf.[518] Der derzeitige Zustand untergräbt die Rechtssicherheit und setzt keine klaren Grenzen. Leitlinie einer gesetzlichen Neuregelung sollte einerseits eine Verankerung einer ausdrücklichen Sanktionsregelung in § 73 Abs. 7 SGB V sein und andererseits soll-

---

512 Graml, Das ärztliche Verbot der Zuweisung gegen Entgelt, S. 243 f.

513 Ratzel in: Ratzel/Lippert, Kommentar zur MBO, § 31, S. 424, Rn. 3.

514 MBO-Ä 1997, in der F. von 1997, zuletzt geändert durch den 114. Deutschen Ärztetag 2011, Stand 29.08.2011.

515 Quaas/Zuck, Medizinrecht Kommentar, § 13 Rn. 83; Wenzel in: Wenzel, Handbuch Medizinrecht, Kapitel 4 Rn. 35 ff.

516 OLG Hamm NJW 1985, 679, 680; Möller JR 01 (2011), S. 26, 30; Ellenberger in: Palandt § 138 Rn. 59.

517 BGB i. d. F. der Bek. vom 2 Januar 2002, BGBl. I S. 42; zuletzt geändert durch Art. 1 G zur Anpassung der Vorschriften über den Wertersatz bei Widerruf von Fernabsatzverträgen und über verbundene Verträge vom 27. Juli 2011, BGBl. I S. 1600.

518 Erlinger, Zwischen Hippokrates und Staatsmedizin, S. 51.

ten §§ 115a und b SGB V n. F. nochmals durchdacht und dahingehend abgeändert werden, dass wieder eine striktere Trennung der Sektoren entsteht. Die Neuregelung des § 73 Abs. 7 SGB V und die des § 31 MBO-Ä sind wünschenswerte und lange überfällige Schritte, dem Problem der Zuweisungen gegen Entgelt Herr zu werden. Allerdings ist fraglich, ob eine Vereinfachung des Systems der zahlreich verstreuten Regelungen nicht mehr Klarheit und wünschenswerte Transparenz schaffen würde. Die Vorschrift des § 31a KHGG NRW und die entsprechende Norm des Landes Bremen sollten, insbesondere damit es an den Landesgrenzen nicht zu Abweichungen der Sanktionsregelungen und Verfälschungen des Wettbewerbs kommt, bundesweit einheitlich gestaltet werden.[519] Die Problematik der Nachweisbarkeit, Aufarbeitung und Ermittlungsarbeit bleibt. Es wird auch in Zukunft schwierig bleiben, Beteiligten unzulässiges Verhalten nachzuweisen bzw. überhaupt davon Kenntnis zu erlangen. An dieser Stelle wäre eine Umkehr der Anreize für Ärzte hin zu einer wieder geschärften Sensibilität und einem gestärkten Berufsethos eventuell eine sinnvollere Herangehensweise. Die in weiten Feldern mit unbestimmten Rechtsbegriffen durchsetzten Normen und Vorgaben werden anscheinend zu wenig verstanden. Dies wird auch aus der bereits erwähnten Studie der GKV deutlich, worin 19 Prozent der befragten niedergelassenen Ärzte aussagten, dass sie die Regelung des § 31 MBO-Ä entweder nicht kennen würden oder sich nie dafür interessiert hätten. Insgesamt 35 Prozent fühlten sich über die Regelung nicht ausreichend informiert. Jeder zweite Befragte (niedergelassene Ärzte und nichtärztliche Leistungserbringer) stuften die Rechtslage als unübersichtlich ein.[520]

Somit scheinen eine Überarbeitung der Normen und eine Deregulierung in Form eines Abbaus nicht zwingender Normen sowie eine Zusammenfassung in einer übersichtlicheren Norm wünschenswert. Rechtsunsicherheiten müssen auf allen Seiten beseitigt werden. Abschließend soll abermals unterstrichen werden, dass es der Literatur und der Rechtsprechung bislang nicht in einem ausreichenden Umfang gelungen ist, einheitliche und transparente Kriterien für eine Beurteilung von zulässigen oder unzulässigen Kooperationen zu entwickeln.[521]

Eine der wichtigsten Voraussetzungen dem Missbrauch mit Zuweisungen entgegen zu treten, ist die vermehrte Rechtsdurchsetzung durch klare Sanktionsregelungen, so dass die Regelungen vom „law in the books“ zu einem „law in action“ heranwachsen.[522]

519 Kiefer/Meseke VSSR 3 (2011), S. 212, 221.
520 GKV, Unzulässige Zusammenarbeit im Gesundheitswesen, S. 7.
521 Ehlers/Trümper Herz 34 (2009), S. 658.
522 GKV, Unzulässige Zusammenarbeit im Gesundheitswesen, S. 14.

2.2.4.4 Stellungnahme und Bewertung

Von seiner Struktur ist das Sozialsystem des deutschen Gesundheitswesens, das auf den Prinzipien der Solidarität, Eigenverantwortung, Subsidiarität und des Vertrauens beruht, nicht ausreichend gegen Missbrauch und Übervorteilung durch die Beteiligten geschützt.[523] So haben die gesetzlichen Krankenkassen in Deutschland in den vergangenen Jahren etwa 15.300 Fälle von Abrechnungsbetrug und Korruption verfolgt.[524] Handlungsbedarf besteht in erster Linie im Gesetzesvollzug, bei der Verminderung der Samktionsregelungsdefizite und der Rechtsprechung. Die bestehenden Vorschriften bedürfen der praktischen Umsetzung und ein größeres Augenmerk muss auf ihre Einhaltung gelegt werden. Erschwert wird dies durch systembedingte Hindernisse. Butzer benennt in diesem Zusammenhang den „Normendschungel" und eine keineswegs klare Rechtslage.[525] Es bestehen Gesetzgebungskompetenzen und Beanstandungen verschiedenster Normgeber und Interessenvertretungen, von den Landesärztekammern über die Bundesregierung bis hin zur DKG und Anderen. Dem Verbot der Zuweisung gegen Entgelt wird wenig Beachtung geschenkt, vermutlich teils aus Unkenntnis und andererseits aus dem Wissen heraus, dass die Vorschrift an Nachweisschwierigkeiten leidet. Fraglich ist darüber hinaus auch, ob eine Regelung auf Satzungsebene ausreichen kann.[526] Nicht nur die bisherige Rechtsprechung ist ausgesprochen uneinheitlich, sondern auch die einzelnen Vorschriften zum Zuweisungsverbot sind weit verstreut, so dass Klarstellung, die für alle Beteiligten ein Mehr an Rechtssicherheit bringen würde, dringend angeraten wird.

Sozialstaatliche und rechtliche Regulierung müssen vor diesem Hintergrund auf die Durchsetzung zur Herstellung eines Gleichgewichts zwischen wirtschaftlichen Eigeninteressen und übergeordnetem gesundheitlichen Gemeinwohl hinwirken.[527] Das gesetzliche Aufbrechen der strikten Abgrenzung zwischen den Sektoren ambulant und stationär – wie es in den USA bereits gang und gäbe ist[528] - zieht positive Veränderungen nach sich, wie einen erleichterten Zugang zu Patienten und eine stärkere Zusammenarbeit. Gleichzeitig bringt es jedoch auch Probleme, wie undurchsichtige Vertragsmodelle und Leistungsverschie-

---

523 Schönhöfer, Missbrauch, Betrug und Ves., www.transparency.de/Vortrag-Schoenhoefer .96.0.html.

524 TI: Transparenzmängel im Gesundheitswesen: Einfallstore zur Korruption. Grundsatzpapier, www. transparency.de/fileadmin/pdfs/Themen/Gesundheitspapier_Stand_ 2008_Auflge_5_08-08-18.pdf, S. 6.

525 Meyer MedR 20 (2002), S. 241.

526 Ebd., S. 241.

527 Sobhani/Kersting ZEFQ 103 (2009), S. 666, 667.

528 Weide MedR 19 (2001), S. 72.

bungen hervor. Durch die sektorenübergreifende Versorgung und Verschmelzung der ambulanten und stationären Versorgung und durch Änderung der §§ 115a und b SGB V, wird das Überschreiten der Grenzen von Zuweisungsverboten erleichtert. Diese Neuregelung ist dazu gedacht, eine effizientere Zusammenarbeit zwischen niedergelassenen Ärzten und Krankenhäusern und eine nahtlose Versorgung der Patienten durch Flexibilisierung der Sektorengrenzen zu ermöglichen.[529] Aber ist es nicht geradezu unbedacht und naiv zu meinen, dass andere Sachverhalte davon nicht berührt werden und keine neuen Probleme entstehen, die das Verbot der Zuweisung auf die Probe stellen? Diese Vorschrift gibt neues Druckpotential in die erhitzte Debatte um „Fangprämien" und bringt Kliniken in eine zusätzliche Zwangslage. Voller Spannung wird abzuwarten bleiben, wie die Akteure den neuen Weg beschreiten, wie sie sich an die neuen Vorschriften – zum Beispiel § 73 Abs. 7 SGB V – anpassen und welche verbalen Wunderwerke und obskuren Vertragskonstruktionen zwecks Umgehung der Neuregelung entstehen werden. Vielleicht ist das Gesundheitssystem in Deutschland lange Zeit gerade wegen der Sektorentrennung so erfolgreich gewesen. Eine strikte Trennung hatte auch Vorteile. Behandlung und Abrechnung fanden weitestgehend getrennt statt, es gab klare Spielregeln. Im Bereich des § 116b SGB V ist die Zusammenarbeit wichtig und nützlich, aber im Bezug auf §§ 115a und b SGB V sollte sich der Gesetzgeber Gedanken über eine andere Umsetzung machen.

Der Gesundheitsexperte der SPD-Fraktion, Karl Lauterbach, sagte der FR: „Jetzt muss endlich der Tatbestand der Bestechlichkeit per Gesetz auf Arztpraxen ausgeweitet werden". Nach seiner Ansicht reicht das Verbot von Zuweisungen gegen Entgelt in der Berufsordnung nicht aus.[530] Auch der Korruptionsermittler Alexander Badle aus Frankfurt am Main kommt zu der Ansicht, dass niedergelassene Ärzte, anders als jene in öffentlichen Krankenhäusern, nicht unter die Paragraphen der Bestechung und Bestechlichkeit des Strafgesetzbuches fallen.[531] Mit Spannung wurde das Urteil des BGH zu dieser Problematik erwartet, welches Anfang letzten Jahres ergangen ist und Klarheit zu einer Anwendbarkeit der §§ 331 ff. StGB und § 299 StGB auf Vertragsärzte gebracht hat.[532] Es bleibt letztlich abzuwarten, wie der Gesetzgeber mit der veränderten Lage umgehen wird. Sollten jedoch strafrechtliche Sanktionsmechanismen neu ausgestal-

529 BT-Drs. 17/8005, vom 30.11.2011, S. 60, 151.

530 Baumann, Druck auf Ärzte steigt, http://www.fr-online.de/politik/-fangpraemien--druck-auf-aerzte-steigt,1472596,2792588.html, S. 5; Bronsert/Gehrmann, Der Kopfgeld-Erreger, http://www.zeit.de/2009/ 38/Krankenhaeuser.

531 Mayer Focus 19.04.2010, Nr. 16, S. 45.

532 BGH BeckRS 2012, 13162; Mayer Focus 19.04.2010, Nr. 16, S. 45.

tet werden und auf unzulässige Zuweisungsverträge zur Anwendung kommen, wird nicht nur die Rechtsprechung vor einer großen Herausforderung stehen. Gleichermaßen werden Ärzte sich neuen unkalkulierbaren Risiken ausgesetzt sehen.[533] Heinemann bekundet in diesem Zusammenhang:

> „Wenn Ärzte als Angestellte der Krankenkassen angesehen werden, dann haben sie es selbst verschuldet. Bei den meisten Ärzten zählt wirtschaftlicher Eigennutzen und die politische Karriere."[534]

Allerdings bleibt dabei zu beachten, dass die Unabhängigkeit des Arztes von staatlichen und ökonomischen Zwängen mit Blick auf die Behandlung von Patienten durchaus seinen Sinn hat und äußerste Vorsicht bei der Ausweitung der Rechtsanwendung geboten ist. Ärzte, die in einem öffentlichen Klinikum tätig sind und niedergelassene Ärzte, die zur vertragsärztlichen Versorgung zugelassen sind, auf eine Stufe zu stellen und die Anwendung der §§ 299 ff. StGB auf beide Gruppen auszuweiten, kann nicht Ziel der Rechtsprechung sein. Niedergelassene Ärzte sind in einem viel größeren Maße auf eine ökonomische Führung ihrer Praxis angewiesen und damit auch auf eine Unabhängigkeit von den Krankenkassen im Sinne ihrer Patienten. Denkbar wäre die Einführung einer Geringwertigkeitsgrenze von Vorteilsannahmen in § 31 MBO-Ä und eine Verschärfung der Sanktionsregelungen in diesem Bereich.

Am Ende der juristischen Analyse beweist sich die anfängliche Vermutung, dass Zuweisungsverträge etliche Tatbestände erfüllen und Verstöße begründen können. In Bezug auf die angeführten Vertragsbeispiele[535] zeigt sich, dass sie allesamt unzulässig sind und den Regelungsbereich gleich mehrerer Rechtsgebiete berühren.

2.2.5 Ökonomische Analyse

Eine ökonomische Analyse ist an dieser Stelle notwendig, weil bei dem Abschluss von Zuweisungsverträgen, die diese Arbeit behandelt, neben rechtlichen Rahmenbedingungen auch ökonomische Gegebenheiten federführende Einflussfaktoren darstellen.[536] Die Vertragspartner schließen diese Verträge schließlich ab, um im „harten" Wettbewerb des Gesundheitswesens um Effizienz, Effektivi-

---

533 BGH MedR 2005, 289, 291 f; Osterloh DÄBl 109 (2012), S. B-216, B-217.

534 IV. Anhang, Anhang B – Interviews und Statements, Nr. 1, S. 165.

535 Siehe Kapitel 2.2.3.

536 Preißler MedR 16 (1998), S. 90.

tät und Kosteneinsparungen bestehen und überleben zu können. Die rechtlichen und ökonomischen Rahmenbedingungen sind keine Erfindung der Ärzte oder Krankenhäuser.[537] Betroffene, die die versprochene medizinische Vollversorgung leisten sollen, geraten unter massiven finanziellen Druck. Verlustvermeidung durch Kosteneinsparungen bzw. Gewinnerzielung durch erhöhte Fallzahlen werden somit zu grundlegenden Handlungsmotiven der Ökonomisierung. Hinzu kommt eine wirtschaftliche Grundkonstante: Wer wirtschaftlich rational handelt (Rationalprinzip), versucht mit geringstmöglichem Mitteleinsatz seine Ziele zu erreichen und seine Gewinnchancen optimal – und nicht nur zum Teil – zu nutzen.[538]

Fortgang der Untersuchung:

Aufgrund fehlender Literatur zu den ökonomischen Auswirkungen von Zuweisungsverträgen auf alle Beteiligten, sind folgende Einschätzungen größtenteils Transferleistungen der Autorin. Dabei werden ökonomische Erwägungen und Ausführungen über Vor- und Nachteile von Kooperationen im Gesundheitswesen, wo es sinnvoll erscheint, auf Zuweisungsverträge übertragen und weitergedacht. Gleichermaßen wichtig ist es hierbei die Perspektiven aller Akteure einzubeziehen, um einer Vorverurteilung und Entobjektivierung beizukommen. Da niedergelassene Ärzte meist Zuweiser und Krankenhäuser meist Empfänger von Patienten in diesen Vertragsbeziehungen sind, wird im Folgenden zur anschaulicheren Darstellung die Perspektive der Zuweiser aus Sicht niedergelassener Ärzte und die der Empfänger aus Sicht der Krankenhäuser dargestellt. Zwar sind im Normalfall nur ein Zuweiser und ein Empfänger an einem Zuweisungsvertrag beteiligt, folgende Ausführungen können aber auf weitere Formen von Zuweisungsverträgen übertragen werden. Vorangestellt sei an dieser Stelle noch, dass die Vertragsbeziehungen zwischen den Beteiligten der Konstellation der Prinzipal-Agent-Theorie539 ähneln – wobei Krankenhäuser wohl als Prinzipal anzusehen sind und niedergelassene Ärzte als Agent.540 Hierbei hängt das Wohlergehen einer Partei von den Handlungen der anderen Partei ab. Ein Krankenhaus (Empfänger) betraut in diesem Sinne einen niedergelassenen Arzt (Zu-

537 Gmelin DÄBl 97 (2000), S. A-1659, A-1660.

538 Manzeschke, Die Privatisierung von Krankenhäusern, S. 150 ff.

539 Zu verschiedenen Prinzipal-Agent-Theorien im Gesundheitswesen siehe: Reile, Gestaltungsoptionen von Krankenkassen, S. 115 ff.; Schulenberg/Greiner, Gesundheitsökonomik, S. 193 ff.; Passon/Siegel, Gesundheitsökonomie, S. 126 f.; Erste Gedanken zu der Prinzipal-Agent-Theorie siehe: Jensen, Foundations of organizational strategy, 1998.

540 Deutz, Interkulturelles Kooperationsmangement, S. 39 ff.

weiser) mit der Aufgabe der Patientenzuweisung gegen Entlohnung. Da die eine Seite an geringen Ausgaben für die Zuweisungen und die andere an möglichst hohen Entgeltsummen interessiert ist, kann es allerdings auch zu ökonomischen Konflikten kommen. Übertragen werden kann dieses Prinzip auch auf die Beziehung zwischen den Krankenkassen und den Leistungserbringern.

2.2.5.1 Der Kostenaspekt

Sowohl für Zuweiser, als auch für Empfänger löst jegliche Art von Kooperation Transaktionskosten in Form von Such-, Kontroll- und Koordinationskosten aus (im Sinne der Transaktionskostentheorie).[541] Hinzu kommen speziell bei Zuweisungsverträgen regelmäßige Kosten für Rechts- und Steuerberatung.[542] Im folgenden Verlauf sollen weitere akteurspezifische Kosten identifiziert und beschrieben werden.

2.2.5.1.1 Die Perspektive der Zuweiser

Niedergelassene, zur vertragsärztlichen Versorgung zugelassene Ärzte kümmern sich für gewöhnlich nicht nur um die medizinische Versorgung ihrer Patienten, sondern sie spenden diesen zugleich Trost und kümmern sich um ihre Sorgen. Diese Funktionen können sie aber immer weniger erfüllen und geraten zunehmend unter die Zwänge des Kostendrucks. So sind sie darauf angewiesen, angesichts teurer medizinisch-technischer Ausstattung im Hinblick auf die Amortisierung ihrer Gerätekosten und einer gewinnbringenden Praxisführung, ein gewisses Mindestmaß an „Patientendurchlauf" und dadurch in ihrem Sinne abrechenbare Leistungen nicht zu unterschreiten.[543] Ärzte bezahlen dies nicht nur mit moralischen Kosten, haben sie sich doch mit ihrem Eid dem Wohl des Patienten verpflichtet, sondern auch mit ihrer Unabhängigkeit, da sie einer zunehmenden Lenkung durch die Kliniken unterliegen, mit denen sie Kooperationen über Zuweisungen gegen Entgelt eingehen. Zugleich müssen Zuweiser damit rechnen, fortan von unbeteiligten Berufskollegen und der Konkurrenz gemieden zu werden. Eventuell könnten Patienten nach einer Zuweisung in ein schlechter geeignetes Krankenhaus unzufrieden sein, ein schlechtes Bild vom (vor)behandelnden Arzt entwickeln und nachfolgend Abstand von diesem nehmen, so dass dieser später nicht mehr an den Patienten verdienen kann. Eine weitere Gefahr besteht,

541 Vera ZfB 76 (2006), S. 835, 838.

542 Werthern, Das Strategiebuch für den niedergelassenen Arzt, S. 35; Hamm, Kooperationen von Krankenhäusern und Lieferanten, S. 286.

543 Grönemeyer, Hochtechnologiemedizin, S. 99.

wenn Patienten sich bei der nächsten Behandlung direkt an das Krankenhaus wenden, in dem eine entsprechende Behandlung (MRT vorhanden) möglich ist. In der Gesamtschau sind die monetären Kosten für Zuweiser freilich gering, die potenziellen immateriellen Kosten hingegen umso höher.

2.2.5.1.2 Die Perspektive der Empfänger

Der erste Kontakt eines Patienten mit einem medizinischen Leistungserbringer (Patienten-Erstkontakt) findet in den meisten Fällen mit einem niedergelassenen Arzt statt.[544] Dieser fungiert als „Gatekeeper“ für die Zuweisung von Patienten in Krankenhäuser zur medizinischen (Weiter)Behandlung, denn alleine er entscheidet über die Notwendigkeit einer stationären Behandlung[545] durch Einweisung.[546] Kliniken sind also, wenn sie im Wettbewerb um den Faktor Patient bestehen wollen, vermehrt darauf angewiesen, Zuweiser (niedergelassene Ärzte) zu binden und für eine weitere Zusammenarbeit oder Kooperation zu gewinnen.[547] Vereinzelt streben sie hierbei, wie beschrieben, Zuweisungsverträge an. Kosten entstehen dabei für Zuweisungsempfänger nicht nur durch diesbezügliche Provisionen, sondern auch durch, auf die Zuweiser bezogene, diskrete Marketing- und Werbemaßnahmen. Hatten die Bemühungen Erfolg, läuft der weitere Kontakt zwischen Empfängern (hier Kliniken) und Zuweisern meist über so genannte Zuweiserportale[548] ab. Diese Portale sind meist von den Kliniken unterhaltene Internetplattformen, über welche niedergelassene Ärzte direkt Patientendaten, Diagnosen sowie Behandlungsverläufe im Krankenhaus abrufen und in einigen Fällen sogar bequem über das Internet OP-Termine festlegen können. Die Implementierung und die aufwändige Wartung dieser IT-Portale verursachen Service-, Sach- und Personalkosten, die nicht außer Acht zu lassen sind.

Im Falle von Großgerätekooperationen trifft zumeist den Zuweisungsempfänger die Finanzierung und Anschaffung der medizinisch-technischen Großgeräte. Dieser nicht zu unterschätzende Posten, im Rahmen zwischen 500.000 und 1,5 Millionen Euro, muss der Empfänger über die Behandlung von Patienten erwirtschaften und amortisieren.

---

544 Denz, Hochtechnologiemedizin, S. 86.

545 Zur Notwendigkeit einer Krankenhausbehandlung siehe auch: Hess in: Kasseler Kommentar, Sozialversicherungsrecht, § 73 Rn. 34.

546 Vgl. BSG GesR 2008, 83, 86 ff.; LSG Baden-Württemberg BeckRS 2011, 77262; Raab/Drissner, Einweiserbeziehungsmanagement, S. 16; Robra/Swart/Felder, Krankenhaus-Report 2002, S. 48.

547 Blum/Offermanns das Krankenhaus 103 (2011), S. 135.

548 Zur Anschauung eines Zuweiserportals siehe: IV. Anhang, Anhang C – Grafik, S. 181.

2.2.5.1.3 *Die Perspektive der Patienten*

Die Kosten für Patienten sind nicht auf den ersten Blick ersichtlich. Doch ist vor allem bei privatversicherten Patienten davon auszugehen, dass diese auch finanziell benachteiligt werden, wenn unnötige Behandlungen durchgeführt werden. Bonk, emeritierter Medizinprofessor der Universitäten Göttingen und Bremen, sieht dies ebenso:

> „Vor allem Privatpatienten und deren Kassen werden geschädigt. Ein Netzwerk von Ärzten redet dem jeweiligen Patienten ein, dass zusätzliche Untersuchungen bei einem Ihrer befreundeten Fachärzte nötig seien.“[549]

Dieses Problem bleibt allerdings nicht auf Privatversicherte beschränkt. So verursachen unnötige Doppeluntersuchungen und medizinisch nicht indizierte Untersuchungen unter Umständen Schäden an der Gesundheit des Einzelnen.[550] Denn kommt Patienten bei Entscheidungen eines Arztes – zugunsten eines Empfängers – aufgrund verminderter Qualität nicht die optimale Behandlung zu, bezahlen sie ihren Tribut mithin in Form schlechterer Genesung und einer potenziellen Gesundheitsgefährdung durch zusätzliche oder neu eingetretene Belastungen. Nachteilig wäre jedenfalls die Einweisung in ein objektiv schlechter geeignetes Krankenhaus oder die Zuweisung zu einem objektiv schlechter qualifizierten oder gar ungeeigneten Arzt.[551] Die gesamte Problematik trägt zu einer Verunsicherung der Patienten und damit zu einer steigenden Abneigung gegenüber Arztbesuchen bei. So werden nicht nur Patienten mit einer sowieso schon schlechten Compliance dazu veranlasst werden, ihre Medikamente nicht regelmäßig oder überhaupt nicht zu nehmen, sondern auch Patienten mit einer eigentlich guten Compliance bezweifeln möglicherweise nach und nach die Entscheidungen ihres Arztes. Eine freie Arzt- bzw. Krankenhauswahl bleibt mithin gänzlich auf der Strecke.

Schon § 1 Abs. 2 GOÄ bestimmt, dass der Arzt nur für Leistungen eine Vergütung nach GOÄ verlangen darf, wenn diesen eine medizinische Notwendigkeit zugrunde liegt.[552] Die Beiträge für Krankenkassen steigen von Jahr zu Jahr; dies lässt die Vermutung zu, dass Zuweisungsverträge ebenfalls ihren Teil dazu beitragen können.

---

549 IV. Anhang, Anhang B – Interviews und Statements, Nr. 3, S. 167.

550 Schmidt DÄBl 107 (2010), S. A-1543.

551 Graml, Das ärztliche Verbot der Zuweisung gegen Entgelt, S. 121.

552 BGH NJW 2003, 1596 ff.; BGH NJW 1987, 703 ff.; BGH NJW 1979, 1250; Griebau in: Ratzel/Luxenburger, Handbuch Medizinrecht, § 10 Rn. 29.

2.2.5.1.4 Bedeutung für das Gesundheitswesen

Durch "mengenanheizende" Selbstzuweisung[553], Überweisungszirkel[554] und Kopplungsgeschäfte werden der wachsende Kostendruck im Gesundheitswesen und anstehende Sparmaßnahmen noch forciert. Dies mag damit zusammenhängen, dass in den letzten Jahren zahlreiche Krankenhäuser von kommunaler zu privater Trägerschaft umgewandelt wurden und deshalb ein besonderes Augenmerk auf Wirtschaftlichkeit gelegt werden muss. Zuweisung gegen Entgelt kann dabei jedoch nicht die Lösung des Problems sein, denn die Kostenträger werden durch diese ungebührlich belastet und die Versicherten tragen, durch erhöhte Beitragssätze, letztendlich den Schaden.[555] Die dadurch entstehende Kostenspirale ist schlecht für alle. Es kommt zu einer Kommerzialisierung des Gesundheitsmarktes durch ein falsches Anreizsystem, einer Gefährdung des Wirtschaftlichkeitsgebotes und einem Verlust der humanen Krankenbehandlung.[556] Im äußersten Fall kann auch eine Rationierung von medizinischen Leistungen oder gar eine Leistungsverweigerung, aufgrund stetig ansteigender Kosten, nicht ausgeschlossen werden. Das lautere Wettbewerbsgeschehen wird untergraben und eigentlich sinnvoll gedachte und längst notwendig gewordene Gesundheitsreformen leiden unter unzumutbaren Praktiken und bieten Anreize zu rechtswidrigem Handeln. Verklausulierung, ohne die den Umgehungstaktiken kaum mehr begegnet werden kann, Misstrauen und gegenseitige Schuldzuweisung halten Einzug in das System der medizinischen Versorgung. Gelder für den stationären Sektor werden in den ambulanten Bereich verschoben, wodurch Kliniken zunehmend gezwungen sind, sich Wege und Lösungen zu überlegen, wie auch sie an den medizinischen Leistungen im ambulanten Bereich teilhaben können.[557] Die Entwicklung der hochspezialisierten ambulanten Leistungen gemäß § 116 b SGB V sind nur ein Beispiel für noch anstehende Veränderungen.

2.2.5.1.5 Stellungnahme und Bewertung

Blickt man auf die Kosten respektive Nachteile von Zuweisung gegen Entgelt, wird schnell klar, dass bei Zuweisern keine gravierenden auszumachen sind. Sie sind die größten Profiteure solcher Praktiken. Zuweisungsempfänger sehen sich

553 Selbstzuweisung bedeutet, dass ein Arzt sich selbst einen seiner Patienten zu einer Untersuchung oder einem Eingriff zuweist.

554 Überweisungszirkel sind Absprachen, bei denen sich Leistungserbringer untereinander Patienten zu- und rücküberweisen.

555 Krieg DÄBl 94 (1997), S. A-902, A-904.

556 Wigge in: Schnapp/Wigge, Handbuch des Vertragsarztrechts, § 6 Rn. 131.

557 Hakenberg Urologe 48 (2009), S. 858.

geringen Nachteilen gegenüber, bedingt durch Provisionszahlungen und verringerte Markteintrittsschancen bei den jüngeren Praxen bzw. Kliniken. Derartige Verfahrensweisen belasten aber fast ausschließlich die Patienten, das Gesundheitssystem und die Mitbewerber.

Besonders betroffen sind Mitbewerber, wenn medizinische Einrichtungen, aufgrund ihrer wirtschaftlichen Stärke, Vorteile haben, Zuweiser zu gewinnen. Es kommt wie oben bereits beschrieben zu einer Wettbewerbsverzerrung, wirtschaftliche Leistungskraft geht verloren und die medizinische Versorgungssicherheit auf dem Land steht auf dem Spiel. Die Nachteile und Kosten, die dabei entstehen, sind nicht akzeptabel. Verlierer in diesem System sind das Gesundheitssystem und die breite Masse der Versicherten, die die Mehrkosten zahlen müssen, bzw. die Patienten, denen mitunter die für sie beste Versorgung vorenthalten wird und die letztlich ihre Compliance einbüßen. Patienten verlieren ihren Glauben in die Integrität der Ärzteschaft und an die bestmögliche Versorgung.

Doch am Ende verlieren auch die Zuweiser und Empfänger. Die einen durch einen Verlust an Autonomie und Handlungsfreiheit, die anderen durch einen noch „härteren" Wettbewerb, der immer weitere Anstrengungen erforderlich macht.

2.2.5.2 Der Nutzenaspekt

Wesentliches Ziel aller Leistungserbringer im Gesundheitsmarkt ist es, sich im Verdrängungs- und Effizienzwettbewerb zu behaupten.[558] Dies erfordert eine intensive, kooperative Zusammenarbeit mit Partnern oder die Bildung von Netzwerken, um gegenüber konkurrierenden medizinischen Leistungserbringern regionale und überregionale Machtfaktoren auszubilden.[559] Denn den durch Zuweisungen und Kooperationen anfallenden Kosten und negativen Begleitumständen stehen lohnenswerte, qualitative und quantitative Nutzenaspekte, wie Einsparungen von Vorhaltekosten, Effizienz der Behandlung und Rationalisierungspotenziale gegenüber.[560] So sind die meisten Banken bei der Gründung einer größeren radiologischen Praxis von vornherein nicht bereit, ein Darlehen zu geben, wenn die betreffende Praxis nicht bereits Zuweisungsverträge nachweist.[561] Diese werden als Voraussetzung der Darlehensgewährung angesehen.

---

558 Robbers/Wagener, Kooperationsverträge, S. 5.

559 Schade, Das Strategiebuch für den niedergelassenen Arzt, S. 165.

560 Hamm, Kooperation von Krankenhäusern mit Lieferanten, S. 286; Wirthner Primary Care 7 (2007), S. 330.

561 Erfahrungswerte Prof. Dr. iur. Peter Krebs.

Ein regelmäßiger Erfahrungsaustausch kann für beide Vertragspartner die Zusammenarbeit intensivieren und helfen, Schwachstellen zu beseitigen und Schnittstellenprobleme abzubauen.[562] Es kann mitunter ein Wir-Gefühl entstehen, welches das Aufteilen der immensen Verantwortung erleichtert.[563] Sowohl für den Empfänger als auch für den Zuweiser kann dann durch die Zusammenarbeit ein Austausch von Know-how stattfinden.[564] Durch Kooperationen kann es generell zur Senkung von Praxis- bzw. Verwaltungskosten kommen.[565] Allgemein bieten Kooperationen unter Krankenhäusern, wie Eckhard Haub, Verwaltungsleiter vom Kreisklinikum Siegen, äußert folgende Vorteile:

> „Kooperationen zwischen Krankenhäusern untereinander bieten unter anderem den Vorteil, dass man Kompetenzen bündeln kann. Das bedeutet, dass möglicherweise Fachrichtungen zusammengelegt werden können, dass angrenzende Fachrichtungen sich gegenseitig ergänzen können, dass man Großgeräte gemeinsam nutzen kann oder dass das eine Haus vielleicht eine Fachrichtung aufgibt, zugunsten der Fachrichtung in einem anderen Krankenhaus“[566]

2.2.5.2.1 Die Perspektive der Zuweiser

In erster Linie profitieren Zuweiser von den pekuniären Aspekten eines Zuweisungsvertrages.[567] Dabei sind nicht nur finanzielle Zuwendungen zu nennen, sondern auch die Übernahme von Kosten für Tagungen oder Sachleistungen, wie die kostenlose Überlassung von medizinischen Geräten.[568] Dennoch gibt es weitere Aspekte, die nicht außer Acht bleiben sollten.[569] Möchte zum Beispiel eine Praxis, die bereits ausgelastet ist, neue Patienten nicht gänzlich verlieren,[570] kann sie durch eine Zuweisung an einen bestimmten Arzt oder ein bestimmtes Krankenhaus, mit welchem ein Zuweisungsvertrag besteht, einen indirekten Kontakt zu den Patienten erhalten. Neueste Zuweiserportale bieten Zuweisern darüber hinaus die Möglichkeit, ihre Patienten einem Krankenhaus zur (Wei-

---

562 Plassmann Herz 23 (1998), S. 64.
563 Wirthner Primary Care 7 (2007), S. 330, 331.
564 Hamm, Kooperation von Krankenhäusern mit Lieferanten, S. 288.
565 Plassmann Herz 23 (1998), S. 64, 65.
566 IV. Anhang, Anhang B – Interviews und Statements, Nr. 8, S. 178.
567 Hakenberg Urologe 48 (2009), S. 858.
568 GKV, Unzulässige Zusammenarbeit im Gesundheitswesen, S. 10.
569 Vorberg, Zuweisungsalltag: Von Kavalieren und Gauklern, http://www.management-krankenhaus.de/topstories/gesundheitsoekonomie/zuweisungsalltag-von-kavalieren-und-gauklern.
570 Hamann/Fenger, Allgemeinmedizin und Recht, S. 214.

ter)Behandlung zuzuweisen und sich gleichzeitig über künftige medizinische Maßnahmen zu informieren.[571] Das neue System bietet ihnen so nicht nur die Möglichkeit sich über den Zustand ihrer Patienten auf dem Laufenden zu halten, sondern darüber hinaus kann auch der Aktenaufwand minimiert werden.

Auch jenseits der Zuweiserportale entstehen durch die neuen Medien zusätzliche Möglichkeiten der Absprache über Patientenakten und Kontaktpflege. Newsletter, Informationsmails oder Internetpräsenzen sind Beispiele hierfür.[572] Zuweiser können so ihre Wettbewerbsposition vorantreiben. Gerade im ländlichen Raum können Netzwerke aufgebaut werden, durch die auch der Zugang zu politischen Kreisen ermöglicht wird. Es steigert das Einnahmepotenzial und die Umsatzerwartungen einer Praxis bzw. einer Klinik, wenn alle Vertragsparteien in einem Zuweisungsnetzwerk den Patientenpool aller beteiligten medizinischen Leistungserbringer nutzen können.[573] Bei der prä- und poststationären Behandlung – §§ 115a, b SGB V – bieten sich neue Potenziale durch ungenutzte und effizientere Versorgungsablaufe. Zudem können neuartige Erlösmöglichkeiten erschlossen werden.

Im Rahmen von Großgerätekooperationen können für diagnostische Verfahren spezifische Einrichtungen und Geräte, zum Beispiel MRT, PET, CT, Sonographie etc., genutzt werden, die die eigene Praxis bzw. Klinik nicht bietet. Patienten werden hier bei Bedarf einer radiologischen Praxis bzw. einem Krankenhaus zugewiesen, welche/s das fragliche Gerät besitzt, um dort der Behandlung zugeführt werden zu können.[574] Anschließend wird der Patient an das Ursprungskrankenhaus/zuweisende Krankenhaus bzw. den Ursprungsarzt für die Nachfolgebehandlung rücküberwiesen. Das hohe finanzielle Risiko einer eigenen Investition und der Amortisierung entfällt und dennoch können die notwendigen medizinischen Geräte genutzt werden.[575] Diese Geräte müssen in dem Fall für das eigene Haus oder die eigene Praxis nicht angeschafft werden. Nicht zu unterschätzende Vorteile sind auch die Möglichkeit einer Spezialisierung auf einen Behandlungsschwerpunkt – wobei dieser Aspekt gerade für Kliniken im-

---

571 Jäschke, Immer ein Thema: Zuweiserprotale, abrufbar unter: http://www.european-news-agency. de/wirtschaft_und_finanzen/immer_ein_thema_zuweiserportale-44824/.

572 Blum/Offermanns das Krankenhaus 103 (2011), S. 135, 138 f.; Eligehausen, Karnkenhausmanagement, S. 525; Kersting ZaeFQ 97 (2003), S. 596, 597; Vorberg, Zuweisungsalltag: Von Kavalieren und Gauklern, http://www.management-krankenhaus.de/topstories/gesundheitsoekonomie/zuweisungsalltag-von-kavalieren-und-gauklern.

573 Schade, Das Strategiebuch für den niedergelassenen Arzt, S. 165.

574 Wirthner Primary Care 7 (2007), S. 330.

575 Hamann/Fenger, Allgemeinmedizin und Recht, S. 214.

mer wichtiger wird – und die wechselseitige Beratung bei schwierigen Fällen.[576] So können mit in enger Kooperation stehenden Kliniken bzw. Ärzten Video- oder Telefonkonferenzen zur Besprechung seltener Diagnosen eingerichtet werden. Überträgt man die Äußerungen von Herrn Haub des Kreisklinikums Siegen auf die Perspektiven der Zuweiser, bieten sich diesen folgende Vorteile:

> „Die Kooperationen zwischen Krankenhäusern und Ärzten bieten den Vorteil, dass der niedergelassene Mediziner, wenn er denn zum Beispiel Untersuchungen oder Behandlungen im Krankenhaus durchführt, auf seine vorgeschriebenen Fallzahlen kommt, um bestimmte Fachbezeichnungen erhalten zu können. [...] Darüber hinaus ist es so, dass die niedergelassenen Mediziner sehr hohe Investitionen tätigen müssen, um in dem Medizintechnikbereich „up to date" bleiben zu können und das Krankenhaus in dem Bereich bessere Möglichkeiten hat."[577]

2.2.5.2.2 Die Perspektive der Empfänger

Allgemein kann im Krankenhaussektor, aber auch bei jüngeren Arztpraxen, ein verstärkter Trend von Patientensteuerung und -akquise identifiziert werden.[578] Dem zugrunde liegt der Wunsch nach einer Verbreiterung der Erlösbasis durch Fallzahlsteigerungen zur Sicherung der gegenwärtigen und zukünftigen Wettbewerbsposition gegenüber mitbewerbenden medizinischen Leistungserbringern.[579] So hängt die begehrte marktbeherrschende Stellung oder zumindest eine gesicherte Wettbewerbsposition unter anderem davon ab, wie erfolgreich das Zuweisungs-, Verweisungs-, Überweisungs- und Einweisungsverhalten der Zuweiser gezielt beeinflusst werden kann.[580]

Strukturveränderungen, wie eine verkürzte Verweildauer der Patienten im Krankenhaus aufgrund der Umstellung des Abrechnungssystems und Rationalisierungsdruck, haben zu Leerständen der Betten geführt, was wiederum Standorte gefährdet. Durch die Zuweisung von Patienten gelingt es den Empfängern, eine höhere Auslastung ihrer Krankenhäuser bzw. Praxen zu erreichen. Es kommt nicht zu einem Bettenleerstand oder ungenutzten Ressourcen. Standorte können durch höhere Einnahmen, kosteneffizientes Arbeiten und „Zuweisungs-

---

576 Werthern, Das Strategiebuch für den niedergelassenen Arzt, S. 81; Kersting ZaeFQ 97 (2003), S. 596, 597.

577 IV. Anhang, Anhang B – Interviews und Statements, Nr. 8, S. 178.

578 Schäfer, Die gesunde Gesellschaft, S. 92 f.

579 Behar/Wichels, Vernetzung im Gesundheitswesen, S. 349; Hakenberg Urologe 48 (2009), S. 858; Thiede/Schoch/Fiege, Kooperation und Fusion im Focus, S. 31.

580 Bohle MedR 24 (2006), S. 259, 262; Wodarz/Sellmann NZS 9 (2008), S. 466, 470.

netzwerke" erhalten werden.[581] Für die Bettenauslastung der Krankenhäuser spielen die so genannten „Gatekeeper" – niedergelassene einweisende Ärzte – eine zentrale Rolle und für Fachärzte nehmen – wie bereits beschrieben – Hausärzte eine zentrale Rolle im „Zuweisungsmarkt" ein.[582] Diese Einweiser bzw. Zuweiser helfen Krankenhäusern bzw. Facharztpraxen, wie beispielsweise radiologischen, orthopädischen oder gynäkologischen Praxen etc., beim Ausbau der Marktanteile gegenüber den Mitbewerbern, stärken den eigenen medizinischen Leistungsumfang und führen zu einer Steigerung der Umsätze und Erlöse.[583]

Gleichartige elektronische Kommunikationsprozesse bei Aufnahme, Behandlung und Entlassung eines Patienten sollen zu Aufwandsminimierungen und einer Beschleunigung der Einweisungs- und Nachbehandlungsprozesse führen.[584] Gerade im Rahmen der integrierten Versorgung, wie oben bereits gezeigt, gibt es Anreizsysteme zur Gewinnung bestimmter Patientengruppen, wie zum Beispiel chronisch kranker Menschen, um von den für diese Gruppe angesetzten Prämien zu profitieren.[585] Dies hat durchaus positive Effekte. Die integrierte Versorgung, prä- und poststationäre Zusammenarbeit und sicherlich auch eine Zuweisungskooperation tragen so zu einem reibungslosen Behandlungsablauf und einem Ineinandergreifen der Sektoren bei, was wiederum eine umfassende Betreuung aus einer Hand bedeutet.[586] Nicht nur die Patientenbindung wird intensiviert, sondern auch die von den Patienten wahrgenommenen positiven Umstände wirken sich auf deren Zufriedenheit und Vertrauen aus und steigern den Bekanntheitsgrad der Praxis bzw. des Krankenhauses.[587] Auch das Image und die Reputation der Empfänger in der Öffentlichkeit verbessern sich mit einem starken Leistungsprofil und höherer Qualität. Durch Kooperationen haben Krankenhäuser Zugriff auf niedergelassene Ärzte, wodurch Erweiterungen des Leistungsspektrums möglich sind. So können nicht nur Personalengpässe ausgeglichen und eine stete ärztliche Betreuung gewährleistet werden, sondern spezialisierte Ärzte können komplexe, hochmoderne Eingriffe am Patienten vornehmen. Der Krankenhausplan kann erfüllt werden und das Leistungsangebot kann die

581 Thiede/Schoch/Fiege, Kooperation und Fusion im Focus, S. 30.

582 Helmig/Graf, Management im Gesundheitswesen, S. 163; Georg, Netzwerkmanagement, S. 189 f.

583 Eligehausen/Rippmann, Das Strategiebuch für den niedergelassenen Arzt, S. 217; Kiefer/Meseke VSSR 3 (2011), S. 212, 213.

584 Kersting ZaeFQ 97 (2003), S. 596, 597.

585 Schäfer, Die gesunde Gesellschaft, S. 94 f.

586 Vera ZfB 76 (2006), S. 835, 858.

587 Michels MedR 29 (2011), S. 411, 412.

wohnortnahe medizinische Versorgung sicherstellen. Die Empfänger beweisen dadurch den Patienten und anderen Wettbewerbern ihre Leistungsfähigkeit. Eine Erweiterung der Fachgebiete im Krankenhaus durch externes Fachwissen der Zuweiser, komplettiert die Reihe von möglichen Vorteilen für Empfänger. Haub meint hierzu:

> „Sie bieten den Vorteil, dass eine bestimmte Kompetenz eines Arztes im Krankenhaus wirken kann, weil das Krankenhaus mit seinen Medizinern diese Kompetenz eventuell nicht hat."[588]

Jeder Leistungserbringer kann sich auf ein Fachgebiet spezialisieren, dafür muss er aber die notwendigen medizinischen Geräte anschaffen bzw. spezielle, fachgebundene Fortbildungen machen.[589] Auch Qualitätssteigerungen sind möglich durch eine Erhöhung der behandelten Fallzahlen/Fallfrequenz, denn durch stetige Wiederholung stellt sich automatisch auch ein Zugewinn an Wissen und Technik bei OP's ein. Zum einen können Mindestmengenregelungen[590] in den Spezialgebieten eingehalten werden, zum anderen erhöht praxisnahe Übung von Krankheitsbehandlungen und Diagnosestellung die Kompetenz des Fachpersonals.[591] Die Darstellung und Wahrnehmung eines Klinikums respektive einer Arztpraxis in der Öffentlichkeit verbessert sich mit steigendem Leistungsprofil, Zunahme an Größe und höherer Qualität. Ärzte und Kliniken sind bei guter Zusammenarbeit früher und vor allem laufend über die Krankheits- und Behandlungsverläufe ihrer Patienten informiert.[592]

Die Budgets von Krankenhäusern und Arztpraxen leiden erheblich unter Leer-, Vorhalte- und Betriebskosten für die technisch-apparative Diagnostik. Der medizinische Fortschritt und die fortschreitende, technische Spezialisierung der Behandlung machen eine Anschaffung immer teurer werdender Medizingroßgeräte notwendig, um wettbewerbsfähig zu bleiben.[593] Diese führen bei Aus-

---

588 IV. Anhang, Anhang B – Interviews und Statements, Nr. 8, S. 178.

589 Robbers/Wagener, Kooperationsverträge, S. 5 ff.; Kreipl, Efficient consumer response, S. 6.

590 LSG Berlin-Brandenburg KH 2011, 364, 365; LSG Berlin-Brandenburg ZMGR 2011, 386-397, Rn. 31 ff.; VG Gelsenkirchen GesR 2008, 584, 585.

591 Vorberg, Zuweisungsalltag: Von Kavalieren und Gauklern, http://www.management-krankenhaus.de/topstories/gesundheitsoekonomie/zuweisungsalltag-von-kavalieren-und-gauklern.

592 Schade, Das Strategiebuch für den niedergelassenen Arzt, S. 165; Kiefer/Meseke VSSR 3 (2011), S. 212, 213.

593 Thiede/Schoch/Fiege, Kooperation und Fusion im Focus, S. 30.

lastungsproblemen schnell zu hohen Fixkosten. Über Großgerätekooperationen und „Zuweisungsnetzwerke" können Anschaffungs-, Instandhaltungs-, Vorhalte- und Betriebskosten zwischen allen Beteiligten aufgeteilt und aufgefangen werden.[594] Zudem lässt sich eine schnelle Amortisation der Investitionskosten für die Finanzierung der Geräte durch einen großen Patientenpool und damit hohe Fallzahlen erreichen.[595] Besonders die verbesserte Auslastung des Anlagevermögens, die niedrigeren Stück- und Gemeinkosten sowie die Verbesserung der Marktposition und Ressourcennutzung sowie -ausstattung, ermöglichen ein wirtschaftliches Praxis- und Krankenhausmanagement.[596] Positiv ist zusätzlich die erhöhte Planungssicherheit – nicht nur im Hinblick auf den Zeitfaktor – wenn eine optimale Steuerung der Patientenströme gegeben ist.[597] Krankenhäuser respektive Praxen, die professionelles Zuweisermanagement betreiben, sind aus den genannten Gründen oftmals erfolgreicher als ihre Konkurrenz.[598]

2.2.5.2.3 Die Perspektive der Patienten

Patienten profitieren in dem einen oder anderen Bereich von einer verbesserten Zusammenarbeit der Leistungserbringer und einer sektorenübergreifenden Versorgungsstruktur. So ist ein eingespieltes Team von Ärzten zu jedem Zeitpunkt genau über den Verlauf der Erkrankung des Patienten informiert, kann auf Veränderungen reagieren und weiß genau, was zu tun ist. Vernetzte medizinische Leistungen führen für gewöhnlich zu effizienter und patientengerechter Versorgung, denn diese kann entsprechend der Umstände und Befindlichkeiten koordiniert werden.[599] Wie vorab bereits erwähnt entstehen gerade durch Kooperationen Spezialisierungsmöglichkeiten, höher qualifiziertes Personal und damit Fortschritte in der Qualität der Behandlung, auch von spezifischen Krankheitsbildern.[600] Wenn Patienten prä- und poststationär von demselben Arzt behandelt werden, wie auch während des Krankenhausaufenthaltes oder in einem Netz von zusammenarbeitenden Ärzten in der integrierten Versorgung eingebunden sind,

---

594 Michels MedR 29 (2011), S. 411, 412.

595 Wigge in: Schnapp/Wigge, Handbuch des Vertragsarztrechts, § 6 Rn. 129 Thiede/Schoch/Fiege, Kooperation und Fusion im Focus, S. 31 ff.; Kersting ZaeFQ 97 (2003), S. 596, 598.

596 Vera ZfB 76 (2006), S. 835, 843; Kersting ZaeFQ 97 (2003), S. 596, 597; Ratzel MedR 20 (2002), S. 492, 496; Dahm MedR 16 (1998), S. 70.

597 Thiede/Schoch/Fiege, Kooperation und Fusion im Focus, S. 32

598 Näheres zum Zuweisermanagement in: Thill, Einweisermarketing für Krankenhäuser; Braun/Nissen Gesundheitsökonomie und Qualitätsmanagement 10 (2005), S. 376, 378 f.

599 Werthern, Das Strategiebuch für den niedergelassenen Arzt, S. 81.

600 Werthern, Gesundheitsnetzwerke initiieren, S. 122.

bringt das den Vorteil, dass der entsprechende Arzt bzw. das Klinikum genau über die Behandlungsverläufe Bescheid weiß.[601] Die Terminvergabe kann koordiniert werden und eine gemeinsame Nutzung elektronischer Patientenakten macht Absprachen über sämtliche Medikamente und eventuell anstehende Operationen möglich. Hiermit können mögliche Kontraindikationen und lange Wartezeiten umgangen werden.[602] Bei optimierter Zusammenarbeit von Zuweiser und Empfänger können Voruntersuchungen, Behandlungsverläufe, Tests und eventuell auch Patientenakten weitergereicht und Empfehlungen ausgesprochen werden.[603] Daneben müssen sich Patienten nicht selbst um Termine, Adressen und Unterlagen kümmern, so dass sie unter Umständen über kürzere und für sie schnellere Wege versorgt werden können.

2.2.5.2.4 Bedeutung für das Gesundheitswesen

Kooperationen und Netzwerke sind, in einem sich immer stärker kommerzialisierenden Gesundheitssystem, für medizinische Leistungserbringer ein wichtiger Faktor und eine mögliche Chance, effizient, kostengünstig und gewinnbringend arbeiten zu können.[604] Dies ist auch in gewissem Maße notwendig, denn nicht alle medizinisch sinnvollen Leistungen können solidarisch finanziert werden – das System der Krankenkassen ist schon jetzt überlastet.[605] Viele Untersuchungen, die auch heute zum Teil noch doppelt gemacht werden, könnten verhindert werden. Neue Produkte, also medizinische Geräte, Medikamente oder Verfahren, lassen sich kaum ohne Kooperationen zwischen Ärzten, Krankenhäusern und der Pharma- bzw. Medizinindustrie entwickeln. Durch Zusammenarbeitsformen werden somit Innovationsmöglichkeiten geschaffen, die einen wünschenswerten Fortschritt bringen. Ein Beispiel hierfür ist die Zusammenarbeit von Ärzten und Heilmittelversorgern. Trotz aller Fragwürdigkeit von Patientenverweisungen ist zu beachten, dass ihre Kooperation an vielen anderen Stellen gewünscht ist, um den Forschungsstandort und das Gesundheitswesen in Deutschland zu stärken. Ein solcher Nutzen für das Gesundheitssystem durch Zuweisungsverträge kann hingegen nicht konstatiert werden. Wird das System jedoch nicht für unzulässige Absprachen missbraucht, können durch die Formen der prä- und poststationären und der integrierten Versorgung auch Einsparungs-

---

601 Scheele/Freitag DÄBl 48 (2007), S. 728, 731.

602 Janssen/Marks, Das Strategiebuch für den niedergelassenen Arzt, S. 178; Plassmann Herz 23 (1998), S. 64.

603 Rodegast, Wettbewerb im Gesundheitswesen, S. 52 f.

604 Thiede/Schoch/Fiege, Kooperation und Fusion im Focus, S. 3; Hamm, Kooperation von Krankenhäusern und Lieferanten, S. 286 f.

605 Schaupp, Moderne Medizin, S. 1.

potenziale durch verminderten Behandlungsaufwand und optimierte Absprachen entstehen. Durch die Verzahnung der Leistungserbringer über die Fachgebiets- und Sektorengrenzen hinweg kann sich die Versogungsqualität verbessern.[606] Ebenfalls könnten unter dieser Annahme Ärzte das durch die Zuweisung zusätzlich verdiente Geld in qualitativ hochwertigere Praxisausstattung investieren, wodurch wiederum ein selbstheilendes System entstehen würde. Über Umwege käme Patienten eine Zuweisung dann zugute. Allerdings liegt eher die Vermutung nahe, dass eigene wirtschaftliche Interessen über Zuweisungsvergütungen befriedigt werden.

2.2.5.2.5 Stellungnahme und Bewertung

Bei Betrachtung des Nutzenaspektes bleibt festzuhalten, dass dieser je nach Akteur und je nach Blickwinkel variiert. Fraglich bleibt nun, welcher Akteur den größten Nutzen aus den bestehenden Beziehungen zieht und was dabei den größten Nutzen darstellt, somit also den Anreiz für eine solche Vertragskonstellation bietet.

Bei der Patientenzuweisung gegen Entgelt stellt sich die Lage von Zuweisern so dar, dass bei Privatpatienten sicherlich das Honorar in Form eines nicht gerade schmalen Zuverdienstes den größten Anreiz und Zusatznutzen bildet. Bei gesetzlich versicherten Patienten ist die zugewiesene Pauschale pro Patient nicht so hoch wie bei Privatpatienten. In diesem Falle bilden Patientenrücküberweisungen einen potenziellen Anreizfaktor. Die größten Gewinner einer Zuweisungsbeziehung sind aber Krankenhäuser bzw. Empfänger von Patienten. Denn diese können dadurch wirtschaftlichen Schwierigkeiten, die mitunter existenzbedrohenden Charakter annehmen können, entgegenwirken. Dies verdeutlicht, dass Patientenakquirierung und -steuerung einen nicht zu unterschätzenden Nutzen bringen. Bei einer unzulässigen Form der Großgerätekooperation stellt sich die Bewertung der Lage schwieriger dar. Hierbei fließen meist größere Geldsummen, die auch Zuweisern einen stattlichen Geldbetrag im Jahr zusätzlich bringen. Hier kann eher von einer Win-Win-Situation gesprochen werden.

In Summe kommt es für die Vertragsparteien zu einer vorteilhafteren Ausgangssituation und Skaleneffekten, sogenannten „economies of scale“.[607] Wollen die Vertragsparteien hingegen Schnittstellen, medizinische Ausstattung und Patientenversorgung optimieren, müssen bei Vertragsschluss Versorgungsfragen im Mittelpunkt stehen. Finanzielle Interessen der medizinischen Leistungserb-

606 Graml, Das ärztliche Verbot der Zuweisung gegen Entgelt, S. 20.
607 Kersting ZeaFQ 97 (2003), S. 596, 597.

ringer dürfen hierbei nur von untergeordneter Bedeutung sein.[608] Oftmals sind es aber auch gerade der ökonomische Anreiz und Wettbewerb, die zu kreativen, effizienten und damit preisgünstigen Leistungen und Innovationen führen. Künftig muss das Gesundheitssystem in Anbetracht des demografischen Wandels und der steigenden Kosten noch leistungsfähiger sein. Wird legales Zuweisermanagement dadurch nicht zu einer Notwendigkeit? Allerdings darf bei der gesamten Diskussion die Frage der Unzulässigkeit oder Zulässigkeit nicht vergessen werden. Schließlich ist diese Praxis mit erheblichen Risiken verbunden.

2.2.5.3 Der Risikoaspekt

Es gibt einige unerwünschte „Nebenwirkungen" zu den vorab dargestellten positiven Effekten. Hierunter fallen zum Beispiel die Begrenzung der freien Arztwahl oder die bereits beschriebene Korruption und die Gefährdung der Versorgungsqualität.

Die aufgezeigte Problemstellung ist typisch für den „Lemon-Market" nach Akerlof. Wenn die freie Arztwahl eingeschränkt ist, führt dies zu mangelnder Vergleichbarkeit und damit zur Intransparenz im Gesundheitsmarkt. Unterdessen führt diese zu einem „Race to the bottom", d.h. die Qualität auf dem Markt sinkt, weil sich qualitativ hochwertige Leistung nicht mehr auszahlt, wenn niemand in der Lage ist gute von schlechter Leistung zu unterscheiden.[609] So lohnt es sich beispielsweise für Radiologen, nicht an der neuesten Technik festzuhalten, wenn sie diese nicht mehr amortisieren können, weil ihre Berufskollegen aufgrund von bestehenden Zuweisungsverträgen trotz schlechterer Leistung und Qualität bevorzugt werden. So wird es für viele Ärzte attraktiver, in Zuweiser zu investieren, als in teure Geräteneuanschaffung und Qualitätsverbesserung.[610] Unter der Prämisse, dass Ärzte mitnichten qualitativ gleichwertig sind und Zuweisungsverträge dem Zweck dienen ausschließlich an „Gleichpositionierte" zuzuweisen, wird deutlich, dass Zuweisungen nicht an denjenigen erfolgen, der die neuste apparative Ausstattung oder höchsten ärztlichen Fähigkeiten aufweist. Gerade sehr große und renomierte Kliniken sind auf diese Form der Zusammenarbeit nicht angewiesen, im Gegenteil sind Ärzte oft froh, wenn diese den ent-

---

608 Schlingensiepen ÄZ 178 (09.10.2008), S. 2.

609 Akerlof The Quartely Journal of Economics 84 (1970), S. 488; Hakenberg Urologe 48 (2009), S. 858, 860; Engelhard, Spenden, Sponsoren – Staatsanwalt? S. 38; Wigge RöFo 180 (2008), S. 933, 935; vgl. Telgheder, Die Suche nach der richtigen Klinik ist schwierig, http://www.handelsblatt.com/unternehmen/handel-dienstleister/die-suche-nach-der-richtigen-klinik-ist-schwierig;2120827.

610 Schneider HRRS 10 (2009), S. 484, 488.

sprechenden Patienten aufnehmen. Für den Patienten hingegen ist es nicht ohne weiteres einschätzbar, welche auf dem Gesundheitsmarkt angebotenen Leistungen die höchste Qualität aufweisen und bevorzugt zu wählen sind.[611]

Bei der Forderung von Zuweisungsprämien gerade seitens der niedergelassenen Ärzte gegenüber den Krankenhäusern, stellt sich die Frage, ob diese Taktik nicht auf Dauer eine „Milchmädchenrechnung" darstellt, denn sie führt zu einer Wettbewerbsverzerrung unter gleichen Anbietern.[612] Wenn die nicht teilnehmenden Krankenhäuser schließen müssen und daraufhin kein Wettbewerbsdruck mehr zwischen den Krankenhäusern einer Region besteht, wird das verbleibende Krankenhaus auch kein Geld mehr für Zuweisungen zahlen, da es an Zuweisungsalternativen fehlt.[613] Durch unzulässige Zuweisungen von Wettbewerbern drohen finanzielle Schäden aufgrund von Umsatzeinbußen. So schätzten gerade nicht-ärztliche Leistungserbringer (Hörgeräteakustiker und Sanitätshäuser) ihren Wettbewerbsschaden auf 14 Prozent ihres Jahresumsatzes.[614] Die Vermutung liegt nahe, dass vergleichbare Umsatzeinbußen auch bei niedergelassenen Ärzten und Krankenhäusern entstehen.

Darüber hinaus droht sowohl den Zuweisern als auch den Empfängern ein Vertrauensverlust seitens der Patienten, wenn diesen bekannt wird, welche Taktiken sich hinter den Überweisungen/Einweisungen verbergen.[615] Durch Kooperationen entstehen Abhängigkeiten, durch die beide Vertragspartner an Autonomie einbüßen.[616] Zudem drohen ihnen empfindliche Strafen, wenn sie die rechtlichen Rahmenbedingungen verletzen. So stehen alle Beteiligten unter der ständigen Angst, auf der einen Seite ihre Approbation zu riskieren und auf der anderen Seite aus dem Krankenhausplan genommen zu werden. Dies alles sind nicht die einzigen Risiken. Gegenseitige Unstimmigkeiten, unausgewogene Gewinn-

611 Graml, Das ärztliche Verbot der Zuweisung gegen Entgelt, S. 112.

612 Ärztekammer Schleswig-Holstein, Clearingverfahren zur Prüfung von Kooperationsverträgen, http://www.aeksh.de/aerzte/arzt_und_recht/berufsrecht_der_praxis/vereinbarung_clearingverfahren.htm; OLG Schleswig NJW 2004, 1745, 1747.

613 Pflugmacher, Zuweiserprämien - am Ende kommt es darauf an, was dem Patienten, http://www.aerztezeitung.de/praxiswirtschaft/vertragsarztrecht/article/564078/zuweiserpraemien-ende-kommt-darauf-patienten-nuetzt.html.

614 GKV, Unzulässige Zusammenarbeit im Gesundheitswesen, S. 10.

615 Ärztekammer Schleswig-Holstein, Clearingverfahren zur Prüfung von Kooperationsverträgen, http://www.aeksh.de/aerzte/arzt_und_recht/berufsrecht_der_praxis/vereinbarung_clearingverfahren.htm.

616 Ratzel/Knüpper in: Ratzel/Luxenburger, Handbuch Medizinrecht, § 5 Rn. 171; Wigge in: Schnapp/Wigge, Handbuch des Vertragsarztrechts, § 6 Rn. 129; Werthern, Das Strategiebuch für den niedergelassenen Arzt, S.35.

verteilung, mangelnde Kooperationsbereitschaft, Kommunikationsprobleme, deplaziertes opportunistisches Verhalten oder unterschiedliche Unternehmenskulturen können eine Zuweiserkooperation erschweren und diese gar zum Scheitern bringen.[617]

2.2.5.3.1 Die Perspektive der Zuweiser

Zuweiser, die die rechtlichen Rahmenbedingungen und verschiedenen gesetzlichen Vorgaben missachten und verletzten, gehen ein hohes Risiko ein. So drohen nicht nur strafrechtliche Verfolgung durch die Staatsanwaltschaft, potenzielle Kostenerstattungen, Schadensersatzansprüche, sondern auch Haftstrafen. Schwer wiegt auch der Reputationsverlust des Berufsstandes. Ein solcher Imageverlust bei der Bevölkerung und der Politik trifft Ärzte, aufgrund ihres erhöhten öffentlichen Ansehens und ihrer freiberuflichen Stellung, mitunter noch „härter“, als andere Berufsgruppen – zumal ein solcher meist auch mit einem Vertrauensverlust bei den Patienten einher geht – was wiederum wirtschaftliche Konsequenzen für den Arzt nach sich ziehen dürfte. Eine große Gefahr wird in Zukunft eventuell auch in den Sanktionsregelungen zu sehen sein, denn der BGH hat in seiner jüngsten Entscheidung zum Ausdruck gebracht, dass der Wunsch nach strafrechtlichen Sanktionen für Korruption im Gesundheitswesen durchaus legitim ist.[618]

Die abgestimmten Verhaltensweisen schließen einige Berufskollegen aus dem Wettbewerb aus und können dazu führen, dass der Missmut unter diesen zunimmt. So drohat Leistungserbringern, die an keiner dieser Kooperationen bzw. Zuweisungskonstellationen teilnehmen, die Gefahr wirtschaftlicher Einbußen.[619] Daher schauen sie ganz besonders kritisch auf die Zusammenarbeit und die Vereinabrungen ihrer Mitbewerber mit anderen medizinischen Leistungserbringern und könnten motiviert sein, Hinweise auf potenziell unzulässige Verträge und Absprachen häufiger zu melden. Sowohl Zuweiser als auch Empfänger müssten dann die Erwartungen in die gemeinsame Kooperation und die wahren Vertragsbestandteile offenlegen, was dazu führen kann, dass anstatt gemeinsamer Verteidigung wechselseitige Schuldzuweisungen stattfinden.[620]

---

617 Vera ZfB 76 (2006), S. 835, 854; Wigge in: Schnapp/Wigge, Handbuch des Vertragsarztrechts, § 6 Rn. 129.

618 BGH BeckRS 2012, 13162.

619 Schirmer, Vertragsarztrecht kompakt, S. 128.

620 Werthern, Das Strategiebuch für den niedergelassenen Arzt, S.30.

2.2.5.3.2 *Die Perspektive der Empfänger*

Bei den Risken für die Empfänger kann auf die Ausführungen zu den Risiken für die Zuweiser verwiesen werden, da sie sich in den meisten Punkten gleichen.

Durch verstärkte Marketingmaßnahmen, um neue Zuweiser zu gewinnen und alte zu halten, können leicht Verdachtsmomente entstehen und Verträge in die Kritik geraten. Gleichzeitig sind diese Verdächtigungen teils berechtigt, sehen sich Krankenhäuser angesichts der Mindestmengenregelungen im stationären Bereich doch zunehmend gezwungen, die Vorgaben zu erreichen.[621] Um langfristig überhaupt überlebensfähig zu sein und entsprechende Fallzahlen für bestimmte Operationen abdecken zu können, schrecken sie auch vor Forderungen nach Zuweisungsprovisionen nicht zurück. Aus Sicht der Krankenhäuser kommt auch dem ambulanten Sektor eine hohe strategische Bedeutung zu. Über diesen Sektor können sie niedergelassene Ärzte dafür gewinnen, einen Großteil der Patienten in das eigene Krankenhaus einzuweisen. Die „Einweisungsmacht" niedergelassener Ärzte bietet somit Chancen, massiven Einfluss auf den Umsatz auszuüben, birgt aber auch zugleich ein hohes Abhängigkeitsrisiko.[622] Um die Kooperationsmöglichkeit den Zuweisern sichtbar und attraktiv zu machen, muss diese nämlich auch entsprechend kommuniziert werden, was riskant ist.[623] Wenn einer der potenziellen Zuweiser nicht vertrauenswürdig ist, können unzulässige Praktiken schnell nach außen weitergetragen werden und unter Umständen zu rechtlichen Konsequenzen führen. Außerdem müssen sich Empfänger oft auf neue Forderungen der Zuweiser einlassen und sich ständig um deren Wohlwollen bemühen. Dabei können Empfänger in eine Dilemmasituation geraten und sich mitunter immer höheren Geldforderungen der Zuweiser ausgesetzt sehen. Jenes findet man in dem Statement von Kösters bestätigt:

> „Diese Problematik hat sich bei den niedergelassenen Ärzten herum gesprochen nach dem Motto: „Jetzt erzählen wir euch mal was das kostet, wenn wir euch Patienten überweisen.""[624]

---

621 Pflugmacher, Zuweiserprämien - am Ende kommt es darauf an, was dem Patienten, http://www.aerztezeitung.de/praxiswirtschaft/vertragsarztrecht/article/564078/zuweiserpraemien-ende-kommt-darauf-patienten-nuetzt.html.

622 BSG GesR 2008, S. 83, 85 ff.; Vera ZfB 76 (2006), S. 835, 841.

623 Roeder/Günnewig/Franz das Krankenhaus 101 (2009), S. 918, 927.

624 IV. Anhang, Anhang B – Interviews und Statements, Nr. 5, S. 174 f.

2.2.5.3.3 *Die Perspektive der Patienten*

Die Patienten sind nicht nur durch den Verlust ihrer freien Arztwahl betroffen, sondern auch durch die Strapazen von unnötigen Untersuchungen und Doppeluntersuchungen, die auf sie zukommen können.[625] Dabei legen sie ihr wichtigstes Gut in die Waagschale: ihre Gesundheit.[626] Der SPD-Gesundheitsexperte Karl Lauterbach verurteilt dies scharf: „Durch die Praxis solcher Vermittlungsprämien für Patienten können im Einzelfall Menschen zu Tode kommen" – wenn sie in eine Klinik überwiesen würden, die ihnen nicht helfen kann. Diese Überlegung scheint aber zu weit gedacht.[627] Auch wenn diese Meinung sehr drastisch ist – das Vertrauensverhältnis zwischen Arzt und Patient wird geschwächt. Patienten können nicht mehr sicher sein, eine optimale medizinische Versorgung zu erhalten, wenn der Markt minderwertige Leistung nicht mehr aussortiert. Die freie Arzt- und Krankenhauswahl (§ 39 Abs. 2 SGB V) der Patienten würde eingeschränkt.[628] Dieses Misstrauen könnte sich auf alle anderen Ärzte und Krankenhäuser übertragen. Patienten durchschauen das System nicht mehr und fühlen sich zunehmend allein gelassen und unverstanden.

Die ökonomischen Gesichtspunkte, die sich mittlerweile sogar in Rechnungsmodellen ausdrücken, haben einen bestimmenden Einfluss auf die Versorgung der Patienten, bestätigt Kösters, ehemaliger Präsident der DKG:

> „Die Ökonomie hat das Ganze noch gefördert, dadurch dass jeder Patient kalkulierbar und rechenbar wird. […] Der Patient wird mit seinem Anliegen auf eine ökonomische Gleichung gebracht."[629]

---

625 Vgl. BSG NJW 1999, 1811 f.; Ärztekammer Schleswig-Holstein, Clearingverfahren zur Prüfung von Kooperationsverträgen, http://www.aeksh.de/aerzte/arzt_und_recht/berufsrecht_der_praxis/vereinbarung_clearingverfahren.htm.

626 Ratzel MedR 26 (2008), S. 445, 446.

627 Bronsert/Gehrrmann, Der Kopfgeld-Erreger, http://www.zeit.de/2009/38/Krankenhaeuser/komplettansicht.

628 Sichert, Wahlmöglichkeiten und Wettbewerb in der Krankenhausversorgung, S. 166 f.; Bundesministerium für Gesundheit, Freie Arztwahl, http://www.bmg.bund.de/krankenversicherung/grundprinzipien/freie-arztwahl.html; KBV, „Patientenrechte", http://www.kbv.de/patienteninformation/413.html.

629 IV. Anhang, Anhang B – Interviews und Statements, Nr. 5, S. 174 f.

2.2.5.3.4 Bedeutung für das Gesundheitswesen

Für das Gesundheitswesen, das auf dem Prinzip der Solidarität beruht, bedeuten vorstehende Praktiken eine Mehrbelastung. Die Solidarität ist von der Akzeptanz der Bevölkerung getragen, die hohes Vertrauen in die Integrität der Ärzteschaft setzt. Wird dieses Vertrauen missbraucht und ausgenutzt, kann es zu einer Inakzeptanz gegenüber dem bisherigen Gesundheitssystem, dem bestehenden Umfang an Gesundheitsversorgung und damit im Zusammenhang stehenden Beitragserhöhungen der gesetzlichen Krankenkassen kommen.[630] Das Vertrauen der Bevölkerung in das Verantwortungsbewusstsein und die Integrität der Ärzteschaft würde Schaden erleiden.[631] Akzeptanz und Vertrauen sind für ein funktionierendes öffentliches System der Gesundheitsversorgung eine unabdingbare Voraussetzung. Das Gesundheitssystem wird in den nächsten Jahren durch den demografischen Wandel und den damit verbundenen Belastungen ohnehin schon vor große Herausforderungen gestellt werden. Ein Negativimage, das durch verstärkte Korruptionsvorwürfe entstehen würde, wäre vor diesem Hintergrund nicht förderlich. „Dies insbesondere deshalb, weil Korruption oftmals eine sogenannte ‚Sog- oder Spiralwirkung' entfalten kann, die dazu führt, dass nach und nach der gesamte Berufsstand korrumpiert wird".[632] Der Autonomiestatus und die Freiberuflichkeit der Ärzteschaft könnten gefährdert werden.

Die vorab bereits angesprochene Akerlof-Problematik[633] berührt nicht nur die Patienten in Form nachlassender, medizinischer Qualität, sie stellt auch die Medizinprodukteindustrie und dabei insbesondere die Hersteller von Großgeräten vor Schwierigkeiten. Diese können ihre teuren Geräte nicht mehr absetzen, weil keine entsprechende Nachfrage nach neueren Geräten entsteht. Qualität in der Versorgung besitzt unter Umständen nicht mehr oberste Priorität, wichtiger erscheinen eine geschickte Risikoselektion von Patienten und eine große Anzahl von Fallzahlen – diese führen zu Fehlanreizen.

Unerwünschte Folge kann auch der Anreiz zu einer Ausweitung der Behandlungsindikation sein. Ebenso birgt eine Veränderung der regionalen Versorgungslandschaft durch eine Steuerung der Patientenströme in Richtung der urbanen Zentren, Gefahren. Eine Chancengleichheit wäre nicht mehr gegeben,

---

630 Ärztekammer Schleswig-Holstein, Clearingverfahren zur Prüfung von Kooperationsverträgen, http://www.aeksh.de/aerzte/arzt_und_recht/berufsrecht_der_praxis/vereinbarung_clearingverfahren.htm.

631 Graml, Das ärztliche Verbot der Zuweisung gegen Entgelt, S. 121.

632 Ebd., S. 121.

633 Siehe Kapitel 2.2.5.3.

so dass kleinere Krankenhäuser aufgrund fehlender Patienten zu einer Schließung gezwungen sein könnten.[634] Dadurch entstünde die Gefahr einer medizinischen Versorgungslücke auf dem Lande. Gleiches gilt aber auch für Krankenhäuser in größeren Städten oder Ballungsgebieten, die als Empfänger von Patienten von diesem System ausgeschlossen bleiben. Auch hier haben die Zuweiser einen entscheidenden Einfluss auf die Umsatzentwicklung, denn in Städten besteht ein großes medizinisches Angebot und die Verwurzelung der Patienten ist geringer als auf dem Lande.[635]

2.2.5.3.5 Stellungnahme und Bewertung

Eine nicht zu unterschätzende Gefahr im Gesundheitswesen stellt das Phänomen des so genannten „cream skimming"[636] dar. Bei diesem werden von Kooperationspartnern nur noch rentable Patienten ausgewählt und behandelt.[637] Alle anderen, die durch das Raster fallen, werden „abgeschoben" an Ärzte, die nicht an besagten Zuweisungsmodellen teilhaben. Es kommt dazu, dass nicht die besten Leistungserbringer und Versorger auf dem Markt verbleiben, sondern diejenigen, die am besten „schmieren". Es fällt schwer, einen „Hauptschuldigen" in dieser Konstellation zu identifizieren. Da der Zuweisungsempfänger von den Zuweisungen jedoch in gewissem Maße wirtschaftlich abhängig ist, wird dessen (Fehl-)Verhalten durch systemimmanente Faktoren mitunter gefördert.

Die größten Risiken bestehen für Patienten und das Gesundheitswesen. Wie der „Lemon-Market" eindrucksvoll zeigt, kann nach einer Weile kein Qualitätswettbewerb mehr stattfinden. Patienten finden dann nicht mehr die für sie optimale Versorgung vor. Ökonomisch machen Zuweisungsverträge für Zuweiser und Empfänger durchaus Sinn, angesichts makro-ökonomischer Gesichtspunkte und aus Gründen der Systemstabilität sind derartige Vertragsgestaltungen jedoch abzulehnen und zu sanktionieren. Nicht zuletzt, weil sie auch ethische Grundkonzepte in Frage stellen, wie folgender Abschnitt zeigt. Eine Übersicht aus der Studie der GKV zeigt das Für und Wider von Zuweisungen aus Sicht der Betroffenen.

---

634 Ärztekammer Schleswig-Holstein, Clearingverfahren zur Prüfung von Kooperationsverträgen, http://www.aeksh.de/aerzte/arzt_und_recht/berufsrecht_der_praxis/vereinbarung _clearingverfahren.htm.

635 Graml, Das ärztliche Verbot der Zuweisung gegen Entgelt, S. 113.

636 Übersetzung: „Rosinenpicken"

637 Dietz/Charbonnier/Manzeschke, Aktiengesellschaft Krankenhaus, S. 56.

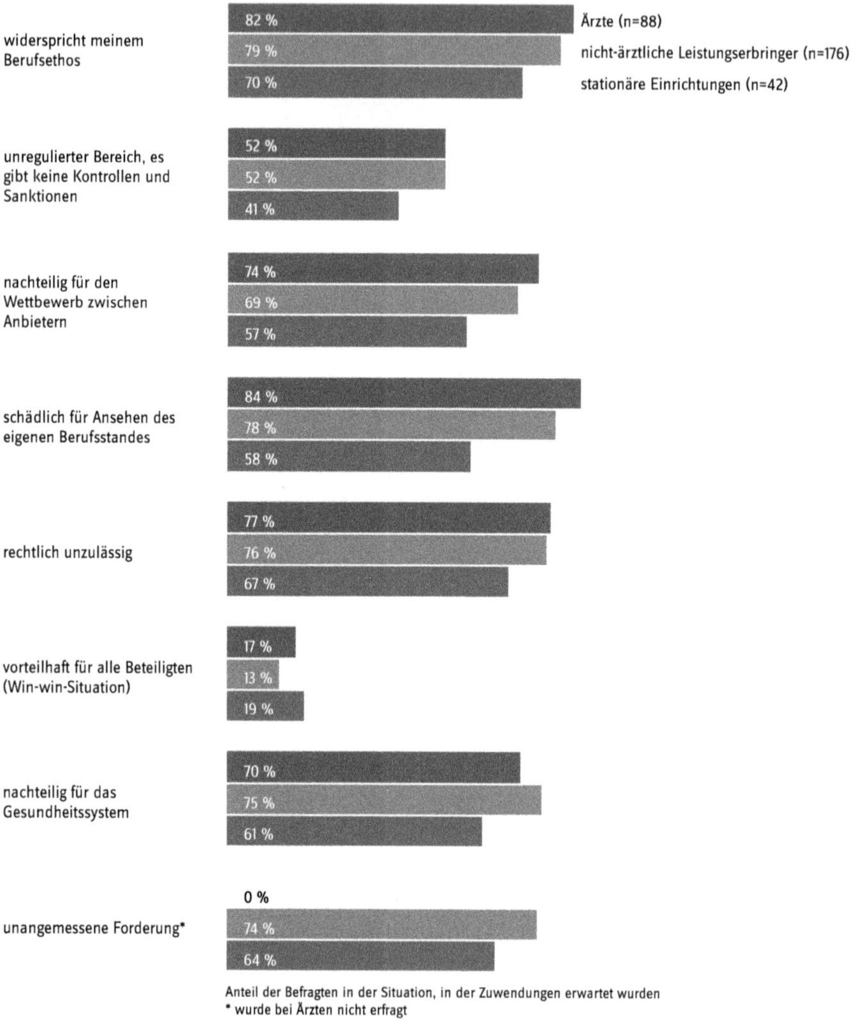

Abb. 8: Bewertung der Für und Wider der konkreten Entgeltforderung

Quelle der Grafik: *GKV*, Unzulässige Zusammenarbeit im Gesundheitswesen, September 2012. S. 58, abrufbar unter http://www.gkv-spitzenverband.de/media/dokumente/presse/publikationen/Studie_Zuweisung_gegen _Entgelt_2012.pdf, zuletzt geprüft am 24.01.2013.

2.2.6 Ethische Analyse

Ethik ist ein griechischer Begriff, der die Lehre vom sittlichen Handeln beschreibt. Er umfasst das „anständige“ und „ordnungsgemäße“ Verhalten nach den von der Allgemeinheit als richtig anerkannten Sitten und Gebräuchen. Unter Moral wird das sittliche Empfinden des Menschen oder einer Gruppe in der Gesamtheit verstanden.[638] Ethik und Recht stehen eng beieinander und bedingen sich gegenseitig, eine vollständige Trennung fällt oft schwer.[639] Auch wenn angenommen werden könnte, dass im Denken und Handeln stets die moralischen Werte den juristischen Gegebenheiten vorangehen, ist es oft umgekehrt.[640]

Auch Ökonomie und Ethik prallen an zahlreichen Stellen aufeinander und bedingen einander dennoch.[641] Insbesondere tatsächliches Wettbewerbsgeschehen und hippokratischer Eid als Ausdruck und Sinnbild ärztlicher Standesethik geraten oftmals in einen Zielkonflikt.[642] Demnach ist es wichtig, anschließend an die juristische und ökonomische Analyse, die ethischen Aspekte von Zuweisungsverträgen zu durchleuchten.[643]

Wie in vielen Bereichen des Lebens hält eine zunehmende Ökonomisierung auch in das Gesundheitswesen Einzug. Dabei stellt sie die medizinischen Berufe vor neue Herausforderungen und Fragestellungen bezüglich ihres ethisch-moralischen Wertefundaments. Krankenhäuser wandeln sich in Wirtschaftsbetriebe um, die Gewinne erwirtschaften sollen und dort arbeitende Ökonomen bringen ein anderes moralisches Wertebild mit, als die dem hippokratischen Eid verpflichteten Ärzte.[644] Sie unterliegen somit auch einer anderen Standesethik, die ökonomischen Erfolg einen besonders hohen Wert beimisst.[645] Damit Mediziner in diesem Spannungsfeld die Orientierung nicht zu verlieren, werden für sie ethische Standards[646] als moralisch motivierte Regeln immer wichtiger. Auch wenn es wichtig erscheint, dass Mediziner ihr Handeln kritisch reflektieren scheint die Sensibilität und Kenntnis ethisch-rechtlicher Zusammenhänge unter

---

638 Börnecke, Ethisch und rechtlich konformes Verhalten, S. 26 f.

639 Woopen MedR 29 (2011), S. 232, 234 f; Hakenberg Urologe 48 (2009), S. 858.

640 Lüderssen, Strafbare Kollusion oder sinnvolle Kooperation? S. 22 f.

641 Krüger/Rapp DÄBl 103 (2006), S. A-320.

642 Bode Leviathan 38 (2010), S. 189, 205.

643 o.V., Zuweiserprämien: "In fünf Jahren ist das Thema durch", http://www.wiso-net.de/webcgi?START=A60&DOKV_DB=ZGEN&DOKV_NO=AEZT000566543&DOKV_HS=0&PP=1.

644 Orfanos Akt. Dermatol. 35 (2009), S. 157; Laufs, Das Bild des Arztes, S. 18 f.

645 Rebscher Internist 48 (2007), S-51, S-54.

646 Fischer/Strub/Imhof, Grundkurs Ethik, S. 66 f.

der Ärzteschaft kontinuierlich abzunehmen.[647] Hobbes beschreibt in seiner Vertragsethik[648], dass die absolute Freiheit des Menschen naturgemäß auch zu einem Missbrauch dieser führt. Ebenso stellt er fest, dass das langfristige Bestehen einer Gemeinschaft Kooperation und Solidarität benötigt.[649] Auf die vorab beschriebene Problemlage bezogen, bedeutet dies, dass das Werte- und Normensystem der Wirtschaft nicht ohne Folgen Eins zu Eins auf die Medizinbranche übertragen werden kann. In einer Diskussion mit N. N. (Internist)[650] fiel diesbezüglich folgendes bedenkenswertes Zitat: „Es kann nicht angehen, dass medizinische Leistungen verschachert werden, wie Waren in anderen Branchen der Wirtschaft. Nach dem Motto: 'Heute Herzkatheter zum halben Preis, inklusive Kaffee und Kuchen.'"

2.2.6.1 Verantwortungsethik und Standesethos

„Alles, was ihr also von anderen erwartet, das tut auch ihnen!"[651]

Seit vor über 2000 Jahren der Hippokratische Eid[652] (primum nihil nocere) aus dem Corpus Hippocraticum von dem griechischen Arzt Hippokrates von Kos (um 460 – 370 v. Chr.) verfasst wurde, steht das Wohl des Patienten an erster Stelle allen ärztlichen Handelns.[653] Danach waren Ärzte dem Heil der Patienten verpflichtet und nicht politischen, wirtschaftlichen oder persönlichen Interessen.[654] Dieser Maßstab hat bis heute Bestand. So übt der Arzt seinen Beruf gemäß § 2 Abs. 1 S. 1 MBO-Ä nach seinem Gewissen, den Geboten der ärztlichen Ethik und der Menschlichkeit aus.[655] Er ist dem Wohl des Patienten (salus aegro-

---

647 Orfanos Akt. Dermatol. 35 (2009), S. 157, 160; Ratzel Hessisches ÄBl 8 (2007), S. 488.

648 Näheres zu Ethikmodellen von Luther und Kant in: Andersen, Einführung in die Ethik.

649 Schmieder, Systematisches Management, S. 306.

650 Name des Artzes (Internist) ist der Autorin bekannt, dieser wünscht allerdings Anonymität.

651 Matthäus, Bibel, Kapitel 7, Psalm 12.

652 Auch zu finden unter: LÄKH, Hippokratischer Eid / Genfer Gelöbnis, http://www.laekh.de/aerzte/rund-ums-recht/publikationen-und-merkblaetter/aerzte_recht_publikationen_hippokratischer_eid.html.

653 Dietz/Charbonnier/Manzeschke, Aktiengesellschaft Krankenhaus, S. 55; Schäfer, Die gesunde Gesellschaft, S. 82; Sass, Angewandte Ethik, S. 80 f; Weißbach/Höffken Onkologe 17 (2011), S. 194; Laufs, Text 28, S. 12; Geiser SÄZ 86 (2005), S. 678, Hoppe, Das Bild des Arztes, S. 1.

654 Weißbach/Höffken Onkologe 17 (2011), S. 194.

655 MBO-Ä i. d. F. der Bek. der Beschl. des 100. Deutschen Ärztetages 1997 in Eisennach, zuletzt geändert durch die Beschlüsse des 114. Deutschen Ärztetages 2011 in Kiel; Lippert in: Ratzel/Lippert, Kommentar zur MBO, § 2, S. 37; Geiser SÄZ 86 (2005), S. 678, 679; Hakenberg Urologe 48 (2009), S. 858, 862.

ti) verpflichtet. Dies bedeutet auch, dass er dem ihm anvertrauten Patienten nicht schaden darf, verankert in der so genannten Schadensminderungspflicht (des nil nocere).[656] Auch die beschlossene Neufassung der ärztlichen Berufspflichten das Genfer Gelöbnis vom Weltärztebund aus dem Jahr 1948 in Genf gebietet das folgende Bekenntnis: "Bei meiner Aufnahme in den ärztl. Berufsstand gelobe ich feierlich, mein Leben in den Dienst der Menschlichkeit zu stellen.“[657]

Weiterhin hat der Arzt im Sinne des Altruismus, welcher von Uneigenützigkeit und Selbstlosigkeit geprägt ist, den Willen des Patienten im Rahmen dessen Autonomie und Selbstbestimmung zu achten.[658] Da er mit dem Körper und der Gesundheit des Patienten zu tun hat, erfordert seine Tätigkeit einen respektvollen und menschenwürdigen Umgang.[659] Vom traditionellen Gedanken her ist der Arzt Anwalt des Patienten.[660] Der Arzt übt seinen Beruf nur seinem Gewissen entsprechend aus und ist dabei der Medizinethik und Menschlichkeit verpflichtet.[661] Um dieser Verpflichtung nachkommen zu können, ist es wichtig, dass der Arzt frei und keinen hindernden Zwängen unterworfen ist. § 1 Abs. 2 MBO-Ä gewährleistet dies. Danach ist der ärztliche Beruf „seiner Natur nach ein freier Beruf“ mit fachlicher Weisungsfreiheit und Unabhängigkeit: „der ärztliche Beruf ist kein Gewerbe, sondern der Natur nach ein freier Beruf.[662] Ärzten sind mit

656 Helmchen, Entwicklungen der Psychiatrie, S. 93.

657 Auch zu finden unter: LÄKH, Hippokratischer Eid / Genfer Gelöbnis, http://www.laekh.de/aerzte/rund-ums-recht/publikationen-und-merkblaetter/aerzte_recht_publikationen_hippokratischer_eid.html.

658 Lippert in : Ratzel/Lippert, Kommantar zur MBO, § 2, S. 41, Rn. 12; Stüber Ethik Med 17 (2005), S. 57.

659 Schaupp, Moderne Medizin, S. 6.

660 Baur SÄZ 84 (2003), S. 2081; Hoppe, Das Bild des Arztes, S. 1.

661 Lippert in: Ratzel/Lippert, Kommantar zur MBO, § 2, S. 42, Rn. 16; Ries/Schnieder/Althaus, Arztrecht, S. 136; Stüber Ethik Med 17 (2005), S. 57; Ullrich, Versorgungsstrukturen im deutschen Gesundheitswesen, S. 156.

662 Lippert in: Ratzel/Lippert, Kommentar zur MBO, § 1, S. 29; Quaas/Zuck, Medizinrecht Kommentar, § 1 Rn.9; Gummert/Meier MedR 25 (2007), S. 75, 78; Dahm MedR 16 (1998), S. 70, 71; Erlinger, Zwischen Hippokrates und Staatsmedizin, S. 49; Eine gewerbliche Tätigkeit hingegen ist gekennzeichnet durch Begriffe wie Gewinnabsicht, Beteiligung an Produktion, Handel, Vertrieb, Standardisierung, Vermarktung sowie Angebot und Nachfrage, siehe hierzu: Krieg DÄBl 1997 (94), S. A-902; Schirmer, Vertragsarztrecht kompakt, S. 11; Kluth, Zwischen Hippokrates und Staatsmedizin, S. 32 f; Ullrich, Versorgungsstrukturen im deutschen Gesundheitswesen, S. 156.

ihrem verantwortungsvollen Beruf unvereinbare (§ 3 Abs. 1 MBO-Ä) oder gewerbliche Tätigkeiten (§ 3 Abs. 2 MBO-Ä) untersagt.[663]

Hier tritt nun die Problematik von Zuweisung zu Tage. Auf die Gefährdung der vorab beschriebenen ethischen Standards durch die Zuweisungspraxis weist Dahm, von Schmidt, von der Osten & Huber, hin:

> „Die größte Gefahr liegt einfach darin, dass der hohe Moralitätsanspruch in der ärztlichen Versorgung unterlaufen wird, dann aber auch darin, dass Zuweisungen finanziell interessenbezogen und nicht in erster Linie patientenbezogen erfolgen."[664]

Ärzten kommt das Recht auf freie Berufsausübung gemäß Art. 12 Abs. 1 GG zu.[665] Davon umfasst sind alle Handlungen, die mit der beruflichen Tätigkeit im Zusammenhang stehen und ihr zu dienen bestimmt sind.[666] Seit dem Apothekenurteil des Bundesverfassungsgerichts[667] wird Art. 12 Abs. 1 GG als einheitliches Grundrecht verstanden. Ein Eingriff in die Berufsfreiheit durch § 31 MBO-Ä bedarf einer verfassungsrechtlichen Rechtfertigung, die in Art. 12 Abs. 1 S. 2 GG bestimmt ist. Solche Regelungen sind grds. auch in Gestalt von Satzungen zulässig.[668] § 31 MBO-Ä regelt lediglich die Art und Weise der beruflichen Betätigung zum Nachteil des Grundrechtsberechtigten; es handelt sich um einen Eingriff auf der Ebene der Berufsausübungsregelung. Allerdings ist Voraussetzung eines verfassungsrechtlich gerechtfertigten Eingriffs, dass vernünftige, sachgerechte und verfassungslegitime Gemeinwohlbelange geschützt werden. Dazu gehören primär der Schutz der Öffentlichen Gesundheit und der Bestandsschutz des Gesundheitswesens – im Sinne einer nachhaltigen Finanzierungsfähigkeit der gesetzlichen Krankenkassen – als Ge-

---

663 Quaas/Zuck, Medizinrecht Kommentar, § 12 Rn. 73; Ratzel/Knüpper in: Ratzel/Luxenburger, Handbuch Medizinrecht, § 5 Rn. 171; Lindenau, Das medizinische Versorgungszentrum, Rn. 292; Wittmann/Koch MedR 29 (2011), S. 476, 477.

664 IV. Anhang, Anhang B – Interviews und Statements, Nr. 7, S. 177.

665 Wigge in: Schnapp/Wigge, Handbuch des Vertragsarztrechts, § 6 Rn. 1; Scholz in: Maunz/Dürig, GG Art. 12, Rn. 268; Raab/Drissner, Einweiserbeziehungsmanagement, S. 181.

666 BVerfG NJW 1992, 2341, 2342 f.; Kluth, Zwischen Hippokrates und Staatsmedizin, S. 37; Kluth, Ärztliche Freiheit, S. 140 f.

667 BVerfG NJW 1958, 1035.

668 BVerfG NJW 1972, 1504-1509; BVerfG NJW 1975, 1455, 1457; BVerfG NJW 1996, 3067, 3069 f.

meinschaftsgüter.[669] Daher hat der Arzt trotz Einschränkung seiner Berufsfreiheit das Verbot der Zuweisung gegen Entgelt zu beachten.[670]

2.2.6.2 Das Transparenzgebot als ethische Verpflichtung

Das ethische Prinzip der Transparenz (transparency) fordert von dem Arzt Offenheit und Überprüfbarkeit von Informationen. So stellt sich die Lage auch bei der Zuweisung eines Patienten dar. Erfolgt sie allein aus wirtschaftlichen Interessen und ist an einen bestimmten Leistungserbringer gebunden, ist dem Patienten dieser Umstand mitzuteilen.[671]

Die Relevanz von Zuweisungen und der Einfluss des Arztes durch seine Empfehlung an den Patienten zeigen sich daran, dass 70 Prozent aller Patienten ein bestimmtes Krankenhaus auf Empfehlung ihres Arztes hin aufsuchen. Dieser übernimmt damit eine systembedingte Schlüsselrolle.[672] Mögen sicherlich auch noch andere Faktoren bei der Auswahl eines Krankenhauses eine Rolle spielen, wie etwa die eigene Erfahrung, Wohnortnähe oder die Meinungen Angehöriger, ist es doch wichtig aus der Sicht der Patientenethik die Zuweisung gegen Entgelt zu thematisieren. Kösters bestätigt diese Theorie:

> „Das Thema der Einschätzung einer Behandlungsnotwendigkeit ist sehr komplex. Viele Faktoren spielen eine Rolle bei der Wahl des Patienten, in welches Krankenhaus er gehen wird. Nicht nur die Familie beeinflusst die Entscheidung, sondern auch die Wohnortnähe, das Alter des Patienten und gesammelte Erfahrungen. […] Mit seinem Hausarzt hat man das ganze Jahr eine gute Kommunikation, auf diesen kommt es an. Diese sind für die Einweisungen der Patienten sehr wichtig. Der Arzt muss sich am Patientenwohl orientieren, Kompromisse sind da nicht drin."[673]

Über allen wirtschaftlichen Interessen eines Arztes sollte, als Grundfeste ärztlichen Handelns, das Ziel der Versorgung, die Erhaltung des Vertrauens und

---

669 BGH NJW-RR 2001, 684, 685 f.; Ullrich, Versorgungsstrukturen im deutschen Gesundheitswesen, S. 155; Spies Gastroenterologe 6 (2011), S. 75, 76.

670 Siehe dazu: Kapitel 2.2.4.1.1.3.

671 Schildmann/Sandow/Vollmann, Interessenkonflikte in der Medizin, S. 56; Bundesärztekammer DÄBl 104 (2007), S. A-1607.

672 OLG Stuttgart MedR 1997, 175, 176; Eble, Das Strategiebuch für den niedergelassenen Arzt, S. 122; Braun/Nissen Gesundheitsökonomie und Qualitätsmanagement 10 (2005), S. 376, 378.

673 IV. Anhang, Anhang B – Interviews und Statements, Nr. 5, S. 174 f.

die Genesung des Patienten stehen.[674] Der Patient muss in der asymetrischen Arzt-Patienten-Beziehung auf die finanzielle und moralische Unabhängigkeit sowie die Integrität des Arztes bei seinen medizinischen Entscheidungen vertrauen können.[675] Ein Ausgangspunkt für die Neutralitätspflicht des Arztes[676] und die Trennung merkantiler Gesichtspunkte vom Heilauftrag des Arztes findet sich in § 3 Abs. 2 MBO-Ä:

> „Ärztinnen und Ärzten ist untersagt, im Zusammenhang mit der Ausübung ihrer ärztlichen Tätigkeit Waren und andere Gegenstände abzugeben oder unter ihrer Mitwirkung abgeben zu lassen sowie gewerbliche Dienstleistungen zu erbringen oder erbringen zu lassen […].“[677]

Das Recht des Patienten auf Selbstbestimmung ist niedergeschrieben in Art. 2 Abs. 2 GG. Dieses wird von dem Recht auf körperliche Unversehrtheit nach Art. 2 Abs. 2 S. 1 GG getragen und findet sich auch in § 76 Abs. 1 SGB V und § 7 Abs. 2 MBO-Ä entsprechend wieder.[678] Die freie Arztwahl[679] überlässt es dem Patienten, ob und von welchem Arzt er behandelt werden will und schützt damit das uneingeschränkte Verfügungsrecht über seinen Körper. Die Arzt-Patienten-Beziehung ist eine sehr individuelle, teilweise intime, asymetrische und nicht mit einem anderen Vertragsverhältnis vergleichbar.[680] Ein Eingriff in

---

674 Orfanos Akt. Dermatol. 35 (2009), S. 157, 158.

675 BVerfG NJW 2003, 3470; BGH NJW 2008, 2850, 2851; Häser Klinikarzt 38 (2009), S. 373-374; Meran/Wedding/Höffken Onkologe 9 (2003), S. 1311; Reibnitz, Der mündige Patient, S. 270; Bloch Urologe 47 (2008), S. 926, 929.

676 Vgl. OLG Hamm NJW 1998, 2749, 2750; VG Gießen NVwZ-RR 2010, 481, 484 f.; VG Gießen ZM 2010, Nr. 12, 104.

677 MBO-Ä i. d. F. der Bek. der Beschl. des 100. Deutschen Ärztetages 1997 in Eisennach, zuletzt geändert durch die Beschlüsse des 114. Deutschen Ärztetages 2011 in Kiel; OLG Stuttgart GRUR-RR 2008, 429-434; BGH NJW 2005, 3422, 3423 f.; Häser Klinikarzt 38 (2009), S. 373-374; Ratzel MedR 20 (2002), S. 492.

678 Vgl. BGH NJW 1991, 2346-2347; OLG Bamberg PflR 2011, 590 f.; OLG München BeckRS 2011, 14924; LG Heidelberg PflR 2011, 523, 525 ff.; Schneider MedR 18 (2000), S. 497 ff; Ullrich, Versorgungsstrukturen im deutschen Gesundheitswesen, S. 171; Kluth, Ärztliche Freiheit, S. 141; Wigge/Harney MedR 26 (2008), S. 139, 148; Deutsch/Spickhoff, Medizinrecht, S. 13, Rn. 18; Arnold/Giesbe, Krankenhaus-Report, S. 59; Wenzel in: Wenzel, Handbuch Medizinrecht, Kapitel 4 Rn. 74.

679 Freie Arztwahl bezeichnet das Recht des Versicherten bzw. Patienten, den Arzt von dem er behandelt werden will, frei zu wählen; Lippert in: Ratzel/Lippert, Kommentar zur MBO, § 7, S. 81, Rn. 2; Kaltenborn in: Huster/Kaltenborn, Krankenhausrecht, § 2 Rn. 6.

680 Kubella, Kölner Schriften Medizinrecht, S. 11.

das Recht auf körperliche Unversehrtheit, welcher bei einer Zuweisung zu einem bestimmten Arzt vorliegt, soll durch das Recht auf freie Arztwahl verhindert werden.[681] Die Arztwahlfreiheit gilt für Weiter-, Über- und Einweisungen ferner für Zuweisungen zu einem anderen Leistungserbringer.[682] Der freie Patientenwille (voluntas aegroti) ist geschmälert, wenn der Arzt dem Patienten von sich aus einen bestimmten Leistungserbringer nahelegt oder die Überweisung auf einen bestimmten Namen ausstellt.[683] Niedergelassene Ärzte haben in Übereinstimmung mit § 5 Krankenhausbehandlungs-RL (KHehandlungs-RL) bei der Beratung ihrer Patienten alle zugänglichen Informationen über geeignete Krankenhäuser einzubeziehen und nicht ohne hinreichenden Grund in ein ganz bestimmtes Krankenhaus einzuweisen.[684] Gemäß § 24 BMV-Ä sollten eine Überweisung bzw. Einweisung nur auf die Gebiets-, Teilgebiets-, oder Zusatzbezeichnung näher bestimmt sein. Anders verhält es sich, wenn der Patient den Arzt ausdrücklich um Hilfestellung und Ratschlag ersucht oder die Durchführung von Untersuchungs- und Behandlungsmethoden eine namentliche Nennung erfordern.[685] Dann sprechen schon die mit dem Behandlungsvertrag übernommenen Fürsorgepflichten und die mit der Laienhaftigkeit der Patienten verbundene Unwissenheit dafür, diesen eine Empfehlung auszusprechen.[686] Erbittet der Patient eine Empfehlung ist es zudem seine Entscheidung, ob er sich bei der Auswahl des Arztes oder Krankenhauses beeinflussen lässt.[687] Der Patient erwartet Aufklärung, um eine selbst bestimmte Entscheidung treffen zu können.[688] Dem behandelnden Arzt wird Rücksichtnahme, Respekt und eine sach- und interessengerechte Aufklärung abverlangt. § 7 Abs. 2 S. 1 MBO-Ä a. F. als „Pflichten gegenüber dem Patienten" bestimmt die Achtung der Selbstbestimmung und freien Arztwahl des Patienten ebenso.[689] Er besagt im Wortlaut:

---

681 Ullrich, Versorgungsstrukturen im deutschen Gesundheitswesen, S. 182.

682 Graml, Das ärztliche Verbot der Zuweisung gegen Entgelt, S. 107.

683 Helmchen, Entwicklungen der Psychiatrie, S. 93.

684 KHbehandlungs-Richtlinie, i. d. F. der Bek. vom 23. März 2003, veröffentlicht im Bundesanzeiger 2003 Nr. 188, S. 22 577; GKV, Unzulässige Zusammenarbeit im Gesundheitswesen, S. 28.

685 Graml, Das ärztliche Verbot der Zuweisung gegen Entgelt, S. 109.

686 BGH NJW 2011, 2211, 2213; Bornemann, BGH-Leitlinien für die Zusammenarbeit von Ärzten und Leistungserbringern (Hörgeräte II), http://www.anwalt24.de/beitraege-news/fachartikel/bgh-leitlinien-fuer-die-zusammenarbeit-von-aertzen-und-leistungs erbringern-hoergeraete-ii.

687 Berner DÄBl 108 (2011), S. B-1045; Linder A&W 05 (2011), S. 16.

688 Kubella, Kölner Schriften Medizinrecht, S.12.

689 Ullrich, Versorgungsstrukturen im deutschen Gesundheitswesen, S. 176; BÄK/KBV/DKG, Gemeinsame Leitlinien zur Beurteilung von Kooperationen zwischen

„Ärztinnen und Ärzte achten das Recht ihrer Patientinnen und Patienten, die Ärztin oder den Arzt frei zu wählen oder zu wechseln".[690]

Eine Durchführung medizinischer Maßnahmen muss durch die ausdrückliche Einwilligung des zuvor aufgeklärten Patienten seine Berechtigung finden. Dies entspricht dem sogenannten Prinzip des „Informierten Einverständnisses" (informed consent), welches sich aus der Aufklärungspflicht ableitet.[691] Die gleiche Regelung ordnet auch § 18 Abs. 4 MBO-Ä an.[692] Ethische Pflichten des Arztes gegenüber dem Patienten standen darüber hinaus bereits im traditionellen Hippokratischen Eid.[693]

Auch das Grundrecht der Menschenwürde, Art. 1 Abs. 1 S. 1 GG, ist zu würdigen. Diese verbietet unter anderem den Menschen zum bloßen Objekt zu instrumentalisieren (Objektformel).[694] Bei der Behandlung eines Patienten bestimmen Autonomie, Selbstbestimmung und das darauf beruhende Informationsrecht, zur Aufrechterhaltung der freien Arztwahl, das Handeln des Arztes.[695] Dadurch, dass der Patient dem Arzt vertraut, kann es bei fehlender Aufklärung über eine Zuweisung dazu kommen, dass der Patient unnötige und unangenehme Untersuchungen über sich ergehen lässt, die er anderenfalls mit dem Hintergrundwissen, über die Zuweisung gegen Entgelt, vielleicht abgelehnt hätte.[696]

Letztlich haben aber auch Krankenkassen neben ihrer Aufgabe, Gesundheitsrisiken abzusichern, die Pflicht auf dem Gesundheitsmarkt als Agenten der Versicherten gegenüber den medizinischen Leistungserbringern aufzutreten.[697] So gehört zu ihren weiteren Aufgaben auch die Gesundheit der Versicherten zu erhalten, wiederherzustellen oder ihren Gesundheitszustand zu verbessern (§ 1

Krankenhäuser und niedergelassenen Ärzten, abrufbar unter: http://www.paritaet-bw.de/content/e153/e178/e4029/e195/PDF/Entwurf_LeitlinienKH _Aerzten.pdf, S. 3.

690 Lippert in: Ratzel/Lippert, Kommentar zur MBO, § 7, S. 79.

691 Graml, Das ärztliche Verbot der Zuweisung gegen Entgelt, S. 111.

692 Rothfuß in: Bäune/Meschke/Rothfuß, Kommentar zur Zulassungsverordnung für Vertragsärzte, § 33, S. 420, Rn. 10.

693 Schildmann/Sandow/Vollmann, Interessenkonflikte in der Medizin, S. 52 ff.

694 BVerfG NJW 2004, 999-1022, Rn. 312 f.; BVerfG NJW 2009, 3089, 3090 f.; BVerwG GewArch 2007, 247-249; BVerwG NVwZ 2002, 598-604; OVG GewArch 2001, 71-74; Lippert in: Ratzel/Lippert, Kommentar zur MBO, § 7, S. 81, Rn. 2.

695 Schneider MedR 18 (2000), S. 497, 499; Ullrich, Versorgungsstrukturen im deutschen Gesundheitswesen, S. 152 f; Scholz in: Spickhoff, Medizinrecht, Rn. 8; Wiesing Ethik in der Medizin 13 (2001), S. 258, 261.

696 Berbuer, Zwischen Ethik und Profit, S. 22.

697 Börsch-Supan Jahrbücher für Nationalökonomie und Statistik 227 (2007), S. 452, 460.

SGB V) und die Interessen der Patienten zu vertreten. Dies bedeutet, dass sie jegliches Verhalten, welches die Gesundheit der Versicherten gefährdet oder verschlechtert verfolgen müssen.

2.2.6.3 Stellungnahme und Bewertung

„Also steht die Tugend und ebenso auch das Laster in unserer Gewalt."[698]

Wie können in einem von wirtschaftlichen Prinzipien und Zwängen geprägten Medizinsektor ethische Prinzipien in der Behandlungspraxis wieder zu voller Geltung und Beachtung gelangen? Ein Lösungsansatz wäre es, die Ärzte wieder verstärkt an ihre Berufspflichten und den Berufsethos zu erinnern und sie in den Findungsprozess aktiv einzubeziehen. Philosoph Immanuel Kant hat 1785 als Prinzip seiner Vorstellungen von Ethik den „Kategorischen Imperativ" entwickelt. Verkürzt lautet dieser: „Handele so, dass die Maxime deines Willens jederzeit zugleich als Prinzip einer allgemeinen Gesetzgebung gelten könnte."[699] Für den Gesundheitsbetrieb (Arztpraxis oder Krankenhaus) sind diese Überlegungen nicht unwichtig, da er Gefahr läuft, seine Wertschätzung durch die Bevölkerung zu verlieren, wenn er keine allgemeinen moralischen Wertvorstellungen im Bereich Solidarität, Humanität und Verantwortung berücksichtigt.[700] Das Gut, was es zu schützen gilt, kann nicht mit ökonomischen Kategorien gemessen werden – es ist die Gesundheit jedes Einzelnen. So ist bei einer Abwägung und Bewertung von Zuweisungsverträgen immer zu fragen, mit welchen Kosten ein möglicher Gewinn an Effizienz und Kostenreduzierung verbunden ist. Es darf nicht dazu kommen, dass Ökonomie und Profitdenken Werten wie Solidarität und Vertrauen sowie einem hoch angesehenen Berufsstand unwiderruflich schaden.[701] „Denn *ein*[702] schwarzes Schaf kann die ganze Herde in Verruf bringen."[703]

---

698 Aristoteles, Nikomachische Ethik 1113, b, 6-5, zitiert nach Hemel, Wert und Werte, S. 280.

699 Börnecke, Ethisch und rechtlich konformes Verhalten, S. 26 f; Krüger/Rapp DÄBl 103 (2006), S. A-320; BDI, Kassenärzte-Chef kritisiert Bundesärztekammer, http://www.bdi.de/allgemeine-infos/aktuelle-meldungen/ansicht/article/kassenaerzte-chef-kritisiert-bundesaerztekammer.html.

700 Frodl, Gesundheitsbetriebslehre, S. 68 f.

701 Manzeschke, Die Privatisierung von Krankenhäusern, S. 155; Maehle Medical Humanities 36 (2010), S. 84, 86; Stumpf/Voigts MedR 27 (2009), S. 205, 209.

702 Hervorhebung im Original nicht enthalten.

703 Preis MedR 28 (2010), S. 139, 140; dazu ähnlich auch: Ditzel, Ärzte und Krankenhäuser gegen schwarze Schafe, http://www.deutsche-apotheker-zeitung.de/recht/news/2009/11/02/aerzte-und-krankenhaeuser-gegen-schwarze-schafe/1198.html.

Nach juristischer, ökonomischer und ethischer Analyse von Zuweisungsverträgen aus den verschiedenen Perspektiven können kaum Rechtfertigungen, die für eine Zulässigkeit derartiger Verträge sprechen, gefunden werden. Schon allein aus Gründen des Patientenschutzes sind diese Vorgehensweisen nicht nur moralisch zu verurteilen.

3 Praktische Reflexion: Transfer der gewonnenen Einsichten

3.1 Handlungsempfehlungen zur Verbesserung der Situation

Damit es nicht zu „Überweisungszirkeln“[704] kommt, sollte der Gesetzgeber prüfen, Weiterüberweisungen an bestimmte Indikatoren zu knüpfen. Vielleicht könnte es schon einen gewissen psychologischen Effekt haben, Ärzte zu verpflichten kurze Begründungen für Zuweisungen zu schreiben. Dies wäre ein erstes Mittel, um den Arzt zu einer kritischen Selbstreflexion zu animieren. Selbstkontrolle und -reflexion ist von immenser Bedeutung, denn bei einer Verflüchtigung der ärztlichen Berufspflichten und ethischen Ansichten wäre – durch ein „An-Sich-Ziehen“ der Sicherung des Gemeinwohls im Gesundheitswesen seitens Staat und Gesellschaft – der Bestand der Ärzteschaft als autonom verwalteter Berufsstand gefährdet.[705] Überlegenswert ist auch die Einführung einer Drittmeinung bei der Behandlung eines Patienten, was zugegebenermaßen einen hohen Verwaltungsaufwand bedeuten würde. Möglicherweise hilft aber schon eine schriftliche Erklärung des Arztes, mit der er versichert, keine geschäftlichen Beziehungen mit dem Empfänger zu unterhalten. Unter der im Jahre 1997 abgeschafften Großgeräteverordnung und der damit verbundenen Großgeräteplanung[706] gab es, zumindest in der Radiologie, das Problem der Zuweisung gegen Entgelt nicht in dem Maße, wie es heute aufzufinden ist.[707]

Gezielte partielle Verschärfungen in Form von strafrechtlichen oder sozialrechtlichen Sanktionsmechanismen und eine gleichzeitige Deregulierung – im Sinne einer übersichtlicheren Normengestaltung – sind in Erwägung zu ziehen. Auch wenn hier der Gesetzgeber gefordert ist, muss aber auch das Gesundheitswesen mit Formen der Selbstregulierung einen Beitrag zur Problemlösung leisten. Ärztekammern verfügen schon jetzt über kaum wirksame Kontrollmechanismen, wie sich auch an den Rechtsfolgen und der Rechtsdurchsetzung zeigt.

704 Vgl. BSG ArztR 1999, 182-192, Rn. 19.

705 Graml, Das ärztliche Verbot der Zuweisung gegen Entgelt, S. 254 f.

706 Unter der Großgeräteplanung herrschte eine Pflicht zur Abstimmungs- und Genehmigungspflicht bei der Abrechnung bzw. Neueinrichtung von medizinischen Großgeräten an bestimmten Standorten, je nach Bedarf, siehe dazu auch: Wigge RöFo 40 (2011), S. 879, 880.

707 BSG NJW 1993, S.814

Die jüngste Entwicklung in der Rechtsprechung des BGH[708] verstärkt die bestehenden Kontrolldefizite und verringert das subjektive Entdeckungsrisiko weiter.[709]

Eine Enttabuisierung der Diskussion und eine Verstärkung des ethischen Problembewusstseins der Betroffenen sind anzustreben.[710] Hier stehen besonders die immer wichtiger werdenden klinischen Ethik-Komitees[711] in der Pflicht Zuweisung gegen Entgelt aufzugreifen. Als eine Art interne „ethische Revision“ müssten diese Komitees über Zuweisungen aufklären und entsprechende Verträge einer „Ethikkontrolle“ unterziehen. Korruption in diesem Bereich sollte nachhaltige Missbilligung durch standesrechtliche Institutionen erfahren.[712] Transparenz könnte auch geschaffen werden, indem die Versicherten statt ein Mal pro Jahr nach ausdrücklicher Aufforderung, einmal im Quartal eine Aufstellung ihrer bezogenen Leistungen im Gesundheitswesen, ohne Aufforderung, erhalten. Dies könnte eine weitergehende Kontrolle ermöglichen und eine präventive Wirkung entfalten.[713]

Die standesethischen Kodizes sollten Ergänzungen erfahren, in denen expliziter auf die Problemlage eingegangen und Fehlverhalten genau beschrieben wird. Aber nicht nur eine Beschreibung allein, sondern vielmehr eine Einbindung in die ärztliche Aus- und Weiterbildung[714] wären zur Schärfung des ethischen Bewusstseins von großem Nutzen. Dies kann einen wichtigen Beitrag zur Entschärfung des Themas und zu einer weiteren Aufklärung und Sensibilisierung leisten.[715]

Grundlegende schon bestehende Prinzipien sollten auf die vorliegende Problematik angewandt werden. So existieren bereits Empfehlungen zur Vermeidung

---

708 BGH BeckRS 2012, 13162.

709 GKV, Unzulässige Zusammenarbeit im Gesundheitswesen, S. 11.

710 Ebd., S. 12.

711 Ethik-Komitees sind krankenhausinterne Einrichtungen, bei denen ein interdisziplinäres Team dabei helfen soll anstehende oder getroffene Entscheidungen im Klinikalltag in den verschiedenen Bereichen, wie Ökonomie und Medizin ethisch zu reflektieren und zu beurteilen, siehe dazu: Universitätsklinikum Erlangen, Das klinische Ethikkomitee des Universiätsklinikums Erlangen, http://www.ethikkomitee. med.uni-erlangen.de

712 Graml, Das ärztliche Verbot der Zuweisung gegen Entgelt, S. 257.

713 TI, Transparenzmängel im Gesundheitswesen: Einfallstore zur Korruption. Grundsatzpapier, www. transparency.de/fileadmin/pdfs/Themen/Gesundheitspapier_Stand_2008 _Auflage_5_08-08-18.pdf, S. 6.

714 Graml, Das ärztliche Verbot der Zuweisung gegen Entgelt, S. 257.

715 Schildmann/Sandow/Vollmann, Interessenkonflikte in der Medizin, S. 49.

von Korruption bei Zuwendungen. Diese können auf Zuweisungsverträge übertragen werden. Das Dokumentationsprinzip besagt, dass Verträge und Vereinbarungen schriftlich zu dokumentieren sind. Gleiches sollte nach Möglichkeit auch für Kooperationsverträge von Krankenhäusern und Ärzten gelten.[716] Interessenkonflikte sollten nach Möglichkeit offengelegt werden („disclosure“).[717] Im Rahmen des Trennungsprinzips[718] dürfen entgeltliche Leistungen nicht dazu dienen, die Entscheidungsfreiheit des Arztes in unlauterer Weise zu beeinflussen. Im Äquivalenzprinzip ist verankert, dass Leistung und Gegenleistung in einer Geschäftsbeziehung in einem angemessenen Verhältnis zu einander stehen müssen und nur für tatsächlich erbrachte Leistungen gezahlt werden dürfe.[719] Fragwürdige Kooperationsverträge sind nach bestem Wissen und Gewissen den Clearingstellen auf Landesebene zur Prüfung offenzulegen.

3.2 Bewertung von Clearingstellen

BÄK, DKG und KBV haben sich auf die Einrichtung von „Gemeinsamen sektorenübergreifenden Clearingstellen Rechtskonformität“ auf Landesebene geeinigt, mittels derer Verträge von Krankenhäusern und Ärzten auf ihre berufs-, vertrags-, krankenhaus- sowie auf ihre wettbewerbsrechtliche Konformität geprüft werden.[720] Diese wurden an den Landesärztekammern angegliedert und haben sofort ihre Arbeit aufgenommen. § 24 MBO-Ä besagt, dass Verträge zur Prüfung den Clearingstellen der Ärztekammern vorgelegt werden können, wobei diese Vorschrift allerdings bisher kaum mit dem § 31 MBO-Ä in Verbindung gebracht worden ist.[721]

---

716 Hiersche, Spenden, Spornsoren – Staatsanwalt? S. 76 f.

717 Hakenberg Urologe 48 (2009), S. 858, 860.

718 Dazu vergleichbar: Beyer/Frewer/Kingreen/u.a. Onkologe 9 (2003), S. 1355, 1357.

719 BÄK, KBV, DKG, Gemeinsame Leitlinien zur Beurteilung von Kooperationen zwischen Krankenhäuser und niedergelassenen Ärzten, http://www.paritaet-bw.de/content/e153/e178/e4029/e195/PDF/Entwurf _LeitlinienKH_Aerzten.pdf, S. 3; Schmidt in: Ratzel/Luxenburger, Handbuch Medizinrecht, § 14 Rn. 146.

720 Lehnen ÄZ 44 (07.03.2003), S. 3; Kiefer/Meseke VSSR 3 (2011), S. 212.

721 Wollersheim in: Terbille, Münchener Anwaltshandbuch Medizinrecht, § 5, Rn. 187; Ratzel/Möller/Michels, MedR 24 (2006), S. 377, 383.

Jede Vertragsseite solle diese Stellen anrufen können, ohne dass zusätzliche Kosten entstünden.[722] Die zu prüfenden Kooperationsvereinbarungen sollen anschließend mit wesentlichen Gründen, ggf. auch Bedenken und Vorbehalten zusammenfassend formuliert werden. Kommt die Clearingstelle zu dem Ergebnis, dass die Verträge nicht rechtskonform sind, können gegenüber den Einreichenden Änderungsempfehlungen ausgesprochen werden.[723] Fraglich ist augenblicklich die Bindungswirkung dieser Empfehlungen.[724]

Tendenziell kommt den Clearingstellen nur eine untergeordnete Bedeutung zu. Nur drei Prozent der niedergelassenen Ärzte wandten sich an diese Stellen und nur elf Prozent an die Ärztekammer.[725] Eine Erklärung dafür wäre, das Versäumnis konkrete Prüfungsaufträge und -kompetenzen festzulegen. Eine Idee wäre die Normierung einer eigenen berufsrechtlichen Genehmigungspflicht unter vollständiger Vorlage der Konzeption einer Kooperation, was den Nachweis einer Unrechtsvereinbarung erheblich erleichtern würde und den Clearingstellen die Bedeutung zukommen lassen würde, die sie haben sollten.[726] Graml schlägt in diesem Zusammenhang folgende Ergänzung des § 31 MBO-Ä vor:

> „Sie [die Ärztinnen und Ärzte] sind verpflichtet, das Kooperations- und/oder Beteiligungsverhältnis und die zugrunde liegenden Verträge von der Ärztekammer genehmigen zu lassen.“ [727]

Fraglich ist allerdings, ob Ärzte angesichts der Verschleierung unzulässiger Zuweisungsverträge bzw. in vielen Fällen mündlicher Absprachen vermehrt dazu angehalten werden würden, diese auch preiszugeben. Die nachfolgende Grafik zeigt, dass aus den verschiedensten Gründen erhebliche Bedenken bestehen, zuständige Ansprechpartner zu kontaktieren.

---

722 Ditzel, DAZ Online, „Ärzte und Krankenhäuser gegen schwarze Schafe, 02.11.2009, http://www.deutsche-apotheker-zeitung.de/recht; Flintrop/Rieser, DÄBl 206 (2009), S. A-1819.

723 Ärztekammer Schleswig-Holstein, Vereinbarung Clearingverfahren, abrufbar unter http://www.aeksh.de/aerzte/arzt_und_recht/berufsrecht_der_praxis/vereinbarung_clearingverfahren.html.

724 Kiefer/Meseke, VSSR 3 (2011), S. 212, 227.

725 GKV, Unzulässige Zusammenarbeit im Gesundheitswesen, S. 10.

726 Graml, Das ärztliche Verbot der Zuweisung gegen Entgelt, S. 258 f.

727 Ebd., S. 258 f.

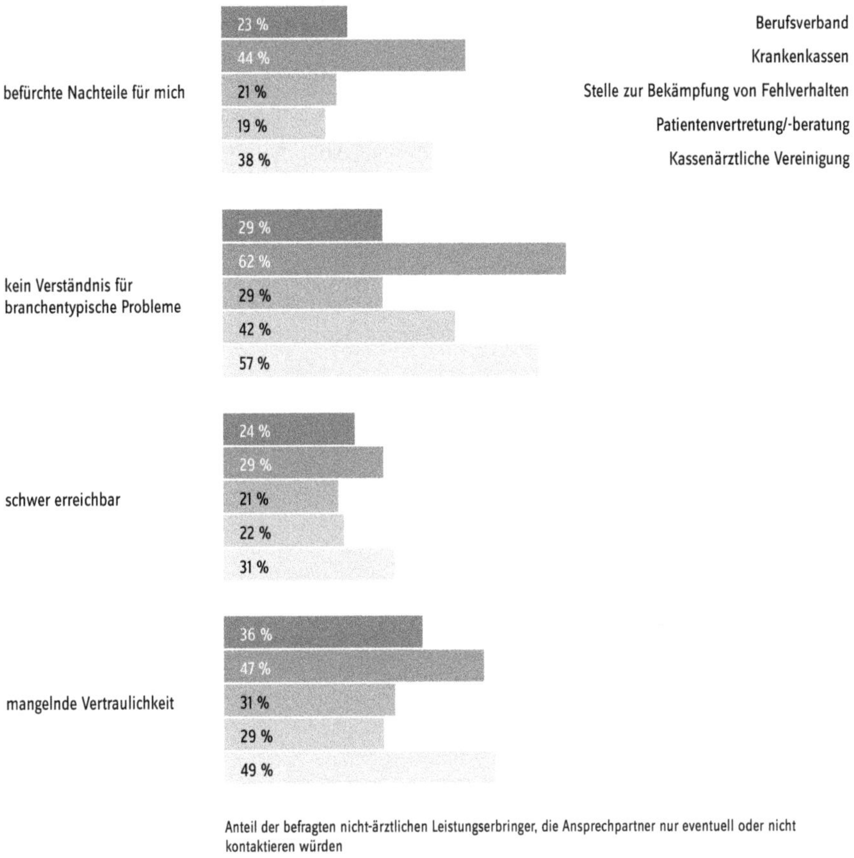

Abb. 9: Gründe gegen eine Kontaktierung der Ansprechpartner

Quelle der Grafik: *GKV*, Unzulässige Zusammenarbeit im Gesundheitswesen, September 2012. S. 65, abrufbar unter http://www.gkv-spitzenverband.de/media/dokumente/presse/publikationen/Studie_Zuweisung_gegen_Entgelt_2012.pdf, zuletzt geprüft am 24.01.2013.

Dina Michels, Leiterin der Abteilung zur Bekämpfung von Fehlverhalten im Gesundheitswesen der KKH-Allianz in Hannover, sagte in einem Interview: „Clearingstellen […]. Das birgt die große Gefahr unterschiedlicher Vorgehensweisen […]. Für wesentlich sinnvoller erachte ich den Vorschlag, die Stelle eines Korruptionsbeauftragten der Bundesregierung – also auf Bundesebene – ins Leben zu rufen.“[728] So könnte eine weisungsfreie, unabhängige Stelle eingerichtet werden, die sich ausschließlich mit dem Verbot der Zuweisung gegen Entgelt

728 Michels if&w 5 (2009), S. 452.

beschäftigt und präventive Maßnahmen vorschlägt. Darüber hinaus könnte ein anonymes Meldesystem hilfreich sein.[729] Auch für Laborarztpraxen gibt es eine Regelung in Form von bundesweiten Labor-Clearings. Bei der KBV werden alle durchgeführten Laboranalysen dem jeweiligen Veranlasser zugeordnet. Dies führt zu einer hohen Aufklärungsquote von Abrechnungsbetrug und Zuweisungspraktiken.[730]

Erschreckend zu lesen ist allerdings, dass in Insiderkreisen angeblich ein Positionspapier (sog. Schirmer-Papier) von Bundesärztekammer und Kassenärztlicher Vereinigung kursieren soll, in welchem der Grundsatz gelten solle: „Alles ist erlaubt, was nicht explizit verboten oder ausgeschlossen ist.“[731]

---

729 GKV, Unzulässige Zusammenarbeit im Gesundheitswesen, S. 12.
730 Richter-Reichhelm, Internist 42 (2001), S. M-133.
731 BDR Radiologe 6 (2003), S. M-99.

4 Erkenntnisgewinn und Wegweiser für die Zukunft

4.1 Ergebnisthesen

These 1: Volkswirtschaftlicher Schaden durch Patientenzuweisung gegen Entgelt:

- 2009 wurde das Problem der Patientenzuweisung gegen Entgelt erstmals in seiner vollen Schärfe wahrgenommen und sensibilisierte die Politik sowie die Fachöffentlichkeit. Dennoch hat sich trotz des gewachsenen Problembewusstseins und einiger rechtlicher Vorschriften, die diesbezügliche Vergehen sanktionieren, noch kein zufrieden stellender Lösungsansatz ergeben. Dabei ist die Notwendigkeit für einen solchen groß, da der volkswirtschaftliche Schaden und Vertrauensverlust in das Gesundheitssystem erheblich sind.[732]

These 2: Intransparenz und Geheimhaltung erschweren wissenschaftliche Auseinandersetzung:

- Die Vielzahl von Schlagwörtern, die in den wenigen wissenschaftlichen Werken zu der Zuweisung gegen Entgelt gefunden werden können, ist geradezu symptomatisch für die vorhandene Intransparenz und Orientierungslosigkeit aller Beteiligten. Verschärft wird die Intransparenz durch das immense Interesse der Vertragsparteien an Geheimhaltung. Diese Verschwiegenheit erschwert auch eine wissenschaftliche Beschäftigung und juristische Bewertung, da es knifflig ist, an aussagekräftige Informationen oder Vertragsmuster zu gelangen.[733]

These 3: Zuweisungsverträge gegen Entgelt sind gelebte Praxis:

- In einer aktuellen Studie nannten 1.141 Befragte insgesamt 491 Fälle und 317 Situationen, in denen es um eine Anbahnung oder die konkrete Zuweisung gegen Entgelt ging. Die Vermutung liegt nahe, dass die Anzahl der Vereinbarungen in der gelebten Praxis noch bei weitem höher liegt.[734]

---

732 Siehe: Kapitel 1.1.
733 Siehe: Kapitel 2.1.1.
734 Siehe: Kapitel 2.1.4.

These 4: Erpressungs- und Bestechungsvariante erkennbar:

- Zwei Formen von Patientenzuweisungen gegen Entgelt können unterschieden werden: die Erpressungsvariante und die Bestechungsvariante.[735]

These 5: Verschärfung des Verbots der Zuweisung gegen Entgelt:

- Das in § 31 MBO-Ä n. F. enthaltene Verbot für Ärzte hat eine Verschärfung erfahren und ist nun ausdrücklich auch bei Verweisungen an Apotheken, Heilmittelerbringer und Zuweisung zwischen zwei Ärzten anwendbar, es sei denn, es liegt ein hinreichender Grund für die Zuweisung vor.[736]

These 6: Sanktionsmöglichkeiten für Krankenkassen durch Novellierung eingeführt:

- Neben zahlreichen, bei einem Verstoß gegen das Verbot der Zuweisung gegen Entgelt, einschlägigen, rechtlichen Rahmenbedingungen, erhalten durch die Novellierung des § 73 Abs. 7 SGB V in dem GKV-VStG, Sozialversicherungen die Möglichkeit diese auch zu ahnden.[737]

These 7: Amtsträgereigenschaft und Beauftragtenstellung niedergelassener Ärzte ausgeschlossen:

- Seit der jüngsten Entscheidung des BGH (GSSt 2/11) macht sich ein niedergelassener, für die vertragsärztliche Versorgung zugelassener Arzt bei der Annahme von Geschenken und Prämien, mangels Amtsträgereigenschaft und Beauftragtenstellung gegenüber der gesetzlichen Krankenkassen, nicht strafbar gemäß §§ 299, 331 ff. StGB.[738]

These 8: Zahlreiche rechtliche Rahmenbedingungen und Ansprüche identifizierbar:

- Aus einer Zuwiderhandlung gegen das Verbot der Zuweisung gegen Entgelt lassen sich zahlreiche Ansprüche ableiten. Vom einer culpa in

---

735 Siehe: Kapitel 2.2.1.
736 Siehe: Kapitel 2.2.4.1.1.
737 Siehe: Kapitel 2.2.4.1.3.
738 Siehe: Kapitel 2.2.4.1.4.

contrahendo (c. i. c.) im Bürgerlichen Recht, über den unlauteren Wettbewerb durch Rechtsbruch im Wettbewerbsrecht, bis hin zu einem speziellen Zuweisungsverbot im Krankenhausgestaltungsgesetz erstrecken sich die für alle Beteiligten zu befürchtenden Rechtsfolgen.[739]

These 9: Sanktionsregelungsdefizite ausräumen und striktere Sektorentrennung umsetzen:

- Leitlinien gesetzlicher Neuregelungen sollten einerseits die Festschreibung einer expliziten Sanktionsmöglichkeit für Zuweisungsverträge in § 73 Abs. 7 SGB V sein und andererseits sollten §§ 115a und b SGB V nochmals auf eine striktere Sektorentrennung hin überdacht werden.[740]

These 10: Qualitätseinbußen und Kostensteigerungen im Gesundheitswesen befürchtet:

- Kosten, die durch die „mengenanheizenden" Selbst- und Fremdzuweisungen von Zuweisungsverträgen verursacht werden, belasten vor allem die Krankenkassen und die Versicherten ungebührlich. Der Patient sieht sich Doppeluntersuchungen und schlechterer Qualität ausgesetzt, die Vertragsbeteiligten müssen mit Such-, Kontroll- und Koordinationskosten sowie mit Autonomieeinbußen rechnen.[741]

These 11: Größte Nutzenpotenziale entstehen für Zuweisungsempfänger und Zuweiser:

- Den größten Nutzen aus diesen Verträgen ziehen die Empfänger von Patientenzuweisungen in Form verbesserter Auslastung und erleichterter Patientenakquirierung und -steuerung. Gleich danach rangieren die Zuweiser mit zusätzlichen Verdienstmöglichkeiten. Für die Patienten und das Gesundheitssystem lassen sich kaum Vorteile finden. Bei ihnen wiegen Kosten und Risiken schwer.[742]

---

739 Siehe: Kapitel 2.2.4.2.

740 Siehe: Kapitel 2.2.4.3. und 2.2.4.4.

741 Siehe: Kapitel 2.2.5.1.

742 Siehe: Kapitel 2.2.5.2.

These 12: Verdrängungswettbewerb und „Lemon-Market“ zeichnen Situation aus:

- Die Risiken des Zuweisersystems werden am besten durch den „Lemon-Market“ nach Akerlof beschrieben. Für Ärzte und Krankenhäuser lohnt es sich in diesem System nicht, in gute Qualität zu investieren. Stattdessen investieren sie ihr Geld geschickter in Zuweiserbindung. Dabei können durch unfairen Verdrängungswettbewerb und die deshalb drohenden Versorgungslücken auf dem Land auch Gefahren für das Gesundheitssystem entstehen.[743]

These 13: Freie Arzt- und Krankenhauswahl der Patienten scheint gefährdet:

- Patienten haben eine freie Arzt- und Krankenhauswahl und dürfen durch Zuweisungspraktiken nicht zum Objekt wirtschaftlicher Interessen werden. Allerdings müssen, basierend auf der ärztlichen Fürsorgepflicht Zuweisungsempfehlungen bei Nachfragen von Patienten möglich sein.[744]

These 14: Substanz des ärztlichen Berufsethos und Reputation des Berufsstandes erodieren:

- Das Standesethos unterstellt Ärzte dem Wohle der Patienten und verpflichtet sie zu einer Fürsorge- und Schadensminderungspflicht, welche auch durch Zuweisungsverträge nicht umgangen werden darf. Der Kostendruck im Gesundheitswesen erodiert über Umwege letztlich nicht nur die Substanz des ärztlichen Berufsethos.[745]

These 15: Umsetzung der Pinzipien „Trennung“, „Äquivalenz“ und „Dokumentation“ notwendig:

- Nicht nur partielle Verschärfungen durch klare Sanktionsregelungen sollten durch den Gesetzgeber verankert werden, sondern auch die Prinzipien „Dokumentation“, „Trennung“ und „Äquivalenz“ sollten künftig im Bereich der Zuweisungsverträge konsequenter greifen.[746]

---

743 Siehe: Kapitel 2.2.5.3.
744 Siehe: Kapitel 2.2.6.
745 Siehe: Kapitel 2.2.6.
746 Siehe: Kapitel 3.1.

These 16: Keine erkennbare Verbesserung der Situation durch Clearingstellen:

- Die Vorlagepflicht an Clearingstellen gem. § 24 MBO-Ä für fragliche Verträge greift nicht in einem ausreichendem Maße. Alternative Maßnahmen und Vorschläge, wie beispielsweise ein anonymes Meldesystem, scheinen unumgänglich.[747]

4.2 Ausblick und Forschungsperspektiven

Die gewünschte Öffnung der Sektorengrenzen hin zu einer sektorenübergreifenden Versorgung hat neben Vorteilen für den Patienten und einer erhofften Kostensenkung für das Gesundheitssystem auch zu Handlungsweisen einiger Akteure geführt, die den guten Ruf und die Gesamtstabilität des deutschen Gesundheitswesens gefährden.[748] Die dadurch hervorgerufene Verunsicherung der Öffentlichkeit und der Ärzte spiegelt sich auch in der medialen Berichterstattung über Zuweisungsverträge wider. Die vorstehenden Ausführungen können das komplexe Problemfeld der Zuweisung gegen Entgelt allenfalls beleuchten und den notwendigen Handlungsbedarf aufzeigen. Um den Untersuchungsgegenstand umfassender zu erschließen, bedarf es weiterer Untersuchungen. Diese Lücke sollte von der Wissenschaft in Zukunft gefüllt werden, um der Praxis Erkenntnisgewinn und Problemlösungsansätze zu liefern.

Vor einer vorschnellen Pauschalverurteilung aller Kooperationen im Gesundheitswesen sei an dieser Stelle gewarnt. Es zeigte sich im Verlauf der Arbeit, dass Wettbewerb und verstärkte Kooperationsbereitschaft durchaus ihren Nutzen bringen und Ärzte und Krankenhäuser stellenweise auch systembedingt zu manch zweifelhafter Praktik greifen. Doch darf der legitime Wunsch nach Wirtschaftlichkeit nicht dazu missbraucht werden, die Profitorientierung vor alle ethischen Grundsätze zu stellen. Der ehemalige Präsident der DKG, Rudolf Kösters, sagte: „[...] die Politik hat durch einen überhitzten Wettbewerb die niedergelassenen Ärzte möglicherweise zur verzweifelten Suche nach Wettbewerbsvorteilen animiert."[749] Fraglich ist, ob die Ökonomie sich langfristig dem sozialen und humanen Charakter der Medizin unterordnen kann. Es bedarf am Ende einer klaren Abgrenzung zur Gewerblichkeit, so dass Patienten nicht in die Rolle eines Nachfragers nach Gesundheitsdienstleistungen oder Endverbauchers

---

747 Siehe: Kapitel 3.2.

748 Thomas, Ärztliche Freiheit, S. 183.

749 BT-Drs. 17/6909, vom 05.09.2011, S. 45.

am „Markt der Gesundheit" (Behandlungsmarkt) gedrängt werden.[750] Es würde nach und nach zu einem Verblassen altruistischer Werte und einem Trend zum erhöhten Eigennutz kommen.[751] Der Gesetzgeber darf aber nun bei dem verständlichen Wunsch nach mehr Transparenz und einheitlicher Rechtsprechung oder Gesetzesänderungen nicht den Fehler machen, durch Überregulierung auch sinnvolle und nach dem geltenden Recht statthafte medizinische Kooperationen zu gefährden oder wo möglich einen die Korruption begünstigenden Faktor schaffen.[752] Am Ende bleibt die Frage: „Wie weit wird der Wettbewerb noch gehen?" Erschreckend war letztlich die Erkenntnis, dass die Korruption an vielen Stellen weiterreicht als zunächst geglaubt. So erzählte Heinemann, pensionierter Allgemeinmediziner, im Gespräch:

> „Vertreter einer Krankenkasse waren bei mir und haben mir Geld dafür geboten bestimmte Patienten chronisch krank zu schreiben. Sie wollten mit mir mündliche Absprachen treffen. Ich habe es abgewiesen das Geld anzunehmen. Viele meiner Kollegen gehen auf diese Angebote ein"[753]

Das Ende ist noch offen…

750 Heintzen/Musil, Das Steuerrecht des Gesundheitswesens, S. 1, Rn. 1.
751 Graml, Das ärztliche Verbot der Zuweisung gegen Entgelt, S. 257.
752 Flintrop/Rieser DÄBl 106 (2009), S. A-1819 ff.
753 Siehe dazu: IV. Anhang, Anhang B – Interviews und Statements, Nr. 1, S. 165.

IV. Anhang

Anhang A – Vertragsbeispiele

Nr. 1:

LG München I 17. Kammer für Handelssachen
Entscheidungsdatum: 05.03.2009
Aktenzeichen: 17 HKO 17938/08, 17 HK O 17938/08
Dokumenttyp: Urteil

Fundstelle: Magazindienst 2009, 612-617 (red. Leitsatz und Gründe)
Verfahrensgang: nachgehend OLG München, Az: 29 U 2585/09

Diese Entscheidung

I. Dem Beklagten wird bei Meidung eines vom Gericht für jeden Fall der künftigen Zuwiderhandlung festzusetzenden Ordnungsgeldes bis 250.000,00 Euro, ersatzweise Ordnungshaft oder einer Ordnungshaft bis zu 6 Monaten, untersagt, im geschäftlichen Verkehr für den Beitritt von Ärzten in Disease-Management-Programme ein Entgelt zu versprechen und/oder zu gewähren, wenn dies wie folgt geschieht:

"Für gültige Neueinschreibungen in eines der von der deutschen BKK angebotenen DMP-Programme, die für den Zeitraum [...] bis [...] erfolgen (maßgeblich ist das Datum der Erstdokumentation) erhält der am DMP teilnehmende sowie dem Fördervertrag beigetretene Vertragsarzt:

– 100,00 Euro für jede Neueinschreibung bis zum ...
– 75,00 Euro für jede Neueinschreibung bis zum ...
– 25,00 Euro für jede Neueinschreibung bis zum ...".

Nr. 2:

OLG München 29. Zivilsenat
Entscheidungsname: Vergütungspauschale für Patientenverfügung
Entscheidungsdatum: 03.04.2008
Aktenzeichen: 29 W 1081/08
Dokumenttyp: Beschluss

Fundstelle: Magazindienst 2008, 715-718 (Leitsatz und Gründe)
Verfahrensgang: vorgehend LG München I, 7. März 2008, Az: 11 HKO 3048/08, Beschluss nachgehend BGH 1. Zivilsenat, 4. Dezember 2008, Az: I ZB 31/08, Beschluss

Diesen Beschluss

Die Antragstellerin ist eine Körperschaft des öffentlichen Rechts. Sie rechnet für Zahnärzte bestimmte Zahlungen der Versicherer mit den Zahnärzten ab. Die Antragsgegnerin bietet zusammen mit gesetzlichen Krankenversicherungen, Berufsverbänden der Ärzte, Krankenhäusern und einzelnen Ärzten auf vertraglicher Grundlage eine verschiedene Leistungssektoren übergreifende Versorgung der Versicherten oder eine interdisziplinärfachübergreifende Versorgung (integrierte Versorgung gemäß den §§ 140a ff. SGB V) an. Sie koordiniert die beteiligten Leistungserbringer und führt die Abrechnung durch. Eine von ihr mit der AOK B. und dem Landesverband B. im Berufsverband der Frauenärzte e. V. geschlossene Rahmenvereinbarung (vgl. Anlage K 5) enthält folgende Regelungen:

§ 4 Leistungsumfang

4 [...]

5 (2) Zu den Aufgaben des Partnerarztes gehören ferner die Durchführung des ärztlichen Gesprächs über die erhöhten Risiken im Zusammenhang mit Parodontalerkrankungen während der Schwangerschaft und über die besondere Bedeutung der Dentalhygiene für Mutter und Kind sowie die Überweisung der Schwangeren an einen Partnerzahnarzt.

6 [...]

§ 5 Vergütung und Abrechnung

8 [...]

9 (2) Davon abweichend vereinbaren die Vertragspartner für die Vergütung der Frauenärzte [...] folgende Regelung:

10 [...]

11 b) Zusätzlich erhält der Partnerarzt von der AOK für seine Leistungen nach § 4 Abs. 2 eine Vergütungspauschale in Höhe von EUR 10,-- je Fall, wenn [...] die Schwangere im Rahmen dieser integrierten Versorgung von einem Partnerzahnarzt behandelt wird [...].

Nr. 3:

OLG Hamm 2. Zivilsenat
Entscheidungsdatum: 22.10.1984
Aktenzeichen: 2 U 172/83
Dokumenttyp: Urteil

Fundstelle: NJW 1985, 679-681 (red. Leitsatz 1 und Gründe)
Literaturnachweis: Frieling, MedR 1985, 181-181 (Entscheidungsbesprechung)

Diese Entscheidung

Er war Inhaber des nicht unter ärztlicher Leitung oder ärztlicher Mitwirkung in gemieteten Büroräumen geführten [....] Zweck des [...] war die Gewinnerzielung durch Vermittlung fachärztlicher Leistungen. Das Institut warb Interessenten für Haartransplantationen und für andere kosmetische Operationen – wie Narbenkorrekturen und Unfallchirurgie –, und zwar durch Zeitungsanzeigen; auf die vorgelegten Inserate (Bl. 135 a d. A.) wird Bezug genommen. Sofern Interessenten auf Inserate antworteten, wurden ihre Adressen in einer Kundenkartei des [...] erfasst. Sie erhielten weitere schriftliche und – auf Wunsch – zusätzliche mündliche Informationen im Rahmen eines kostenlosen persönlichen Beratungsgesprächs mit dem Kläger, der sie über die Möglichkeiten und Erfolgsaussichten eines kosmetischen Eingriffs unterrichtete. Interessenten, die sich daraufhin für eine Haartransplantation oder für eine andere kosmetische Operation entschieden, vermittelte der Kläger an die Fachärzte [...] und [...] die Inhaber der [...] Klinik für kosmetische Operationen, Plastische- und Wiederherstellungschirurgie" sind. Hierbei schlossen das [...] und die Interessenten einen schriftlichen Vertrag, wobei im Falle einer beabsichtigten Haartransplantation das vom Kläger vorgelegte Vertragsmuster verwendet wurde, auf dessen Inhalt (Bl. 175 d. A.) verwiesen wird und in dem unter anderem bestimmt ist:

§ **3)** Die Behandlungsgebühr pro Sitzung beträgt DM [...] Sie umfasst das Honorar für die Transplantation, das Honorar der behandelnden Ärzte, den Klinikaufenthalt mit Verpflegung, sämtliche sonstige medizinische Leistungen in der Klinik.

§ **4)** Das Honorar ist direkt vor der Behandlung in der Klinik zu bezahlen. Bei negativem Bescheid des Arztes entstehen Ihnen keine Unkosten.

§ **5)** Terminvorschlag für die erste Sitzung: Anreise Montagabend [...], Behandlungstag [...] Der genaue Zeitpunkt wird direkt vom Institut für Haarchirurgie, [...] schriftlich mitgeteilt/bestätigt. Der zweite Termin kann direkt in der Klinik oder hier [...] abgesprochen werden (gilt nur für Patienten, die zwei Operationen durchführen).

§ **6)** Die Ausführung der Transplantationen und sämtliche medizinische Hilfeleistungen obliegen ausschließlich der Klinik in eigener ärztlicher Verantwortung. Das [...] erbringt keine ärztlichen Leistungen. Sollte der von der Klinik bestimmte behandelnde Arzt aus irgendwelchen Gründen entscheiden, dass eine Eignung für das Verfahren der Haartransplantation nicht besteht, wird die volle Behandlungsgebühr (siehe Punkt 4) sofort zurückbezahlt. Die Transplantation ist vollkommen vom Befund des Arztes abhängig und wird nur auf dessen Weisung hin ausgeführt. Seine Entscheidung ist verbindlich.

§ 7) Sofern der mit der Klinik vereinbarte Termin nicht eingehalten werden kann, und kein Ersatztermin vereinbart wird, kann das [...] eine Unkostengebühr von 20 % v. H. der Gesamtgebühr einbehalten."

Nr. 4:

OLG Düsseldorf 20. Zivilsenat
Entscheidungsdatum: 01.09.2009
Aktenzeichen: I-20 U 121/08, 20 U 121/08
Dokumenttyp: Urteil

Fundstelle: GesR 2009, 605-609 (red. Leitsatz und Gründe)
Verfahrensgang: vorgehend LG Duisburg 4. Zivilkammer, 1. April 2008, Az: 4 O 300/07, Urteil
Literaturnachweis: Stefan Bäune, jurisPR-MedizinR 7/2010 Anm. 5 (Anmerkung)
Praxisreport: Stefan Bäune, jurisPR-MedizinR 7/2010 Anm. 5 (Anmerkung)

Diese Entscheidung

Der Kläger ist ein im Vereinsregister eingetragener ärztlicher Berufsverband. Er ist ein Zusammenschluss von über 1.000 so genannten Knappschaftsärzten, also niedergelassenen Ärzten, die neben der normalen Kassenzulassung aufgrund eines mit der Knappschaft B. S. in B. geschlossenen Vertrages zugleich über die Zulassung zur knappschaftsärztlichen Versorgung verfügen. Zu seinem satzungsgemäßen Vereinszweck gehören u. a. die Pflege der Berufsethik unter den Mitgliedern und die Wahrnehmung der vertraglichen, wirtschaftlichen und sozialen Belange. Die Tätigkeit des Klägers erstreckt sich traditionell auf die (ehemalige) Bergbauregion R. und damit auch auf das Gebiet der Stadt O. 2 Dort betreibt die Beklagte zu 1. das M.H. Chefarzt in dessen chirurgischer Abteilung ist der Beklagte zu 2. 3 Die Beklagte zu 1. bietet niedergelassenen Ärzten den Abschluss eines Vertrages über eine "Sektorenübergreifende Versorgung" an. Diese Kooperation wird auch als "MVG O" bezeichnet. Der Vertrag enthält unter anderem die nachfolgend wiedergegebenen Bestimmungen:

Präambel

1. Das Krankenhaus und die Vertragsärzte verpflichten sich mit dieser Vereinbarung zu einer sektorenübergreifenden Kooperation. Inhalt der Kooperation ist die medizinisch abgestimmte, arbeitsteilige Behandlung von Patienten, bei denen eine vor- oder nachstationäre Behandlungsnotwendigkeit besteht. Die Vertragspartner sind davon überzeugt, mit dieser Kooperation den Interessen der Patienten zu dienen, da koordinierte Behandlungsabläufe die Versorgungsqualität erhöhen und ferner mit dem Vorteil für den Patienten verbunden sind, länger im häuslichen Umfeld zu bleiben. Zugleich erzeugt die Kooperation wirtschaftliche Synergieeffekte, die den Vertragspartnern einen noch wirtschaftlicheren Ressourceneinsatz ermöglichen.

2. Das Recht der Patienten, den behandelnden Arzt bzw. das Krankenhaus frei auszuwählen, wird durch diesen Vertrag nicht eingeschränkt.

§ 1 Grundsätze

1. Die sektorenübergreifende Versorgung dient in erster Linie den Interessen der Patienten durch Optimierung der Versorgungsqualität. Aus diesem Grund wird die medizinische Ver-

antwortung des jeweils behandelnden Arztes und sein Letztentscheidungsrecht in allen medizinischen Fragen durch diesen Vertrag nicht berührt. [...]

§ 2 Leistungen

1. Das Krankenhaus beauftragt Vertragsärzte mit der Durchführung von prä- und poststationären Leistungen, die im Zusammenhang mit einer stationären Behandlung im Krankenhaus notwendig sind. In Anlage A sind die stationären Behandlungen nach Satz 1 aufgeführt, bei denen eine Beauftragung der Vertragsärzte im Rahmen der sektorenübergreifenden Versorgung in Betracht kommt. Die von Vertragsärzten im Auftrag des Krankenhauses durchführbaren Leistungen sind in der Anlage B dieses Vertrages abschließend aufgeführt.

2. Das Krankenhaus entscheidet über den Umfang der im konkreten Behandlungsfall durch den Vertragsarzt zu erbringenden Leistungen und koordiniert diese. Das Nähere regelt § 3.

§ 3 Ablaufkonzept der sektorenübergreifenden Versorgung

1. Der Vertragsarzt empfiehlt dem Patienten, für den er die Indikation für eine stationäre Behandlung nach Anlage A gestellt hat, die Vorstellung im Krankenhaus.

2. Das Krankenhaus nimmt den Patienten als Behandlungsfall i.S. dieser Vereinbarung an, wenn es die Indikation zur stationären Behandlung bestätigt und der Patient sein schriftliches Einverständnis nach § 8 gegeben hat.

3. Nach Annahme des Behandlungsfalles entscheidet das Krankenhaus über die weiteren Behandlungsschritte und dokumentiert diese in einer Patientenakte.

4. Das Krankenhaus beauftragt den Vertragsarzt, der die Indikation gestellt hat, mit den im konkreten Behandlungsfall notwendigen prästationären Leistungen durch Übersendung der Patientenakte und informiert den Patienten.

5. Der beauftragte Vertragsarzt erbringt die prästationären Leistungen und gibt anschließend die Patientenakte nach entsprechender Dokumentation an das Krankenhaus zurück.

6. [bleibt frei]
7. [bleibt frei]

8. [...] Soweit diese [scil.: poststationäre Leistungen] erforderlich sind, beauftragt das Krankenhaus hiermit den Vertragsarzt, der die Indikation gestellt hat, durch Übersendung der Patientenakte. Der beauftragte Vertragsarzt reicht die Patientenakte, nachdem er die poststationären Leistungen erbracht und dokumentiert hat, an das Krankenhaus zurück.

9. [...] Es kann sich – je nach Behandlungsnotwendigkeit – eine erneute stationäre Behandlung (ggf. mit weiterer poststationärer Behandlung) [...] anschließen.

§ 5 Vergütung

1. Das Krankenhaus zahlt den Vertragsärzten für die von ihnen erbrachten prä- und poststationären Leistungen die Vergütung nach Anlage B. Mit der Vergütung sind alle beim Vertragsarzt mit der Leistungserbringung verbundenen Kosten, einschließlich derjenigen für Verbrauchsmaterialien, abgegolten.

2. Die Abrechnung der ärztlichen Leistungen erfolgt über mit dem Vertragsarzt gem. Anlage E. [...]

§ 8 Teilnahme von Versicherten

1. Voraussetzung für die Behandlung im Rahmen der sektorenübergreifenden Versorgung ist die Einverständniserklärung des Patienten. Sie ist schriftlich gegenüber dem Krankenhaus abzugeben, nachdem dieses den Patienten umfassend über den Inhalt der sektorenübergreifenden Versorgung aufgeklärt hat. [...]

Nr. 5:

zwischen

Sanitätshaus [redacted] GmbH & Co. KG
[redacted]
vertreten durch Herrn [redacted]

und

§1 Herr/Frau Dr. med. stehen als Berater für die Firma [redacted] an zwei Nachmittagen pro Woche in ihren Praxisräumen zur Verfügung.

Er berät die Firma [redacted] hinsichtlich auftretender Fragen und Probleme bei orthpädietechnischen und orthopädieschuhtechnischen Versorgungen.

§2 Die Firma [redacted] wird als Partner bei den Beratungen durch einen Orthopädiemechanikermeister vertreten.

Herr/Frau Dr. med. wird an den Beratungen (außer Urlaub und Abwesenheit aus wichtigem Grunde) persönlich teilnehmen.

§3 Der Vertrag beginnt am .... Der Vertrag wird auf unbestimmte Zeit geschlossen. Er gilt für die Zeit, während der die Firma, eines ihrer Tochterunternehmen, ein mittelbar oder unmittelbar mit ihr in Verbindung stehendes Unternehmen oder ihr Rechtsnachfolger im Gebiet der Stadt eine Niederlassung, Filiale, Werkstatt oder sonstige Verkaufsstelle unterhält.

Eine einseitige Kündigung des Vertrages durch die Firma [redacted] wird ausgeschlossen.

§4 Herr/Frau Dr. med. erstellt uns für seine beratende Tätigkeit eine Auflistung für die erbrachte Leistung jeweils zum Quartalende, die dann von der Fa. [redacted] GmbH & Co. KG ausgeglichen wird.

[redacted]..............................

Geschäftsleitung [redacted] Dr. med.

Quelle: Transparency International Deutschland e.v. Ansprechpartner Frau Michels.

Nr. 6:

Kooperationsvereinbarung

Zwischen den nachstehend genannten Firmen

[redacted]

und

[redacted]

die Parteien vereinbaren hiermit folgendes:

1. Gegenstand der Vereinbarung

[redacted]bernimmt die Versorgung der vo[redacted]ausgewählten Arztpraxen. [redacted]ersorgt die Arztpraxen in Absprache mit den Ärzten, je nach Bedarf durch Sprechstunden, Beratungen und sonstigen Versorgungsleistungen. Maßgeblich sind die Wünsche des Arztes und seiner Patienten.

2. Laufzeit

Diese Vereinbarung wird auf unbestimmte Zeit abgeschlossen

3. Vertraulichkeit

Die Partner werden alle unternehmensbezogenen Informationen die ihnen im Rahmen dieses Vorhabens zugänglich gemacht werden, vertraulich behandeln und nicht ohne gegenseitige Abstimmung Dritten zur Verfügung zu stellen.

4. Haftung

Ansprüche der Partner gegeneinander, ihrer leitenden Mitarbeiter und gesetzlichen Vertreter, Erfüllungs-und Verrichtungsgehilfen auf Ersatz von Schäden, insbesondere solcher wegen entgangenem Gewinn sind ausgeschlossen, soweit sie nicht auf Vorsatz oder grober Fahrlässigkeit beruhen. Schadenersatzansprüche der Partner gegeneinander aus Verzug, vorvertraglicher Sorgfaltspflichtverletzung, positiver Vertragsverletzung oder unerlaubter Handlung sind ebenfalls ausgeschlossen, soweit sie nicht auf Vorsatz oder grober Fahrlässigkeit beruhen.

5. Vergütung

[redacted] arbeitet bei der Versorgung dieser Arztpraxen auf eigene Rechnung [redacted] vergütet die Dienstleistungen von [redacted] wie folgt:
Für die Durchführung von Anwendungsbeobachtungen und ärztlichen Studien sowie dokumentarischen Aufzeichnungen beim Einsatz der nachfolgenden Hilfsmittel:

[redacted] Hartrahmenorthesen:	15% vom Netto-Versorgungswert
[redacted] Softbraces:	10% vom Netto-Versorgungswert
[redacted] Bandagen:	10% vom Netto-Versorgungswert
Übrige Produkte:	5% vom Netto-Versorgungswert

[redacted] berichtet monatlich unter Beachtung des für Patientdaten geltenden Datenschutzes über alle abgegebenen Produkte mit Kostenträger/KV-Summe/ Abrechnungsnummer an [redacted]

Die Rechnungsstellung erfolgt monatlich.

6. Kündigung

Jeder Partner kann mit einer Frist von drei Monaten seine Beteiligung am Verbundvorhaben kündigen, wenn die Weiterarbeit für ihn unzumutbar geworden ist.

7. Sonstiges

Änderungen und Ergänzungen dieses Vertrages müssen als solche gekennzeichnet sein und bedürfen zu ihrer Rechtswirksamkeit der Schriftform sowie der Unterschrift beider Partner.

Sollte eine Bestimmung dieses Vertrages unwirksam sein, so berührt dies die Wirksamkeit der übrigen Bestimmungen nicht. Die Bestimmung soll vielmehr durch eine Regelung ersetzt werden, die rechtlich zulässig ist und in ihrem wirtschaftlichen Gehalt der ursprünglichen Bestimmung am nächsten kommt.

8. Inkrafttreten

Diese Vereinbarung tritt mit seiner Unterzeichnung in Kraft

Quelle: Transparency International Deutschland e.V. Ansprechpartner Frau Michels.

Nr. 7:

[redacted]

Ihr Partner für Therapie

[redacted]

[redacted]

Verordnungspauschale

[redacted]

seit dem mehr als zweijährigen Bestehen unserer Einrichtung hat sich das Unternehmen unter meiner Leitung äußerst positiv entwickelt. Dies betrifft insbesondere die Patientenzahlen, die Qualität der durchgeführten Therapien und die Zusammenarbeit mit den niedergelassenen Ärzten und Krankenhäusern der Region.

Um auch Sie an dieser Entwicklung teilhaben zu lassen, wird ab Oktober 2010 durch uns eine Verordnungspauschale eingeführt und an die überweisenden Ärzte ausgezahlt.

Diese ist in Abhängigkeit zum Umfang gestaffelt und beträgt zum Beispiel für eine IRENA-Rehabilitationsmaßnahme

100 €.

Weitere Informationen zu den Pauschalen für andere Heilmittelverordnungen entnehmen Sie bitte dem beiliegendem Informationsblatt.

Selbstverständlich steht Ihnen auch unser Wellnessbereich kostenlos zur Verfügung.

Gleichzeitig möchte ich mich bei Ihnen für die bisherige Zusammenarbeit und das entgegengebrachte Vertrauen bedanken.

Mit freundlichen Grüßen

[redacted]

Geschäftsführerin

[redacted]

Quelle: Transparency International Deutschland e.V. Ansprechpartner Frau Michels.

Nr. 8:

Tatbestand:

Der Kläger verlangt den Kaufpreis für die Veräußerung seines Unternehmens an den Beklagten sowie verauslagte Büromieten.

Er war Inhaber des nicht unter ärztlicher Leitung oder ärztlicher Mitwirkung in gemieteten Büroräumen geführten [redacted]. Zweck des [redacted] war die Gewinnerzielung durch Vermittlung fachärztlicher Leistungen. Das Institut warb Interessenten für Haartransplantationen und für andere kosmetische Operationen - wie Narbenkorrekturen und Unfallchirurgie -, und zwar durch Zeitungsanzeigen; auf die vorgelegten Inserate (Bl. 135 a d.A.) wird Bezug genommen. Sofern Interessenten auf Inserate antworteten, wurden ihre Adressen in einer Kundenkartei des [redacted] erfaßt. Sie erhielten weitere schriftliche und - auf Wunsch - zusätzliche mündliche Informationen im Rahmen eines kostenlosen persönlichen Beratungsgesprächs mit dem Kläger, der sie über die Möglichkeiten und Erfolgsaussichten eines kosmetischen Eingriffs unterrichtete. Interessenten, die sich daraufhin für eine Haartransplantation oder für eine andere kosmetische Operation entschieden, vermittelte der Kläger an die Fachärzte [redacted] und [redacted] die Inhaber der [redacted] Klinik für kosmetische Operationen, Plastische- und Wiederherstellungschirurgie" sind. Hierbei schlossen das [redacted] und die Interessenten einen schriftlichen Vertrag, wobei im Falle einer beabsichtigten Haartransplantation das vom Kläger vorgelegte Vertragsmuster verwendet wurde, auf dessen Inhalt (Bl. 175 d.A.) verwiesen wird und in dem unter anderem bestimmt ist:

"3) Die Behandlungsgebühr pro Sitzung beträgt DM ___________ Sie umfaßt das Honorar für die Transplantation, das Honorar der behandelnden Ärzte, den Klinikaufenthalt mit Verpflegung, sämtliche sonstige medizinische Leistungen in der Klinik.

4

4) Das Honorar ist direkt vor der Behandlung in der Klinik zu bezahlen. Bei negativen Bescheid des Arztes entstehen Ihnen keine Unkosten.

5) Terminvorschlag für die erste Sitzung: Anreise Montagabend ______________, Behandlungstag ____________. Der genaue Zeitpunkt wird direkt vom Institut für Haarchirurgie, [redacted] schriftlich mitgeteilt/ bestätigt. Der zweite Termin kann direkt in der Klinik oder hier _______________ abgesprochen werden (gilt nur für Patienten, die zwei Operationen durchführen).

6) Die Ausführung der Transplantationen und sämtliche medizinische Hilfeleistungen obliegen ausschließlich der Klinik in eigener ärztlicher Verantwortung. Das [redacted] erbringt keine ärztlichen Leistungen. Sollte der von der Klinik bestimmte behandelnde Arzt aus irgendwelchen Gründen entscheiden, daß eine Eignung für das Verfahren der Haartransplantation nicht besteht, wird die volle Behandlungsgebühr (siehe Punkt 4) sofort zurückbezahlt. Die Transplantation ist vollkommen vom Befund des Arztes abhängig und wird nur auf dessen Weisung hin ausgeführt. Seine Entscheidung ist verbindlich.

7) Sofern der mit der Klinik vereinbarte Termin nicht eingehalten werden kann, und kein Ersatztermin vereinbart wird, kann das [redacted] eine Unkostengebühr von 20 % v.H. der Gesamtgebühr einbehalten."

Nachdem die vom Kläger vermittelten Patienten das Arzthonorar an die Fachärzte [redacted] gezahlt hatten, erhielt das [redacted] aufgrund einer mit den Fachärzten getroffenen mündlichen Provisionsvereinbarung eine bestimmte

Quelle: OLG Hamm, 2 U 172/83, Urtl. v. 22.10.1984, Sammlung von Notar Dr. Stefan Zimmermann, www.zimmermann-notar-rostock.de

Anhang B – Interviews und Statements

Beispielfragen Ärzte:

1. Wie schätzen Sie die Relevanz des Themas „Zuweisung gegen Entgelt“ in Bezug auf das ärztliche Berufsethos ein?

2. Kann es vorkommen, dass ein Arzt nicht mehr konkurrenzfähig im Wettbewerb ist, wenn er sich nicht an den Praktiken der Zuweisung beteiligt?

3. Gibt es Kliniken, die Sie schon einmal mit der Bitte um Patientenzuweisungen an Sie herangetreten sind?

Beispielfragen Kliniken:

1. Gibt es auch Risiken und Nachteile von Kooperationen bzw. Zuweisung gegen Entgelt für Krankenhäuser?

2. Setzen Sie niedergelassene Ärzte manchmal unter Druck mit dem Verlangen nach einem Entgelt für Zuweisungen?

3. Nennen Sie einige Vorteile von Kooperationen unter Krankenhäusern bzw. Krankenhäusern und niedergelassenen Ärzten.

4. Wie binden Sie niedergelassene Ärzte an Ihre Klinik?

5. Wie stehen Sie zu Clearingstellen, nutzen Sie diese?

Beispielfragen Anwälte:

1. Wie schätzen Sie den neuen § 73 Abs. 7 SGB V und dessen künftige Umsetzung ein?

2. Welche unzulässigen Vereinbarungen in Bezug auf Großgeräte kennen Sie?

3. Wie schätzen Sie die Aufhebung des § 34 MBO-Ä a. F. und die Neufassung des § 31 MBO-Ä ein?

Beispielfragen öffentliche Stellen:

1. Was sind die Sanktionsmöglichkeiten des § 73 Abs. 7 SGB V und wie glauben Sie wird dieser ungesetzt werden?

2. Warum wurde diese Neuregelung beschlossen?

3. In der Vergangenheit haben sich die Medien an zahlreichen Stellen mit verbotenen Provisionen an oder gegenüber Ärzten beschäftigt und oft darüber berichtet. Wie bekannt sind diese Themen bei Ihnen?

4. Viele dieser Praktiken werden hinter verschiedenen Formen von Kooperationsverträgen versteckt und an Stellen Leistungen abgerechnet, obwohl niemals eine entsprechende Leistung stattgefunden hat. Welche Auswirkungen haben Zuweiserpraktiken auf die Krankenkassen?

5. Die Ärztekammern der Länder haben an vielen Stellen bereist Clearingstellen eingerichtet, um fragwürdige Verträge im Voraus prüfen zu können. Gibt es auch bei Ihnen konkrete Pläne?

6. Was würden Sie Patienten raten, wenn diese von Zuweisungen gegen Entgelt erfahren?

Nr. 1:

Interview mit einem niedergelassenen Arzt im Ruhestand:

Name: Dr. med. Gebhard Heinemann
Anschrift: Sieverdinger Kirchweg 2, 29664 Walsrode
Telefonnummer: 05161/2798
Datum des Gesprächs: 22.12.2011, 11 Uhr

„Vertreter einer Krankenkasse waren bei mir und haben mir Geld dafür geboten bestimmte Patienten chronisch krank zu schreiben. Sie wollten mit mir mündliche Absprachen treffen. Ich habe es abgewiesen das Geld anzunehmen. Viele meiner Kollegen gehen auf diese Angebote ein, ich habe das erlebt! Viele aus Angst vor Repressalien der Krankenkassen.

Es zählt Geld und Erfolg!

Wenn Ärzte als Angestellte der Krankenkassen angesehen werden, dann haben sie es selbst verschuldet. Bei vielen Ärzten zählt wirtschaftlicher Eigennutzen und die politische Karriere.

Ich habe die Erfahrung gemacht, dass Ärzte für die Pharmaindustrie uninteressant geworden sind. Es gibt nicht mal mehr Kugelschreiber oder Kalender.

Man kann sich ja auch der Dinge verweigern, so wie ich das gemacht habe. Menschliche Unzulänglichkeiten kann man kaum erzwingen. Es gibt da keine Vertrauensbasis.

Druck reicht, so leicht ist es den Menschen zu verändern. Es wird ja auch keiner den anderen verraten!“

Nr.2 :

Interview mit einem niedergelassenen Arzt:

Name: Dr. med. Peter Biertz
Anschrift: Stockweg 6, 57076 Siegen
Datum des Gesprächs: 16.12.2011, 13 Uhr

„Chronische Krankheiten zu behandeln, lohnt sich für ein Krankenhaus nicht mehr. Was sich wirklich lohnt sind viele orthopädische Eingriffe oder radiologische Diagnostik. Alles was schnell geht und der Patient nicht eine Woche oder länger im Krankenhaus liegen muss.

Ich als Hausarzt bin als Zuweiser überhaupt nicht interessant, diese Problematik betrifft vor allem die Kollegen Fachärzte jeglicher Richtung, wobei Orthopäden, Kardiologen und Radiologen meiner Ansicht am häufigsten betroffen sind.

Krankenhäuser kaufen sich häufig Kassenärzte ein und gründen MVZs, um teure Geräte von denen mit abbezahlen zu lassen und Pauschalen für deren Nutzung zu vereinbaren. Die Ärzte zahlen dann einen prozentualen Anteil, an dem was sie mit ihren diagnostischen Leistungen an Patienten verdienen an das Krankenhaus.“

Nr. 3:

Statement von Professor und Arzt im Ruhestand:

Name: Dr. med. U. Bonk
Studium der Medizin/Pathologe. 30 Jahre Leiter der Städtischen Pathologie in Bremen. Professor der Universitäten Göttingen und Bremen für Pathologie, Onkologie und Public Health. Gründer und langjähriger Vorsitzender des Tumorzentrums Bremen, Ehrenmitglied seit 2008. Studium der Medizinethik in Basel. Aufbau der klinischen Ethikberatung im Klinikum Mitte, Bremen. Freiwillige Lehrtätigkeit an Krankenhäusern und Universitäten Afrikas im Fach Zytologie zur Früherkennung des Gebärmutterhals- und Brustkrebs. Seit 2008 Vorsitzender des Hospiz- und Palliativverbandes Bremen. Seit 2009 Mitglied des Vorstandes des DHPV. [...]
Datum: 22.12.2011

„Ihr Thema geht ja in den ungesetzlichen Bereich. Daran sind vor allem die Krankenkassen interessiert, da diese durch ein solches Verhalten ausgeplündert werden. Leider spielt sich vieles im Dunkeln ab. Es muss nicht immer Geld sein. Vor allem Privatpatienten und deren Kassen werden geschädigt. Ein Netzwerk von Ärzten redet dem jeweiligen Patienten ein, dass zusätzliche Untersuchungen bei einem Ihrer befreundeten Fachärzte nötig seien. Es wird mit der Angst argumentiert. Dafür erhält dieser Arzt wieder Zuweisungen von besagtem Arzt. Ob Geld eine Rolle spielt, ist für den Außenstehenden schwer zu durchschauen. Es gibt eine zentrale Staatsanwaltschaft in Deutschland, die sich um solche Dinge kümmert. Bekannt ist, dass Apotheker oft an solchen Ringen beteiligt sind wegen der sehr teuren Medikamente bzw. speziellen Infusionen.“

Nr. 4:

Interview mit einem Fachanwalt für Medizinrecht:

Name: Herr Dr. Makoski, von Möller und Partner (Kanzlei für Medizinrecht)

Rechtsanwalt seit 2007, vertretungsberechtigt bei dem Amtsgericht, Landgericht und Oberlandesgericht Düsseldorf. Fachanwalt für Medizinrecht.

Mitglied
- der Arbeitsgemeinschaft Medizinrecht im Deutschen Anwaltverein
- der American Society for Law, Medicine and Ethics

Adresse: Düsseldorf Gerresheim, Pfeifferstr. 6.
Datum des Gesprächs: 11.01.2012, 15 Uhr

Jana Heene: „Wie schätzen Sie den neuen § 73 Abs. 7 SGB V und dessen künftige Umsetzung ein?"

Herr Dr. Makoski: „ Also § 73 Abs. 7 SGB V ist [...] eine Klarstellung und in einem gewissen Sinne auch eine Verschärfung, weil § 128 SGB V ja auch verschärft wurde. Gerade so die gesellschaftsrechtlichen Beteiligungsregelungen und das diese Verbote jetzt auch noch über den § 73 Abs. 7 SBG V ausdrücklich in Bezug genommen werden. [...] Wenn Sie sich die Gesetzgebungsgeschichte angucken ist der § 128 SGB V in den letzten 5 Jahren, also bei den letzten drei Reformen immer verschärft worden. Gerade weil man erkannt hat, dass ist hier ein Problem, was man regeln will, auch auf der Ebene. Der § 73 Abs. 7 SGB V ist noch einmal ausdrücklich ein Ansporn oder eine Regelung an die Vertragsärzte, dass sie sich auch daran zu halten haben. Ich würde sagen nicht nur die klassischen Beispiele, also die Hilfsmittelerbringer, Hörgerätehersteller und Optiker, sondern auch die Vertragsärzte selbst werden noch einmal in die Pflicht genommen."

Jana Heene: „Ist das denn auch so, dass die das geregelt haben, weil sie sich gesagt haben, die Musterberufsordnung allein reicht uns nicht. Das sie dann gesagt haben, gut wir nehmen das noch in das Sozialrecht mit hinein?"

Herr Dr. Makoski: „Das ist durchaus ein Aspekt. [...] Das kann man so sagen, doch. Man kann sagen, dass hier erkannt wurde, auch wenn es berufsrechtlich ist, fehlt so ein bisschen die Sanktionsmöglichkeit auf der vertragsärztlichen Ebene. Das man hier noch einmal eine Sanktionsmöglichkeit schafft. Ob sie wirklich erforderlich war ist eine andere Sache. Aber eben das ist klargestellt worden, zur Verschärfung."

Jana Heene: „Wie schätzen Sie das denn überhaupt ein, wenn man jetzt mal anguckt, ob das oft verfolgt wird die Thematik Zuweisungsverträge oder ob das eher nicht klar genug rechtlich geregelt ist?"

Herr Dr. Makoski: „Das Problem ist in den meisten Fällen nicht unbedingt die rechtliche Regelung. Das Problem ist meist erst auf der tatsächlichen Ebene."

Jana Heene: „Es ist also sehr schwer nachweisbar?“

Herr Dr. Makoski: „Sie haben das Nachweisproblem, genau und [...] und dann so ein bisschen die Einordnung. Wobei die Kriterien die jetzt hierbei genannt werden, ob es Berufsordnung ist oder SGB V, die sind ja gleich.“

Jana Heene: „Wie schätzen Sie die Aufhebung des § 34 MBO-Ä und die Neufassung des § 31 Abs. 1 MBO-Ä und dessen Umsetzung ein?“

Herr Dr. Makoski: „Also soweit mir das mitgeteilt wurde auch von Leuten, die daran beteiligt waren an der Neufassung der Berufsordnung, ist das keine Aufhebung. Es ist nur eine Neustrukturierung des Ganzen. Es soll keine bisherige Regelung aufgehoben werden, sondern die sollen alle nur neu formuliert und strukturiert werden. Also insoweit soll der bisherige Verbotsgehalt auch erhalten bleiben. Das ist das, was der Verordnungsgeber, also die Satzungskommission der Bundesärztekammer, damit beabsichtigt hat und so wird das ganze dann auch weiterg-tragen und verkauft, also umgesetzt. Also insofern, hat das keine inhaltliche Bedeutung.“

Jana Heene: „Also Sie sehen da jetzt nicht irgendwie eine großartige Verbesserung drin oder klarere Strukturierung?“

Herr Dr. Makoski: „Nicht mal unbedingt das. Also ich fand die vorherigen Vorschriften eigentlich schon klar genug. Es ist jetzt nur so ein bisschen kürzer geworden.“

Jana Heene: „Wo sehen Sie die größte Problematik in der Umsetzung der Rechtsanwendung?“

Herr Dr. Makoski: „Wir haben eine rechtliche Lage wie wir das Ganze umsetzen und wie dies in die Verträge kommt. Ein großes Problem ist das Eigeninteresse der einzelnen Beteiligten, sowohl der Krankenhäuser als auch der Vertragsärzte. Das die eigentlich den Status Quo beibehalten wollen. Was hier natürlich immer das Problem ist, wenn sie den Status Quo beibehalten wollen, wie setzt man das Ganze entsprechend um bzw. ist der bisherige Status Quo wahrscheinlich rechtswidrig, wie strukturiere ich das entsprechend um und wie gestalte ich das für die Zukunft sicher. [...] Das ist immer so, wenn man eine Verbotsnorm hat.“

Jana Heene: „Ist Ihnen das denn schon häufiger mal begegnet, dass Ärzte an Sie herangetreten sind und gefragt haben „ Können Sie mir da nicht eine Regelung machen, die gerade noch so zulässig ist?“ Oder haben Sie davon vielleicht schon mal gehört?“

Herr Dr. Makoski: „Es gibt durchaus Interesse bei allen Beteiligten, die bisherige Zusammenarbeit in Formen zu überführen, die zulässig sind. Also zumindest wie wir es bei uns mitbekommen, wobei wir immer sehr auf Seriosität und Zurückhaltung beraten haben. Dabei geht es dann auch immer darum, wie kann man das Ganze so ausgestalten, dass es zulässig ist?“

Jana Heene: „Welche besonders heiklen Vertragkonstellationen gibt es denn? [...]“

Herr Dr. Makoski: „Großgerätekooperationen sind in den meisten Fällen nicht das Problem, weil es in diesen Fällen im Endeffekt nur die Krankenhäuser sind, die so was nicht haben und die dann die Leistung zum Beispiel von Radiologen beziehen, die dann eben das MRT betreiben. Das Krankenhaus kann seine Patienten dort versorgen. Das ist ja in dem Sinne dann keine Zuweisung, weil es, wenn man das mal ökonomisch betrachtet, ein Outsourcing von Leistung ist. Zuweisungen haben sie meist zwischen den verschiedenen Behandlungsebenen. [...] Also die Vorbehandlungsebene und dann eben für die Hauptbehandlung, eine Einweisung in das Krankenhaus. Das ist so die Konstellation die problematisch ist. [...] Wie das Ganze sich jetzt in Zukunft auswirken wird, auch mit den im GKV-VStG enthaltenen Änderungen der §§ 115 a und b SGB V müssen wir eigentlich noch abwarten, weil da auch noch mal ein bisschen was verändert wurde. Wie sich das Ganze dann in das Gesamtbild einfügt."

Jana Heene: „Ich habe gelesen, dass auch viele die integrierten Versorgungsverträge als problematisch sehen, weil ja da letztendlich die Pauschalen legalisiert werden."

Herr Dr. Makoski: „Ja, wobei das vom Gesetzgeber klar eine Sondersituation ist, weil es gerade darum geht, wie integriere ich die Versorgung zusammen. Ich habe hier zwei Ebenen mit verschiedenen Vergütungssystemen. Auch zwischen Krankenhaus und Ambulanten gibt es ja verschiedene Vergütungsebenen. [...] Das macht ja auch einen versicherungstechnischen Unterschied für die Krankenkassen. Bei der integrierte Versorgung normalerweise nicht, weil die einmal eine Rate bezahlen und denen ist rechtlich egal, wer wofür das Geld erhält. Das die integrierte Versorgung insgesamt problematisch ist, das ist eine andere Baustelle."

Jana Heene: „Ja, Viele nutzen das ja angeblich um dann daraus einen Zuweisungsvertrag zu machen."

Herr Dr. Makoski: „Ja, wobei die integrierte Versorgung insgesamt sehr schwach ist und sie haben eben einen Unterschied zwischen den Zuweisungsverträgen, den Problematischen und der integrierten Versorgung. [...] Das heißt die Kostenträger sind da mit eingebunden. Die haben in dem Sinne eine Offenheit. Zum Beispiel der Kataraktvertrag der Krankenkassen mit der KV-Nordrhein, wo auch eine Pauschale [...] an den Augenarzt drin enthalten sind. In dem Sinne wird das unbedenklich betrachtet, weil die Kostenträger entsprechend mit eingebunden sind und das Ganze offen erfolgt. Aber wenn sie das Ganze jetzt als Krankenhaus alleine machen, die Entscheidung des OLG Düsseldorf äußert sich ja dazu, das geht dann eigentlich nicht."

Jana Heene: „Was könnte man denn für einen verbesserten Patientenschutz tun?"

Herr Dr. Makoski: „ [...] Sie haben einmal die Frage Aufklärung, also wie weit der Arzt die Verpflichtung hat, welches Krankenhaus sie empfehlen sollen. Sie haben die Vorschrift des § 5 SGB und die Patientenrichtlinie. Er soll eigentlich zwei Krankenhäuser nennen. [...] In der Financial Times Deutschland oder dem Handelsblatt gab es mal im Jahr 2010 einen Artikel zum Thema [...]. Die meisten Leute fragen eher das Umfeld: „In welches Krankenhaus geht ihr denn?" Also sprich, wie groß der Einfluss des Arztes ist, ist noch mal eine soziologisch offene Größe. Man kann höchstens noch mal [...] die Ärzte daran zu erinnern: „Es gibt hier eine Vorschrift, dass ihr zwei Krankenhäuser nennen sollt. Wenn ihr Krankenhäuser nennt, dann bitte zwei." Was hier in der Ecke naturgemäß einfacher ist, als wenn ich Siegen zum Beispiel betrachte, wo die Alternativen gar nicht da sind. Keine nächst erreichbaren Krankenhäusern, nur in Lüdenscheid oder Olpe. Und da haben sie dann schon das Problem und gerade im ländlichen Bereich, wenn die Krankenhausdichte immer reduzierter wird. Aber ich weiß nicht, ob man da noch sehr viel mehr tun kann. Der Verpflichtung des Arztes irgendwelche

Diktate aufzuerlegen, ob das soviel hilft bei der Entscheidungsfindung [...] das ist also auch noch ein offener Punkt.“

Jana Heene: „Also würden Sie schon sagen und man liest ja auch so oft, das die Sache noch ziemlich ungeklärt ist und keiner so richtig weiß, woran er sich zu halten hat. Stimmt das dann schon, würden Sie das auch so einschätzen?“

Herr Dr. Makoski: „Eigentlich wissen alle klar woran sie sich zu halten haben. Die Frage ist nur, wie sie das umsetzen. Die Krankenhausrichtlinie, SGB V ect. das sind alles Vorschriften, die die Vertragsärzte bekommen, wenn sie mal zugelassen werden. Da gibt es dann so einen ganzen Karton mit Ordnern, wo dann die ganzen Vorschriften drin sind und die dann auch entspr. regelmäßig nachgeliefert werden. Sämtliche Vorschriften sind frei im Internet verfügbar. Das ist also eigentlich schon so gegeben.
Und das Einweisungsformular für die Krankenhauseinweisung sieht ja eigentlich auch gar kein Krankenhaus als solches vor. Insofern ist das immer so eine Sache. [...] Das ist aber genauso wie die Frage, wie sich der Fokus stellt. Wenn sie die Frage einem Arzt stellen, wen würden sie denn ihren Angehörigen nennen? Da kommen wir in ein Grundproblem rein, das heißt: „Was geht, was geht nicht.“

Jana Heene: „Müsste es denn ihrer Meinung nach eine Gesetzesänderung geben oder womöglich eine Neustrukturierung?“

Herr Dr. Makoski: „Finde ich nicht. Die Vorschriften sind eigentlich ziemlich eindeutig und klar. Das Problem ist die Umsetzung. Wir müssen nicht alles regeln. Wir haben jetzt gerade mit den VStG noch einmal eine klarstellende Regelung bekommen im Vertragsarztrecht und da ist alles eigentlich schon ziemlich genau drin. Je nachdem was der große Senat jetzt noch zum Thema Vertragsarzt und Strafbarkeit sagt, wird die Sache spannend.“

Jana Heene: „Sie sprechen § 299 StGB an.“

Herr Dr. Makoski: „Ja, § 299 StGB oder sogar §§ 331 StGB könnte zur Anwendung kommen. Je nachdem was bei der Entscheidung rauskommt. Das Ganze könnte noch einmal erheblich schärfer werden. Dann muss man sich wirklich Gedanken machen was ist noch drin und was nicht mehr. Da müssen sich einige Ärzte schon Gedanken machen was sie daraus machen.“

Jana Heene: „Wissen Sie denn wann genau die Entscheidung ergehen soll?“

Herr Dr. Makoski: „Also im November wurde beraten. Im Dezember hieß es vielleicht wird das ganze im März irgendwann einmal entschieden. Bis dahin weiß man aber noch nichts Genaues. [...] Weil das ja auch eine entsprechend heiß diskutierte Frage ist, wird hier noch genauer beraten.“

Jana Heene: „Wie viele Fälle kommen Ihnen denn pro Jahr zu Ohren? Oder man bekommt ja auch manchmal von Gerichtsentscheidungen mit?“

Herr Dr. Makoski: „Also bei den Gerichtsentscheidungen der Krankenhäuser ist das eigentlich recht stabil geblieben, was so an Gerichtsentscheidungen ergangen ist. Nach der Hochphase und der Entscheidung 2010 ist doch eigentlich das Feld abgegrast, da haben alle festgestellt das lohnt sich nicht. [...] Die § 299er Sache hat im letzten Jahr richtig Fahrt aufgenommen, also 2010 und 2011. Mit den Entscheidungen aus Hamburg und Braunschweig. […] Das ist eigentlich das, was die Sache richtig ins Laufen gebracht hat. Man muss sagen der Kollege Pragal hat nach seinem Aufsatz da richtig was ausgelöst. […] Danach gab es viel Meinungsstreit. Vor allem wurde dann gemerkt, dass hier ein Problem liegt und das müssen wir irgendwie angehen. […] Das hat das Feld auch in das Strafrecht gerückt. Da ist jetzt auch noch die Frage, ob die Verordnung von Arzneimitteln oder Hilfsmitteln genauso zu betrachten ist, wie die Einweisung in das Krankenhaus. […].“

Jana Heene: „ Es sind ja oftmals schon Parallelen zu sehen, also ob man es jetzt übertragen kann oder nicht.“

Herr Dr. Makoski: „Wenn sie sich die Rechtsprechung angucken zum Thema, wird der Vertragsarzt als Vertreter der Krankenkasse tätig. Der Patient bekommt das gar nicht mit. Dieser geht als Bote zum Apotheker. Der Apotheker reicht das Ganze bei der Krankenkasse ein. Der Versorgnungsvertrag kommt zwischen Krankenkasse und Apotheker zu stande. Der Vertragsarzt agiert als Vertreter der Krankenkasse mit der entsprechenden Vollmacht. Bei den Hilfsmitteln läuft das relativ ähnlich. Bei den Krankenhauseinweisungen wiederrum, da heißt es ja ausdrücklich: „Die Krankenhauseinweisung entbindet das Krankenhaus nicht von der Prüfungspflicht.“ Also wenn sie sich die Entscheidung des Großen Senats des BGH angucken von 2009. Außerdem besteht eine Prüfungspflicht des Krankenhausarztes bei der Aufnahme, auch wenn die Krankenhauseinweisung gegeben ist. Das ist noch mal eine andere Ebene. […] Ich sehe hier durchaus einen relevanten Unterschied zwischen den Arznei- und Hilfsmittelherstellern und der Krankenhausbehandlung.“

Jana Heene: „Wie schätzen Sie denn insgesamt die Relevanz des Themas Zuweisungsverträge ein?“

Herr Dr. Makoski: „Es gibt das durchaus immer wieder. […]. Je mehr Wettbewerb wir haben, desto stärker wird auch der Druck auf die einzelnen Teilnehmer im Wettbewerb, ihre Position mit nicht ganz legalen Mitteln zu verbessern. […] Heißt also, die wollen dadurch Vorteile erzielen. […] Das Wettbewerbsrecht ist ein Korrektiv. Dadurch, dass wir hier aber einen Wettbewerb um öffentliche Gelder haben, ist die Frage, ob das Wettbewerbsrecht das alleinige Regulativ sein kann. Wir haben Regelungen einmal berufsrechtlicher Art, bloß darum geht es nicht. Der Patient soll nicht das Gefühl haben er wird verschachert, sondern das Gefühl haben, es geht um mein Interesse. Die vertragsarztrechtlichen Regelungen haben einmal diesen Hintergrund. Zum anderen aber auch den Hintergrund das Wachstum der Leistungsausgaben zu begrenzen bzw. dafür zu sorgen, dass die Versorgung möglichst wirtschaftlich ist. […] Wir haben die krankenhausrechtlichen Regelungen gerade in NRW mit dem § 31a KHGG NRW […] Die wiederum auf der anderen Seite sagen, wir wollen eben die Krankenhäuser auf diese Art daran hindern sich Leute auf diese Weise zur Auslastung zu ziehen, und dadurch zum Beispiel eine Vergrößerung ihrer Abteilung zu rechtfertigen. Oder um einer Schließung ihrer Abteilung entgegen zu wirken. Das heißt also eine nicht fachgerechte Abteilung, fachgerecht zu machen oder künstlich Bedarf zu erzeugen […] und es für eigene Kapazitäten zu nutzen. Werden also die öffentlich geförderten Mittel immer noch so effizient verteilt werden […].“

Jana Heene: „Es stellen sich ja viele auch die Frage, ob die DRG´s dazu geführt haben, dass Krankenhäuser jetzt vermehrt darauf zählen oder versuchen entsprechend öfter Patienten ins Krankenhaus zu bekommen, um öfter die Fallpauschalen abrechnen zu können.“

Herr Dr. Makoski: „[…] Sie haben den Anreiz die Auslastung zu verringern, auch wenn sie nicht mehr wie früher ein Pflegebudget haben. […] Die Fallpauschalen selbst haben dazu geführt, dass man versucht das Ganze so schnell wie möglich zu machen und die Patienten so schnell wie möglich auch wieder raus zu kriegen. Was ja auch das Ziel der ganzen Aktion ist, so wenig Zeit wie möglich im Krankenhaus zu verbringen. […] Ich glaube aber nicht, dass das einen so großen Einfluss hat auf die Bestrebungen mit den Zuweisern. Das halte ich eher für unwahrscheinlich."

Jana Heene: „Gibt es denn in nächster Zeit noch oder wissen Sie von geplanten Gesetzesänderungen?"

Herr Dr. Makoski: „Also ich glaube im Sozialgesetzbuch V sind wir erstmal durch. Da wird erstmal nichts weiter kommen. Das Einzige, was man noch abwarten muss, ist, was die Patientenrichtlinie bringt. […]. Ob da noch was über das Thema Patienteninformationsrechte geschrieben werden soll. Glaube ich eher nicht, dass da noch was zu geäußert wird. Das Land ist mit dem Krankenhausplan so ausgelastet, dass die da jetzt erstmal keine Sachen machen werden. […] Weitere Änderungen sind mir nicht bekannt und ich halte es für unwahrscheinlich. Es sei denn es kommt wieder so ein großer Skandal wie 2009."

[…]

Nr. 5:

Interview mit dem ehemaligen Präsidenten der DKG:

Name: Herr Dr. Rudolf Kösters
Seit 2004 bis 2009 Vorstandsvorsitzender der St. Franziskus-Stiftung Münster, die 15 Krankenhäuser und weitere gemeinnützige und gewerbliche Einrichtungen trägt.
Präsident der Krankenhausgesellschaft Nordrhein-Westfalen (2001-2006).
Präsident der Deutschen Krankenhausgesellschaft (DKG) seit 2006.
Mitgliedschaft in verschiedenen Verwaltungsräten, Aufsichtsräten und Ausschüssen.
9 Jahre Vorsitzender des Zweckverbandes gemeinnütziger Krankenhäuser Münsterland und Ostwestfalen.
Ort des Gesprächs: Münster, Sankt-Mauritz-Freiheit 46
Datum des Gesprächs: 12.01.2012, 11 Uhr

„Insider haben schnell erkannt, dass man das Gute will und im Schlepptau das Schlechte hat. Situationen, die da entstehen sind vielfältigster Natur. Zu gucken, was ist Vorteilsnahme und was ist der besseren Versorgung der Patienten geschuldet, ist oft schwierig. Die Landesregierung in Nordrhein-Westfalen hat den § 31a KHGG eingeführt. Dieser ermöglicht bei Verstößen nun Sanktionen bis zu dem Punkt, dass man als Krankenhaus aus dem Krankenhausplan herausgenommen werden kann.

Im Vollzug des Gesetzes hat sich jedoch gezeigt, dass es schwierig ist. Es ist eine ganz komplexe Lage entstanden. Bei Anfragen zu Kooperationsvorhaben an die Landesregierung bekommen die Beteiligten meist keine Antwort und die Clearingstellen haben von sich aus keine Aktionsmöglichkeiten. Dort kommen noch weniger Anfragen an.

Die Ökonomie hat das ganze noch gefördert, dadurch dass jeder Patient kalkulierbar und rechenbar wird. Patienten werden nach Aufwand gerechnet. Das ist ein intensiver Kalkulationsprozess, der von Jahr zu Jahr komplexer wird. Der Patient wird mit seinem Anliegen auf eine ökonomische Gleichung gebracht.

Diese Problematik hat sich bei den niedergelassenen Ärzten herum gesprochen nach dem Motto: „Jetzt erzählen wir euch mal was das kostet, wenn wir euch Patienten überweisen."
Dabei wird dann oft nach GOÄ statt nach EBM abgerechnet, und die Beträge können variieren zwischen Bagatellgrößen von 20 bis 50 €, aber auch Größenordnungen von bis zu 1000 € pro Patient annehmen. Die beiden mir bekannt gewordenen Fälle sind allerdings- nach der allgemeinen Sensibilisierung der Öffentlichkeit bzgl. solcher Kick-back-Verfahren schon nach kurzer Zeit m. W. wieder eingestellt worden.

Unser Versorgungssystem ist so komplex geworden, dass es keine einfache Lösung mehr gibt. Die integrierte Versorgung zahlt ohnehin schon Pauschalen. Dass da auch Geld fließt, weil der niedergelassene Arzt das nicht umsonst macht, ist ja auch nachvollziehbar. Der entscheidende Unterschied ist dabei, dass die Financiers das mitbewilligt und abgestempelt haben. Es hat ja auch gute Seiten für die verbesserte Patientenversorgung zum Beispiel, nur leider wird da oft mit dem Rasenmäher über alles drüber gefahren.

Mit den Mindestmengenregelungen will man Gutes bezwecken. Sie dienen als einfacher Qualitätsindikator. Aber ab einer bestimmten Menge nimmt die Qualität wieder ab. […] Mindestmengenregelungen schaffen ebenso Anreize zu vermehrter Patientenbehandlung und nicht indizierten Untersuchungen.

Das Thema der Einschätzung einer Behandlungsnotwendigkeit ist sehr komplex. Viele Faktoren spielen eine Rolle bei der Wahl des Patienten, in welches Krankenhaus er gehen wird. Nicht nur die Familie beeinflusst die Entscheidung, sondern auch die Wohnortnähe, das Alter des Patienten und gesammelte Erfahrungen. Wenn man akut erkrankt ist, ändert sich die ganze Perspektive sowieso noch mal.

Mit seinem Hausarzt hat man das ganze Jahr eine gute Kommunikation, auf diesen kommt es an. Diese sind für die Einweisungen der Patienten sehr wichtig. Der Arzt muss sich am Patientenwohl orientieren, Kompromisse sind da nicht drin. Es darf nicht nach dem eigenen wirtschaftlichen Vorteil entschieden werden.

Auch Großgerätekooperationen mit Zuweisungsabsprachen würde ich als Konstellation überhaupt nicht ausschließen. In den letzten 10-15 Jahren hat sich das verändert. Niedergelassene Radiologen werden durch MVZs mit an das Haus genommen. Man hat indirekt partizipiert. Jedes Haus will selbst ein MRT am Haus haben und die Patienten nicht an andere Häuser schicken müssen, mit der Sorge, dass diese beim nächsten Mal direkt dorthin gehen.
Am Ende überkompensieren nicht intendierte Anreize die gedachten, guten Ansätze!“

Nr. 6:

Telefoninterview mit Herrn Prof. Dr. Wirth vom Uniklinikum Dresden:

Name: Herr Prof. Dr. Manfred Wirth
19.10.1990
Ernennung zum C-3-Professor für Urologie an der Universität Würzburg
01.12.1992
Ernennung zum C-4-Professor für Urologie und zum Direktor der Klinik und Poliklinik für Urologie der Medizinischen Fakultät der Technischen Universität Dresden
1994 – 1999
Leitender Ärztlicher Direktor des Universitätsklinikums der Technischen Universität Dresden
Prof. Dr. M.P. Wirth ist u. a. Autor von 199 wissenschaftlichen Originalartikeln, 46 Buchbeiträgen und 7 Büchern.

Anschrift: Fetscherstraße74, 01307 Dresden (Universitätsklinikum Dresden)
Datum des Gesprächs: 19.01.2012, 16 Uhr

„Zuweisung gegen Entgelt führt den Wettbewerb um Qualität ad absurdum. Denn den Wettbewerb im Gesundheitswesen sollte die medizinische Qualität ausmachen, das heißt, dass die Patienten die beste medizinische Behandlung bekommen und möglichst gut versorgt werden sollten. Patienten werden bei Zuweisung gegen Entgelt mehr oder weniger eingekauft. Dadurch wird das Arzt-Patienten-Verhältnis in einer Art und Weise zerstört, dass dies für das Versorgungsverhältnis völlig inakzeptabel ist. Es widerspricht jeder medizinischen Ethik und es ist ungesetzlich. Alle Vertragskonstruktionen sind heikel. Man kann keine Abstufung vornehmen. Die Auswirkungen auf das ärztliche Berufsethos sind katastrophal.“

Nr. 7:

Statement von Professor und Fachanwalt für Medizinrecht:

Name: Herr Prof. Dr. Franz-Josef Dahm
Fachanwalt für Verwaltungsrecht und Medizinrecht. Universitäten Münster und Bochum (zweites juristisches Staatsexamen 1976). Zivil- und Strafrichter, 1976-1979. Honorarprofessor an der Medizinischen Fakultät der Universität Duisburg/Essen. Mitglied des Geschäftsführenden Ausschusses und des Medizinrechtsausschusses der Arge Medizinrecht im DAV; Vorsitzender des Fachausschuss Medizinrecht bei der Rechtsanwaltskammer in Hamm; (Mit-)Herausgeber und (Mit-)Schriftleiter der Zeitschrift „Medizinrecht" (gemeinsam mit Prof. Dr. iur. Christian Katzenmeier).
Anschrift: Haumannplatz 28, Essen, Schmidt, von der Osten & Huber
Datum des Gesprächs: 25.01.2012, 13 Uhr

„Das Problem der Mindestmengen liegt darin, dass Krankenhäuser mit Abteilungen in einem bestimmten Umfang Leistungen erbringen müssen, um den Anforderungen zu genügen. Sie laufen Gefahr durch anderweitige Leistungserbringung etwa mit Honorarärzten die Mindestmengen nicht erreichen zu können.

Die größte Gefahr liegt einfach darin, dass der hohe Moralitätsanspruch in der ärztlichen Versorgung unterlaufen wird, dann aber auch darin, dass Zuweisungen finanziell interessenbezogen und nicht in erster Linie patientenbezogen erfolgen."

Nr. 8:

Statement von Herrn Haub Verwaltungsleiter des Kreisklinikums Siegen:

Name: Herr Eckhard Haub
Anschrift: Amalienstraße 10-12, 57076 Siegen, Kreisklinikum Siegen
Datum des Gesprächs: 01.02.2012, 10 Uhr

„Kooperationen zwischen Krankenhäusern untereinander bieten unter anderem den Vorteil, dass man Kompetenzen bündeln kann. Das bedeutet, dass möglicherweise Fachrichtungen zusammengelegt werden können, dass angrenzende Fachrichtungen sich gegenseitig ergänzen können, dass man Großgeräte gemeinsam nutzen kann oder dass das eine Haus vielleicht eine Fachrichtung aufgibt, zugunsten der Fachrichtung in einem anderen Krankenhaus. Die Kooperationen zwischen Krankenhäusern und Ärzten bieten den Vorteil, dass der niedergelassene Mediziner, wenn er denn zum Beispiel Untersuchungen oder Behandlungen im Krankenhaus durchführt, auf seine vorgeschriebenen Fallzahlen kommt, um bestimmte Fachbezeichungen erhalten zu können und sie bieten den Vorteil, dass eine bestimmte Kompetenz eines Arztes im Krankenhaus wirken kann, weil das Krankenhaus mit seinen Medizinern diese Kompetenz eventuell nicht hat. Darüber hinaus ist es so, dass die niedergelassenen Mediziner sehr hohe Investitionen tätigen müssen, um in dem Medizintechnikbereich „up to date" bleiben zu können und das Krankenhaus in dem Bereich bessere Möglichkeiten hat. Also der Niedergelassene die Geräte des Krankenhauses nutzt und diese dann auch optimal ausgenutzt werden.

Mir ist bekannt, dass es Clearingstelllen gibt, allerdings haben wir damit noch keine Erfahrung gesammelt. Wir haben noch keine Kooperationsverträge dort vorgelegt oder vorlegen müssen.

Ich halte Kopfprämien für moralisch verwerflich, bei uns im Hause gibt es derartige Praktiken nicht."

Nr. 9:

Statement von Herrn Johannes Wolff des GKV-Spitzenverbandes:

Name: Johannes Wolff
Anschrift: GKV-Spitzenverband Berlin

Der GKV-Spitzenverband ist die zentrale Interessenvertretung gesetzlichen Kranken- und Pflegekassen in Deutschland. Er gestaltet die Rahmenbedingungen für einen intensiven Wettbewerb um Qualität und Wirtschaftlichkeit in der gesundheitlichen und pflegerischen Versorgung. Die Gesundheit der 70 Millionen Versicherten steht dabei im Mittelpunkt seines Handelns.

Datum des Statements: 03.02.2012

„Im Krankenhausbereich ist die Zuweisung gegen Entgelt (z.B. zwischen niedergelassenen Vertragsärzten und Krankenhäusern) nicht direkt durch die Krankenkassen beobachtbar. Sie ist nicht anhand der Rechnungsstellung durch die Krankenkasse identifizierbar, sondern geschieht im Innenverhältnis zwischen Arzt und Klinik. Allenfalls ließen sich in den Abrechnungsdaten ggf. Zuweisungsketten anhand der Patientenidentifikationsnummer erkennen. Der Nachweis der Zuweisung gegen Entgelt ließe sich hingegen auch damit nicht beweisen.

Aus Sicht der Krankenkassen ist die Zuweisung gegen Entgelt im Interesse der Versicherten in jedem Fall zu vermeiden, da nicht die Qualität der Leistungserbringung, bzw. in vielen Fällen potenziell auch die medizinische Notwendigkeit der Behandlung insgesamt, im Mittelpunkt ärztlichen Handelns stehen, sondern ökonomische Interessen.

Für den GKV und die Krankenkassen gewinnt das Thema aktuell an praktischer Bedeutung, da mit Inkrafttreten des GKV-VStG und dem neuen § 73 Abs. 7 SGB V ab 02.01.2012 auch ein sozialgesetzliches Verbot besteht. Zukünftig können die Kassen hier Sanktionen wegen Verletzung vertragsärztlicher Pflichten verhängen.“

Nr. 10:

Statement von Herrn Weck des Bundesministeriums für Gesundheit:

Name: Herr Weck
Anschrift: BMG, Rochusstr. 1, 53123 Bonn
Zu den zentralen Aufgaben zählt, die Leistungsfähigkeit der Gesetzlichen Krankenversicherung sowie der Pflegeversicherung zu erhalten, zu sichern und fortzuentwickeln.
Des Weiteren ist die Reform des Gesundheitssystems eine der wichtigsten Aufgaben des Ministeriums; Ziel ist es, die Qualität des Gesundheitssystems weiterzuentwickeln, die Interessen der Patientinnen und Patienten zu stärken, die Wirtschaftlichkeit zu gewährleisten und die Beitragssätze zu stabilisieren.
Datum: 15.02.2012

„Die Regelung in § 73 Abs. 7 steht in engem Zusammenhang mit einer Ergänzung von § 33 Abs. 2 der Zulassungsverordnung für Ärzte, der in Anlehnung an § 18 Abs. 1 MBO-Ä bei Berufsausübungsgemeinschaften ausdrücklich bestimmt, dass die gemeinschaftliche Berufsausübung nicht einer Umgehung des Verbots der Zuweisung gegen Entgelt dienen darf und Anhaltspunkte für einen solchen Umgehungstatbestand exemplarisch benennt. Weitere sozialrechtliche Änderungen sind derzeit nicht beabsichtigt.

Dadurch, dass das Verbot der Zuweisung gegen Entgelt nunmehr auch umfassend sozialversicherungsrechtlich verankert ist, besteht die Möglichkeit, Verstöße gegen dieses Verbot auch sozialversicherungsrechtlich - und nicht nur berufsrechtlich - zu sanktionieren. Verstöße gegen das Zuweisungsverbot stellen nunmehr eine Verletzung der vertragsärztlichen Pflichten dar und können gemäß § 95 Abs. 6 SGB V bis zum Entzug der vertragsärztlichen Zulassung führen. Darüber hinaus haben die Zulassungsausschüsse bereits im Vorfeld der Entscheidung über die Zulassung von Berufsausübungsgemeinschaften bessere Möglichkeiten, anhand der vorzulegenden Vertragsunterlagen zu klären, ob es Hinweise auf Verstöße gegen das Zuweisungsverbot gibt. Damit sind die sozialversicherungsrechtlich zuständigen Akteure (Zulassungsausschüsse) nicht mehr auf ein Tätigwerden der Ärztekammern angewiesen.

Insgesamt wurde bei der Neuregelung darauf geachtet, eine weitgehende Übereinstimmung mit den Vorschriften des Berufsrechts zu erzielen, um so die Entwicklung voneinander abweichender Beurteilungsmaßstäbe für die ärztliche Zusammenarbeit im Berufsrecht einerseits und im Sozialrecht andererseits zu verhindern."

Anhang C – Grafik

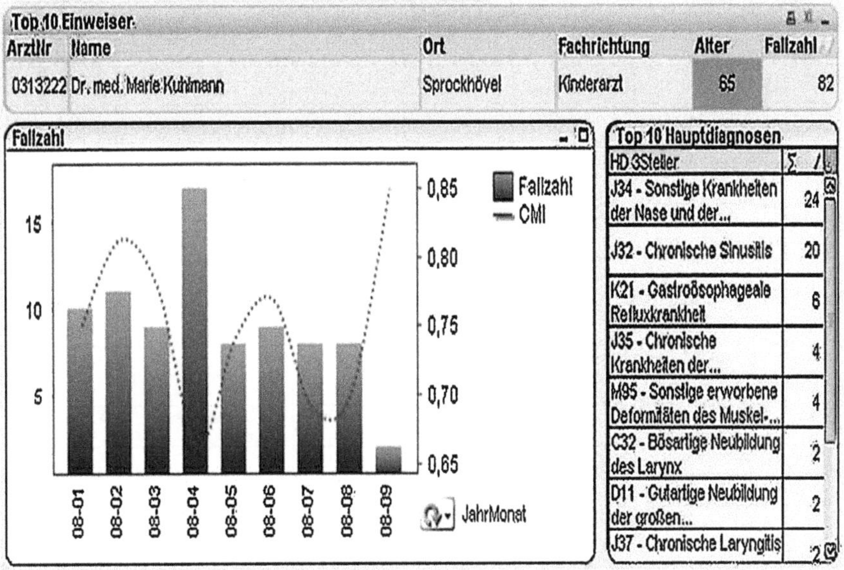

Abb.: Angewandte Informatik für medizinisches Controlling - INMED GmbH, Zuweiserportal.

Quelle: Angewandte Informatik für medizinisches Controlling - INMED GmbH, Zuweiserportal, http://www.simplexitaet.de/uploads/pics/Einweiser_3.PNG, zuletzt geprüft am 20.01.2012.

Anhang D – Ansprechpartner

Kontaktdaten							Rücklauf			
Nachname	Leistungserbringer	Ort	PLZ	Straße	Tel.-Nr.	E-Mailadresse	Zusage	Absage	unklar	unzuständig
Kösters	DKG	Münster	48145	St. Mauritz-Freiheit 46	0251/2707910	flechter@fh-muenster.de	X			
Stahl	KBV	Berlin	10623	Herbert-Lewin-Platz 2	030/40052201	presse@kbv.de			X	
Makoski	Anwaltskanzlei MedR	Düsseldorf	40625	Pfeifferstr. 6	0211/7584880	zentrale@m-u-p.info	X			
Weidner	Bundeskartellamt	Bonn	53113	Kaiser-Friedrich-Strasse 16	0228/94990	kay.weidner@bundeskartellamt.bund.de		X		X
	Bundesgerichtshof	Karlsruhe	76133	Herrenstrasse 45 a	0721/1590	Entscheidungsversand@bgh.bund.de	X			
Mander	Wettbewerbszentrale	Bad-Homburg	61348	Landgrafenstraße 24 B	06172/12150	mander@wettbewerbszentrale.de		X		
Haub	Klinikum Siegen-Weidenau	Siegen	57076	Amalienstr. 10-12	0271/7052113	info@kreisklinikum-siegen.de	X			
Biertz	Hausarzt Siegen	Siegen	57076	Stockweg 6	0271/42218	-	X			
Heinemann	Hausarzt Walsrode	Walsrode	29664	Sieverdinger Kirchweg	05161/2798	-	X			
Schutt	BMJ	Berlin	11015	Mohrenstraße 37	030/18580	schutt-ha@bmj.bund.de	X			X
Jansen	BMG	Bonn	53123	Rochusstr. 1	0228/994410		X			
Dahm	Anwaltskanzlei MedR	Essen	45130	Haumannplatz 28-30	0201/7200231	dahm@soh.de	X			
Wachter	BDI	Wiesbaden	65193	Schöne Aussicht 5	030/20281450	m.wachter@bdi.eu		X		
Ratzel	Anwaltskanzlei MedR	München	80333	Ottostr. 1	089/28700960	vorz.dr.ratzel@rehborn-m.de		X		
Niese-Janes	ÄK Nordrhein	Düsseldorf	40474	Tersteegenstr. 9	0211/43020	andrea.niese-janes@aekno.de				X
Wolff	GKV	Berlin	-	-	030/2062882203	johannes.wolff@gkv-spitzenverband.de	X			
Heide	DAK	Hamburg	20097	Nagelsweg 27 - 31	040/23960	manipulationsverdacht@dak.de	X			
-	PKV e.V.	Köln	50968	-		kontakt@pkv.de			X	
Brysch	Deutsche Hospiz Stiftung	Dortmund	44269	Europaplatz 7	030/28444840	info@patientenschuetzer.de		X		
Fischer	Universität Leipzig	Leipzig	4109	Ritterstraße 26	0345/5523132	gerfried.fischer@jura.uni-halle.de		X		
Spickhoff	Universität Göttingen	Göttingen	37073	Wilhelmsplatz 1	0551/397396	andreas.spickhoff@jura.uni-goettingen.de		X		
Buchner	Universität Bremen	Bremen	28353	-	0421/21866040	bbuchner@uni-bremen.de		X		
Kingreen	Universität Regensburg	Regensburg	93053	Universitätsstr. 31	0941/9432608	thorsten.kingreen@jura.uni-regensburg.de		X		
N. N.[754]	Internist	-	-	-	-	-	X			
Thimm	Hautarzt	Walsrode	29664	Schmersahlstr. 5	05161/1511	-	X			

754 Autorin kennt Kontaktdaten.

Kontaktdaten — Rücklauf

Nachname	Leistungserbringer	Ort	PLZ	Straße	Telefonnummer	E-Mailadresse	Zusage	Absage	unklar	unzuständig
Jurczyk	KH Walsrode	Walsrode	29664	Robert-Koch-Str.	05161/6021 201	jurczyk@heidekreis-klinikum.de	X			
Engelhardt	LKA Berlin	Berlin	12101	Platz der Luftbrücke 6	030/466493 2800	-				X
Schmidtz	ARGE Rhein-Lahn	-	-	-	0261/10325 50	-				X
Michels	Transparency International	Hannover	30625	Karl-Wiechert-Allee 61	0511/28023 800	dina.michels@kkh-allianz.de	X			
Bonk	Arzt im Ruhestand	N.N.[755]	N.N.	N.N.	N.N.	N.N.	X			
Träue	Patientenschutz	Berlin	10117	Mittelstraße 51	030/284448 40	kontakt@ethikrat.org	X			
Kahle	Radiologe	Bochum	44892	Unterstr. 91	0234/29282 8	info@radiologe-bo.com			X	
Heymann	KH Buchholz	Buchholz	21244	Steinbecker Straße 44	04181/1810 01	info@krankenhaus-buchholz.de			X	
Taupitz	Deutscher Ethikrat	Berlin	10117	Jägerstr. 22/23	030/203702 42	taupitz@ethikrat.org	X			
Greven	Paradontologie	Hamburg	22041	Mellmannweg 9	040/656144 2	praxis@paradontologie-im-norden.de			X	
-	Klinikum Hildesheim	Hildesheim	31135	Senator-Braun-Allee 33	05121/8943 102	med1@klinikum-hildesheim.de			X	
Kaysler	Augustaanstalt Bochum	Bochum	44791	Bergstr. 26	0234/51712 19	sierks@augusta-bochum.de			X	
Rosenthal	UKE	Hamburg	20246	Martinistraße 52	040/741059 157	silvia.rosenthal@uke-hh.de			X	
Brochhagen	Radiologe	Köln	50937	Berrenrather Str. 296	0221/43042 00	info@radiologie-suelz.de		X		
Riedel	Katholischer Hospitalverbund	Unna	59423	Obere Husemannstr. 2	02303/1002 754	riedel@hospitalverbund.de			X	

755 Autorin kennt Kontaktdaten.

V. Literaturverzeichnis

Achenbach, Hans/Ransiek, Andreas (Hrsg.): Handbuch Wirtschaftsstrafrecht, C.F. Müller, 3. Aufl., München 2012. (zit.: Bearbeiter in: Achenbach/Ransiek, Handbuch Wirtschaftsstrafrecht, § Rn.)

Akerlof, George A.: The Market for "Lemons": Quality Uncertainty and the Market Mechanism, in: The Quarterly Journal of Economics 84 (1970), S. 488-500. (zit.: Akerlof The Quarterly Journal of Economics 84 (1970), S.)

Alexander, Christian: Schadensersatz und Abschöpfung im Lauterkeits- und Kartellrecht, Mohr Siebeck, Tübingen 2010. (zit.: Alexander, Schadensersatz und Abschöpfung im Lauterkeits- und Kartellrecht, § S.)

Andersen, Svend: Einführung in die Ethik, de Gruyter, 2. Aufl., Berlin 2005. (zit.: Andersen, Einführung in die Ethik, S.)

Arning-Hövelmann, Andrea: Zur wettbewerbsrechtlichen Zulässigkeit der Abgabe von Hörgeräten in der HNO-Praxis, in: Medizinrecht (MedR) 19 (2001), S. 203–206. (zit.: Arning-Hövelmann MedR 19 (2001), S.)

Arnold, Michael: Schwerpunkt: Krankenhaus im Wettbewerb, Schattauer, Stuttgart u. a. 2003. (zit.: Arnold, Krankenhaus im Wettbewerb, S.)

Arnold, Michael/Geisbe, Heinrich: Der Patient im Wettbewerb der Krankenhäuser in: Arnold, Michael/Schellschmidt, Henner/Klauber, Jürgen (Hrsg.): Krankenhaus-Report 2002. Schwerpunkt: Krankenhaus im Wettbewerb, Schattauer, Stuttgart 2003, S. 55. (zit.: Arnold/Geisbe, Krankenhaus-Report 2002, S.)

Bährle, Ralph Jürgen: Praxisrecht für Therapeuten. Rechtstipps von A bis Z, Springer, Berlin u. a. , 2011. (zit.: Bährle, Praxisrecht für Therapeuten, S.)

Bäune, Stefan: Postoperative Betreuungspauschalen innerhalb der Integrierten Versorgung, Anmerkungen zu LSG Schlesw.-Holst., Beschl. v. 20.06.2005 – L 4 B 20/05KA ER, in: Medizinrecht (MedR) 25 (2007), S. 566–569. (zit.: Bäune MedR 25 (2007), S.)

Bäune, Stefan/Meschke, Andreas/Rothfuß, Sven (Hrsg.): Kommentar zur Zulassungsverordnung für Vertragsärzte und Vertragszahnärzte (Ärzte-ZV, Zahnärzte-ZV), Springer, Berlin 2008. (zit.: Bearbeiter in: Bäune/Meschke/Rothfuß, Kommentar zur Zulassungsverordnung für Vertragsärzte, § Rn.)

Baier, Jochen: Die Anwendung der neuen EU-Gruppenfreistellungsverordnung (EG) Nr. 330/2010 für vertikale Vereinbarungen und abgestimmte Verhaltensweisen im Gesundheitsbereich, in: Medizinrecht (MedR) 28 (2010), S. 832–835. (zit.: Baier MedR 28 (2010), S.)

Balzer, Miriam: Hilfsmittel im verkürzten Versorgungsweg, in: Medizinrecht (MedR) 21 (2003), S. 699–702. (zit.: Balzer MedR 21 (2003), S.)

Baumann, Philip/Metzger, Karl/Bührer, Andreas: Budgetverantwortung ist ein Muss, in: Managed Care 18 (2005), S. 17–19. (zit.: Baumann/Metzger/Bührer Managed Care 18 (2005), S.)

Baur, Hans Rudolf: Kritische Bemerkungen zum Modell „Ärztenetzwerk mit Budgetverantwortung“, in: Schweizerische Ärztezeitung (SÄZ) 84 (2003), S. 2081–2082. (zit.: Baur SÄZ 84 (2003), S.)

Bayerische Landesärztekammer/Kassenärztliche Vereinigung Bayern/Bayerische Krankenhausgesellschaft: Vereinbarung über die Bildung einer gemeinsamen sektorenübergreifenden Clearingstelle Rechtskonformität, zwischen der Bayerischen Landesärztekammer und der Kassenärztlichen Vereinigung Bayerns und der Bayerischen Krankenhausgesellschaft, Berlin, in: Bayerisches Ärzteblatt 3 (2011), S. 113-116. (zit.: BLÄK/KVB/BKG Bayerisches Ärzteblatt 3 (2011), S.)

Becker, Ulrich/Kingreen, Thorsten (Hrsg.): SGB V - Gesetzliche Krankenversicherung, C. H. Beck, 2. Aufl., München 2010. (zit.: Bearbeiter in: Becker/Kingreen, SGB V, § Rn.)

Behar, Benjamin I.: Horizontale Verbundstrukturen im deutschen Krankenhausmarkt. Potenziale, Prozesse und Praxis, Gabler, Wiesbaden 2009. (zit.: Behar, Horizontale Verbundstrukturen, S.)

Behar, Benjamin I./Wichels, Reinhard: Einweisermanagement in Gesundheitsnetzwerken – Ein schmaler Grad zwischen Kooperation und Wettbewerb, in: Amelung, Volker Eric/Sydow, Jörg/Windeler, Arnold (Hrsg.): Vernetzung im Gesundheitswesen. Wettbewerb und Kooperation, Kohlhammer, Stuttgart 2009, S. 349. (zit.: Behar/Wichels, Vernetzung im Gesundheitswesen, S.)

Berbuer, Edgar: Zwischen Ethik und Profit: Arzt und Patient als Opfer eines Systems, Access Verlag, Königstein-Falkenstein 1990. (zit.: Berbuer, Zwischen Ethik und Profit, S.)

Berufsverband der Deutschen Radiologen: Arzt-Suchdienste für Patienten. Was ist erlaubt und was verstößt gegen die Berufsordnung? in: Der Radiologe (Radiologe) 11 (1999), S. M-187-M-188. (zit.: BDR Radiologe 11 (1999), S.)

Berufsverband der Deutschen Radiologen: Bewegung bei ärztlichen Kooperationsformen. Vertragsärztliche Versorgung, in: Der Radiologe (Radiologe) 6 (2003), S. M-99. (zit.: BDR Radiologe 6 (2003), S.)

Beyer, J./Frewer, A./Kingreen, D./u. a.: Kooperation statt Korruption, in: Der Onkologe (Onkologe) 9 (2003), S. 1355–1361. (zit.: Beyer/Frewer/Kingreen/u. a. Onkologe 9 (2003), S.)

Blech, Jörg: Seelsorge für die Industrie, in: Der Spiegel 20 (2011), S. 116-120. (zit.: Blech Der Spiegel 20 (2011), S.)

Bloch, Martin: Freiberuflichkeit des Arztes – freie Arztwahl des Patienten, in: Der Urologe (Urologe) 47 (2008), S. 926–929. (zit.: Bloch, Urologe 47 (2008), S.)

Blum, Karl/Offermanns, Matthias: Zuweisermanagement im Krankenhaus, in: das Krankenhaus 103 (2011), S. 135-140. (zit.: Blum/Offermanns das Krankenhaus 103 (2011), S.)

Börnecke, Dirk: Ethisch und rechtlich konformes Verhalten von Führungskräften und Mitarbeitern. Ein Leitfaden mit Musterformularen und Beispielen, Publicis, Erlangen 2009. (zit.: Börnecke, Ethisch und rechtlich konformes Verhalten, S.)

Börsch-Supan, Axel: Vertragswettbewerb im Gesundheitswesen. Double-sided Competition for the German Health Care Market, in: Jahrbücher für Nationalökonomie und Statistik 227 (2007), S. 452–465. (zit.: Börsch-Supan Jahrbücher für Nationalökonomie und Statistik 227 (2007), S.)

Bode, Ingo: Die Malaise der Krankenhäuser, in: Leviathan 38 (2010), S. 189–211. (zit.: Bode Leviathan 38 (2010), S.)

Bohle, Thomas: Die Bedeutung des Kartell- und Wettbewerbsrechts bei Krankenhausfusionen und Krankenhauskooperationen, in: Medizinrecht (MedR) 24 (2006), S. 259–267. (zit.: Bohle MedR 24 (2006), S.)

Boldt, Jochim/Schöllhorn, Thilo: Ethik und Monetik, in: Der Anästhesist (Anästhesist) 57 (2008), S. 1075–1083. (zit.: Boldt/Schöllhorn Anästhesist 57 (2008), S.)

Bonvie, Horst: Vergütung für ärztliche Dienstleistungen oder verbotene Provision? in: Medizinrecht (MedR) 17 (1999), S. 64–66. (zit.: Bonvie MedR 17 (1999), S.)

Brammen, Peter: Kooperation im Gesundheitswesen, in: Deutsche Optikerzeitung (DOZ) 05 (2011), S. 14–16. (zit.: Brammen DOZ 05 (2011), S.)

Braun, Günther E./Nissen, Jens: Die Bedeutung der Einweiserzufriedenheit für Krankenhäuser und ihre erfolgreiche Messung, in: Gesundheitsökonomie und Qualitätsmanagement 10 (2005), S. 376-384. (zit.: Braun/Nissen Gesundheitsökonomie und Qualitätsmanagement 10 (2005), S.)

Broglie, Maximilian G.: Korruptionsfälle bei Ärzten – Ein Bericht aus dem juristischen Berufsalltag, in: Hiersche, Hans-Dieter (Hrsg.): Spenden, Sponsoren - Staatsanwalt? Das neue Antikorruptionsgesetz und seine Auswirkungen für Ärzte, Krankenhäuser, Krankenkassen und Industrie, pmi-Verlag, Frankfurt am Main 2000, S. 1. (zit.: Borglie, Spenden, Sponsoren – Staatsanwalt? S.)

Bruckenberger, Ernst/Klaue, Siegfried/Schwintowski, Hans-Peter: Krankenhausmärkte zwischen Regulierung und Wettbewerb, Springer, Berlin u. a. 2006. (zit.: Bruckenberger/Klaue/Schwintowski, Krankenhausmärkte, S.)

Bundesärztekammer: Wahrung der ärztlichen Unabhängigkeit. Umgang mit der Ökonomisierung des Gesundheitswesens. Hinweise und Erläuterungen, in: Deutsches Ärzteblatt (DÄBl) 104 (2007), S. A-1607 - A-1612. (zit.: Bundesärztekammer DÄBl 104 (2007), S.)

Clausen, Tilmann/Schlegel, Thomas: Musterverträge für Krankenhäuser. Mit umfangreichen Erläuterungen, Frankfurter Musterverträge, C. F. Müller, Heidelberg u. a. 2008. (zit.: Clausen/Schlegel, Musterverträge für Krankenhäuser, S.)

Dahm, Franz-Josef: Ärztliche Kooperationsgemeinschaften und Beteiligungsmodelle - im Spannungsfeld der Berufsordnung ("MRT-Koop" u. a.), in: Medizinrecht (MedR) 16 (1998), S. 70–74. (zit.: Dahm MedR 16 (1998), S.)

ders.: "Zuweiserpauschale" für prä- und postoperative Leistungen, in: Medizinrecht (MedR) 21 (2003), S. 580–581. (zit.: Dahm MedR 21 (2003), S.)

ders.: Wettbewerbsrechtliche Unzulässigkeit einer "Nachbetreuungspauschale" für postoperative Behandlung, in: Medizinrecht (MedR) 22 (2004), S. 270–274. (zit.: Dahm MedR 22 (2004), S.)

ders.: "Zuweisung gegen Entgelt" bei Mitwirkung im Rahmen des Anerkennungsverfahrens nach § 139 Abs. 2 SGB V, in: Medizinrecht (MedR) 23 (2005), S. 723–725. (zit.: Dahm MedR 23 (2005), S.)

ders.: Berufsordnungswidrige Beteiligung an einer Laborgesellschaft, in: Medizinrecht (MedR) 25 (2007), S. 543–546. (zit.: Dahm MedR 25 (2007), S.)

ders.: Unzulässiger Kooperationsvertrag zwischen Krankenhaus und Arzt, in: Der Urologe (Urologe) 47 (2008), S. 1353–1356. (zit.: Dahm Urologe 47 (2008), S.)

ders.: Unzulässige Umgehung des Verbots der Zuweisung gegen Vorteilsgewährung durch "sektorenübergreifende" Verträge zwischen Einweiser und Krankenhaus, in: Medizinrecht (MedR) 27 (2009), S. 664–669. (zit.: Dahm MedR 27 (2009), S.)

ders.: Unzulässiger Kooperationsvertrag zwischen Krankenhaus und Arzt, in: Der Urologe (Urologe) 49 (2010), S. 275–279. (zit.: Dahm Urologe 49 (2010), S.)

ders.: Zusammenarbeit von Vertragsärzten und Krankenhäusern im Spannungsfeld der Rechtsbereiche, in: Medizinrecht (MedR) 28 (2010), S. 597–612. (zit.: Dahm MedR 28 (2010), S.)

Dahm, Franz-Josef/Bäune, Stefan/Flasbarth, Roland: Vertragsärztliche Versorgung unter dem GKV-Versorgungsstrukturgesetz – GKV-VStG, 2012, S. 89 (zitiert nach den vom Autor der Verf. überlassenen Manuskript. (zit.: Dahm/Bäune/Flasbarth, Vertragsärztliche Versorgung unter dem GKV-Versorgungsstrukturgesetz, S.)

Dahm, Franz-Josef/Möller, Karl-Heinz/Ratzel, Rudolf (Hrsg.): Rechtshandbuch Medizinische Versorgungszentren. Gründung, Gestaltung, Arbeitsteilung und Kooperation, Springer, Berlin 2005. (zit.: Bearbeiter in: Dahm/Möller/Ratzel, Rechtshandbuch Medizinische Versorgungszentren, S. Rn.)

Denz, Martin D.: Technologie als Innovationsschub für eine humane Medizin, in: Niederlag, Wolfgang/Lemke, Heinz/ Nefiodow, Leo A./Grönemeyer, Dietrich H. W. (Hrsg.): Hochtechnologiemedizin im Spannungsfeld zwischen Ökonomie, Politik, Recht und Ethik, General Hospital, Dresden-Friedrichstadt 2005, S. 77. (zit.: Denz, Hochtechnologiemedizin, S.)

Dettmar, Jasmin I.: Unlauterer Wettbewerb durch Rechtsbruch nach Maßgabe des § 4 Nr. 11 UWG n. F., Berliner Wiss.-Verl., Berlin 2007. (zit.: Dettmar, Unlauterer Wettbewerb durch Rechtsbruch, S.)

Deutsch, Erwin/Spickhoff, Andreas: Medizinrecht. Arztrecht, Arzneimittelrecht, Medizinprodukterecht und Transfusionsrecht, Springer, 6. Aufl., Berlin u. a. 2008. (zit.: Deutsch/Spickhoff, Medizinrecht, § Rn.)

Deutz, Wolfgang: Interkulturelles Kooperationsmanagement. Struktur, konzeptionelle Gestaltung und empirische Untersuchung grenzüberschreitender Kooperationen im Gesundheitswesen, Peter Lang Verlag, Frankfurt am Main 2010. (zit.: Deutz, Interkulturelles Kooperationsmanagement, S.)

Dieners, Peter: Handbuch Compliance im Gesundheitswesen. Kooperation von Ärzten. Industrie und Patienten, C. H. Beck, 3. Aufl., München 2010. (zit.: Bearbeiter in: Handbuch Compliance im Gesundheitswesen, Kapitel, Rn.)

Dietz, Alexander: Aktiengesellschaft Krankenhaus. Bestimmen ökonomische Ziele medizinisches Handeln? Verlag P. C. O, Bayreuth 2007. (zit.: Dietz, Aktiengesellschaft Krankenhaus, S.)

Dreßler, Marc: Kooperationen von Krankenhäusern: Eine Fallstudienanalyse von Kooperationsprojekten, Duncker & Humbolt, Berlin 2000. (zit.: Dreßler, Kooperationen von Krankenhäusern, S.)

Drougais, Athanasios: Fangprämien: Ärzte und Kliniken beim Namen nennen, in: Rechtsdepesche für das Gesundheitswesen (RDG) 6 (2009), S. 252. (zit.: Drougais RDG 6 (2009), S.)

Eble, Susanne: Wandel im Gesundheitswesen – Herausforderungen und Perspektiven für niedergelassene Ärzte, in: Hellmann, Wolfgang/Wambach, Veit (Hrsg.): Das Strategiebuch für den niedergelassenen Arzt. Optionen und praktische Tipps für die Zukunftssicherung, MWV, Berlin 2009, S. 109. (zit.: Eble, Das Strategiebuch für den niedergelassenen Arzt, S.)

Eggers, Tobias: Kassenärzte als Täter des § 299 StGB, Anmerkung zu OLG Braunschweig 1 Strafsenat, Beschl. v. 23.02.2010 - Ws 17/10, in: jurisPR-StrafR 10/2010 Anm. 2, (Hrsg.): Janssen, Gerhard. (zit.: Eggers jurisPR-StrafR 10/2010 Anm. 2)

Ehlers, Alexander/Trümper, Phillip: Tendenz der Rechtsprechung: mehr Restriktion. Zuweiserpauschalen - Oberlandesgerichte urteilen unterschiedlich, in: Herz 34 (2009), S. 656–658. (zit.: Ehlers/Trümper Herz 34 (2009), S.)

Eiff, Wilfried von: Unternehmensverbindungen. Strategisches Management von Kooperationen, Allianzen und Fusionen im Gesundheitswesen, Bd. 1, WIKOM, 2. Aufl., Wegscheid 2005. (zit.: Eiff, Unternehmensverbindungen, S.)

Eligehausen, Siegmar.: Kommunikation mit Zuweisern, in: Debatin, Jörg F./Schulte, Barbara/Ekkernkamp, Axel (Hrsg.): Krankenhausmanagement. Strategien, Konzepte, Methoden, MWV, Berlin 2010, S. 525. (zit.: Eligehausen, Krankenhausmanagement, S.)

Eligehausen, Siegmar/Rippmann, Konrad: Kommunikation und Öffentlichkeitsarbeit für niedergelassene Ärzte, in: Hellmann, Wolfgang/Wambach, Veit (Hrsg.): Das Strategiebuch für den niedergelassenen Arzt. Optionen und praktische Tipps für die Zukunftssicherung, MWV, Berlin 2009, S. 201. (zit.: Eligehausen/Rippmann, Das Strategiebuch für den niedergelassenen Arzt, S.)

Emmerich, Volker: Kartellrecht, C. H. Beck, 11. Aufl., München 2008. (zit.: Emmerich, Kartellrecht, § Rn.)

Engelhard, Jochen: Wann ist die ärztliche Abrechnung strafbar, in: Trauma und Berufskrankheit (Trauma) 10 (2008), S. 200–202. (zit.: Engelhard Trauma 10 (2008), S.)

Engelhard, Jörg: „Schmieren“ und „Schmieren lassen“ in der vertragsärztlichen Versorgung. Ein Erfahrungsbericht aus der Sicht des Landeskriminalamts Berlin, in: Hiersche, Hans-Dieter (Hrsg.): Spenden, Sponsoren - Staatsanwalt? Das neue Antikorruptionsgesetz und seine Auswirkungen für Ärzte, Krankenhäuser, Krankenkassen und Industrie, pmi-Verlag, Frankfurt am Main 2000, S. 35. (zit.: Engelhard, Spenden, Sponsoren – Staatsanwalt? S.)

Erbe, Susanne: Ökonomische Interessen im Medizinbetrieb, in: Wirtschaftsdienst 89 (2009), S. 640. (zit.: Erbe Wirtschaftsdienst 89 (2009), S.)

Erbs, Georg/Kohlhaas, Max/Ambs, Friedrich (Hrsg.): Beck´sche Kurzkommentare, Strafrechtliche Nebengesetze, Bd. 17, C. H. Beck, München 2011. (zit.: Bearbeiter in: Erbs/Kohlhaas/Ambs, §, Rn.)

Erlinger, Rainer: Der Vertragsarzt als Amtsträger? in: Wienke, Albrecht/Dierks, Christian (Hrsg.): Zwischen Hippokrates und Staatsmedizin. Der Arzt am Beginn des 21. Jahrhunderts; 25 Jahre DGMR, Springer, Berlin u. a. 2008, S. 49. (zit.: Erlinger, Zwischen Hippokrates und Staatsmedizin, S.)

Esser, Catrin: Strafrechtliche Relevanz der Drittmitteleinwerbung. Unter besonderer Berücksichtigung der Kooperation von Industrie und Ärzteschaft, Bd. 214, Kovač, Hamburg 2008. (zit.: Esser, Strafrechtliche Relevanz der Drittmitteleinwerbung, S.)

Fenger, Hermann/Göben, Jens: Sponsoring im Gesundheitswesen. Zulässige Formen der Kooperation zwischen medizinischen Einrichtungen und der Industrie, C. H. Beck, München 2004. (zit.: Fenger/Göben, Sponsoring im Gesundheitswesen, S.)

Fink, Ulf: Sprengt die Hochtechnologiemedizin die Finanzierung der sozialen Sicherungssysteme? Die Antwort der Politik, in: Niederlag, Wolfgang/Lemke, Heinz/ Nefiodow, Leo A./Grönemeyer, Dietrich H. W. (Hrsg.): Hochtechnologiemedizin im Spannungsfeld zwischen Ökonomie, Politik, Recht und Ethik, General Hospital, Dresden-Friedrichstadt 2005, S. 51. (zit.: Fink, Hochtechnologiemedizin, S.)

Fischer, Johannes/Strub, Jean-Daniel/Imhof, Esther: Grundkurs Ethik: Grundbegriffe philosophischer und theologischer Ethik, Kohlhammer, 2. Aufl., Stuttgart 2007. (zit.: Fischer/Strub/Imhof, Grundkurs Ethik, S.)

Flintrop, Jens: Gesundheitswesen: Unlautere Methoden. Verstöße gegen das Wettbewerbsrecht, in: Deutsches Ärzteblatt (DÄBl) 101 (2004), S. A-537. (zit.: Flintrop DÄBl 101 (2004), S.)

Flintrop, Jens/Rieser, Sabine: Zuweiserpauschalen: Der Wettbewerb setzt auch falsche Anreize, in: Deutsches Ärzteblatt (DÄBl) 106 (2009), S. A-1819. (zit.: Flintrop/Rieser DÄBl 106 (2009), S.)

Frehse, Michael/Kalb, Peter: Arzt und Industrie. Eine Orientierungshilfe für eine erfolgreiche Kooperation, Deutscher Ärzte-Verlag, Köln 2009. (zit.: Frehse/Kalb, Arzt und Industrie, S.)

Frieslingsdorf, Oliver: iGel Erfolg mit System, ecomed Medizin, Landsberg 2005. (zit.: Frieslingsdorf, iGel Erfolg mit System, S.)

Frodl, Andreas: Gesundheitsbetriebslehre. Betriebswirtschaftslehre des Gesundheitswesens, Gabler, Wiesbaden 2010. (zit.: Frodl, Gesundheitsbetriebslehre, S.)

Gahr, Alexandra/Bagley, Astrid: Horizontale und vertikale Kooperationen im Krankenhaussektor, GRIN Verlag GmbH, Norderstedt 2009. (zit.: Gahr/Bagley, Kooperationen im Krankenhaus, S.)

Geiser, Max: Ist die "Charta zur ärztlichen Berufsethik" besser als der Hippokratische Eid? in: Schweizerische Ärztezeitung (SÄZ) 86 (2005), S. 678–679. (zit.: Geiser SÄZ 86 (2005), S.)

Georg, Arno: Kooperationsnetze in der Gesundheitswirtschaft, in: Killich, Thomas/Dammer, Stephan/Loose, Ingo/u. a. (Hrsg.): Netzwerkmanagement. Mit Kooperation zum Unternehmenserfolg, Springer, 2. Aufl., Heidelberg 2007, S. 181. (zit.: Georg, Netzwerkmanagement, S.)

Girr, Thomas: Rechtsaspekte auf dem Wege zu neuen Versorgungsformen, in: Hellmann, Wolfgang/Eble, Susanne (Hrsg.): Gesundheitsnetzwerke initiieren. Kooperationen erfolgreich planen, Med.-Wiss. Verl.-Ges., Berlin 2009, S. 131. (zit.:Girr, Gesundheitsnetzwerke initiieren, S.)

GKV/BVMed: Kodex „Medizinprodukte", in: Hiersche, Hans-Dieter (Hrsg.): Spenden, Sponsoren - Staatsanwalt? Das neue Antikorruptionsgesetz und seine Auswirkungen für Ärzte, Krankenhäuser, Krankenkassen und Industrie, pmi-Verlag, Frankfurt am Main 2000, S. 88. (zit.: GKV/BVMed, Spenden, Sponsoren – Staatsanwalt? S.)

GKV-Spitzenverband: Unzulässige Zusammenarbeit im Gesundheitswesen durch „Zuweisung gegen Entgelt" – Ergebnisse einer empirischen Studie im Auftrag des GKV-Spitzenverbandes, Berlin 2012. (zit.: GKV, Unzulässige Zusammenarbeit im Gesundheitswesen, S.)

Gmelin, Burkhard: Die Ökonomisierung der Mitmenschlichkeit, in: Deutsches Ärzteblatt (DÄBl) 97 (2000), S. A-1659-1664. (zit.: Gmelin DÄBl 97 (2000), S.)

Grabitz, Markus: Kopfprämie für Ärzte. Krankenhäuser zahlen Fangprämie für Einweisungen. in: Stuttgarter Nachrichten 01.09.2009, S. 2. (zit.: Grabitz Stuttgarter Nachrichten 01.09.2009, S.)

Graml, Georg: Das ärztliche Verbot der Zuweisung gegen Entgelt, in: Taupitz, Jochen/Raspe, Heiner/Oehlrich, Marcus (Hrsg.): Medizin – Recht – Wirtschaft, Band 10, Berlin 1012. (zit.: Graml, Das ärztliche Verbot der Zuweisung gegen Entgelt, S.)

Greß, Stefan/Stegmüller, Klaus: Gesetzliche Spielräume zur Entwicklung neuer Versorgungskonzepte – Eine systematische Analyse der einschlägigen Regelungen und deren Entwicklung, in: Amelung, Volker Eric/Sydow, Jörg/Windeler, Arnold (Hrsg.): Vernetzung im Gesundheitswesen. Wettbewerb und Kooperation, Kohlhammer, Stuttgart 2009, S. 91. (zit.: Greß/Stegmüller, Vernetzung im Gesundheitswesen, S.)

Grönemeyer, Dietrich H. W.: Hochtechnologiemedizin und menschliche Medizin – Ein Widerspruch? in: Niederlag, Wolfgang/Lemke, Heinz/ Nefiodow, Leo A./Grönemeyer, Dietrich H. W. (Hrsg.): Hochtechnologiemedizin im Spannungsfeld zwischen Ökonomie, Politik, Recht und Ethik, General Hospital, Dresden-Friedrichstadt 2005, S. 95. (zit.: Grönemeyer, Hochtechnologiemedizin, S.)

Gulati, Ranjay: Alliances and Networks, Strategic Management Journal 19 (1998), S. 293-317. (zit.: Gulati Strategic Management Journal 19 (1998), S.)

Gummert, Hans/Meier, Mareike: Beteiligung Dritter an den wirtschaftlichen Ergebnissen ärztlicher Tätigkeit, in: Medizinrecht (MedR) 25 (2007), S. 75–85. (zit.: Gummert/Meier MedR 25 (2007), S.)

Gummert, Hans/Weipert, Lutz (Hrsg.): Münchener Handbuch des Gesellschaftsrechts, C. H. Beck, 3. Aufl., München 2009. (zit.: Bearbeiter in: Gummert/Weipert, Münchener Handbuch Gesellschaftsrecht, § Rn.)

Häser, Isabel: Zuweisung von Patienten an Krankenhäuser gegen Entgelt (2009), in: Der Klinikarzt (Klinikarzt) 38 (2009), S. 373–374. (zit.: Häser Klinikarzt 38 (2009), S.)

Häser, Isabel/Hofmann, Andreas: Neue Verhaltensempfehlungen für Ärzte bei der Zusammenarbeit mit der pharmazeutischen Industrie? Der "FS-Kodex" und seine Auswirkungen auf Ärzte, in: Der Anästhesist (Anästhesist) 54 (2005), S. 263–267. (zit.: Häser/Hofmann Anästhesist 54 (2005), S.)

Hakenberg, Oliver W.: Der verkaufte Patient, in: Der Urologe (Urologe) 48 (2009), S. 858–863. (zit.: Hakenberg Urologe 48 (2009), S.)

Halstrick, Claudia: Das Vertragsarztrechtsänderungengesetz. Chance oder Risiko für den Vertragsarzt?, in: Frauenarzt 48 (2007), S. 12-14. (zit.: Halstrick Frauenarzt 48 (2007), S.)

Hamann, Peter A./Fenger, Hermann: Allgemeinmedizin und Recht, Springer, Berlin 2004. (zit.: Hamann/Fenger, Allgemeinmedizin und Recht, S.)

Hamm, Michael: Kooperation von Krankenhäusern mit Lieferanten. Partnerschaftliche Formen der Zusammenarbeit, Dt. Univ.-Verl., Wiesbaden 2002. (zit.: Hamm, Kooperation von Krankenhäusern mit Lieferanten, S.)

Harney, Anke/ Buck, Caroline: Persönliche Leistungserbringung bei Radiologen, in: Fachzeitschrift für Fortschritte auf dem Gebiet der Röntgenstrahlen (RöFo) 180 (2008), S. 1137–1139. (zit.: Harney/Buck RöFo 180 (2008), S.)

Harte-Bavendamm, Henning/Henning-Bodewig, Frauke (Hrsg.): Gesetz gegen den unlauteren Wettbewerb (UWG) mit Preisangabenverordnung, Kommentar, C. H. Beck, 2. Aufl., München 2009. (zit.: Bearbeiter in: Harte-Bavendamm/Henning-Bodewig, § Rn.)

Hausser, Peter: Die Teilgemeinschaftspraxis in der vertragsärztlichen Versorgung, in: Frauenarzt 48 (2007), S. 538–540. (zit.: Hausser Frauenarzt 48 (2007), S.)

Hefermehl, Wolfgang/Köhler, Helmut/Bornkamm, Joachim/Baumbach, Adolf: Gesetz gegen den unlauteren Wettbewerb (UWG) Kommentar, Beck´sche Kurzkommentare, Bd. 13a, C. H. Beck, 29. Aufl., München 2011. (zit.: Köhler/Bornkamm, UWG §, Rn.)

Heintzen, Markus/ Musil, Andreas: Das Steuerrecht des Gesundheitswesen. Systematik und Praxis, Springer, 2. Aufl., Berlin 2012. (zit.: Heintzen/Musil, Das Steuerrecht des Gesundheitswesen, S.)

Hellmann, Uwe/Herffs, Harro: Der ärztliche Abrechnungsbetrug, Springer, Berlin u.a. 2006. (zit.: Hellmann/Herffs, Der ärztliche Abrechnungsbetrug, S.)

Helmchen, Hanfried: Ökonomische Determinanten ärztlichen Handelns, in: Schneider, Frank (Hrsg.): Entwicklungen der Psychiatrie, Springer, Heidelberg 2006, S. 93. (zit.: Helmchen, Entwicklungen der Psychiatrie, S.)

Helmig, Bernd/Graf, Alexanderl: Kundenmanagement in Krankenhäusern, in: Busse, Reinhard/Schreyögg, Jonas/Tiemann, Oliver (Hrsg.): Management im Gesundheitswesen, Springer, 2. Aufl., Heidelberg 2010, S. 163. (zit.: Helmig/Graf, Management im Gesundheitswesen, S.)

Hemel, Ulrich (Hrsg.): Wert und Werte: Ethik für Manager – Ein Leitfaden für die Praxis, Carls Hanser Verlag, 2. Aufl., München 2007. (zit.: Aristoteles, Nikomachische Ethik 1113, b, 6-5, in: Hemel, Wert und Werte, S.)

Heße, Manfred: Wettbewerbsrecht. Recht - schnell erfasst, Springer, 2. Aufl., Heidelberg u.a. 2011. (zit.: Heße, Wettbewerbsrecht, S.)

Hesselmann, Hildegard/Motz, Thomas: Integrierte Versorgung und Vergaberecht, in: Medizinrecht (MedR) 23 (2005), S. 498-502. (zit.: Hesselmann/Motz MedR 23 (2005), S.)

Hessinger, Phillipp: Soziale Konstruktion von Märkten und integrierte Versorgung – Rationalitätskonflikte in der aktuellen Reorganisation des Gesundheitswesens, in: Amelung, Volker Eric/Sydow, Jörg/Windeler, Arnold (Hrsg.): Vernetzung im Gesundheitswesen. Wettbewerb und Kooperation, Kohlhammer, Stuttgart 2009, S. 51. (zit.: Hessinger, Vernetzung im Gesundheitswesen, S.)

Hiersche, Hans-Dieter (Hrsg.): Gesetz zur Bekämpfung der Korruption – Vom 13. August 1997, in: Spenden, Sponsoren - Staatsanwalt? Das neue Antikorruptionsgesetz und seine Auswirkungen für Ärzte, Krankenhäuser, Krankenkassen und Industrie, pmi-Verlag, Frankfurt am Main 2000, S. 68. (zit.: Hiersche, Spenden, Sponsoren – Staatsanwalt? S.)

Hirthammer-Schmidt-Bleibtreu, Christina: Ärzteschaft und Industrie zwischen Forschungsförderung und Kriminalität, in: Forschungsstelle für Pharmarecht (Hrsg.): Ärzteschaft und Industrie zwischen Forschungsförderung und Kriminalität, 3. Symposion von Wissenschaft und Praxis, pmi-Verlag, Frankfurt am Main 2001, S. 94. (zit.: Hirthammer-Schmidt-Bleibtreu, Ärzteschaft und Industrie, S.)

Hobusch, Sandra/Ochs, Sebastian: Rechtsprechungsübersicht zum Medizinprodukterecht und angrenzenden Gebieten, in: Medizinrecht (MedR) 27 (2009), S. 15–25. (zit.: Hobusch/Ochs MedR 27 (2009), S.)

Hoppe, Jörg-Dietrich: Recht und Medizin – Herausforderungen für den Berufsstand, in: Medizinrecht (MedR) 29 (2011), S. 216–221. (zit.: Hoppe MedR 29 (2011), S.)

ders.: Die Patienten-Arzt-Beziehung im 21. Jahrhundert, in: Katzenmeier, Christian/Bergdolt, Klaus (Hrsg.): Das Bild des Arztes im 21. Jahrhundert, Springer, Heidelberg u. a. 2009, S. 1. (zit.: Hoppe, Das Bild des Arztes, S.)

Huster, Stefan/Kaltenborn, Markus (Hrsg.): Krankenhausrecht. Praxishandbuch zum Recht des Krankenhauswesens, C. H. Beck, München 2010. (zit.: Bearbeiter in: Huster/Kaltenborn Krankenhausrecht, § Rn.)

Immenga, Ulrich/Mestmäcker, Ernst-Joachim (Hrsg.): Wettbewerbsrecht: GWB, Kommentar zum Deutschen Kartellrecht, Bd. 2, C. H. Beck, 4. Aufl., München 2007. (zit.: Bearbeiter in: Immenga/Mestmäcker, GWB §, Rn.)

Janssen, Dirk/Marks, Thomas: Das Gesundheitszentrum, ein innovatives Versorgungskonzept – Herausforderung und Chance für Niedergelassene, in: Hellmann, Wolfgang/Wambach, Veit (Hrsg.): Das Strategiebuch für den niedergelassenen Arzt. Optionen und praktische Tipps für die Zukunftssicherung, MWV, Berlin 2009, S. 175. (zit.: Janssen/Marks, Das Strategiebuch für den niedergelassenen Arzt, S.)

Jauernig, Othmar (Hrsg.): Bürgerliches Gesetzbuch. Mit Allgemeinem Gleichbehandlungsgesetz (Auszug); Kommentar, C. H. Beck, 14. Aufl. München 2011. (zit.: Bearbeiter in: Jauernig, § Kapitel)

Jensen, Michael C.: Foundations of organizational strategy, First Harvard University Press, United States of America 1998. (zit.: Jensen, Foundations of organizational strategy, S.)

Jörres, Torsten: Kooperation als Ansatz zur Steigerung der Wettbewerbsfähigkeit von Krankenhäusern in Deutschland, GRIN Verlag, München 2007. (zit.: Jörres, Kooperation zur Steigerung der Wettbewerbsfähigkeit, S.)

Jonitz, Hartmut/Steffens, Joachim: Neue Ärzte braucht das Land, in: Der Urologe (Urologe) 48 (2009), S. 845–846. (zit.: Jonitz/Steffens Urologe 48 (2009), S.)

Jordt, Melanie/Girr, Thomas/Weiland, Ines-Karina: Erfolgreich IGeLn: Analyse, Organisation, Vermarktung, Springer, Heidelberg 2006. (zit.: Jordt/Girr/Weiland, Erfolgreich IGeLn, S.)

Kallenberg, Stefan: Ärztliches Handeln im Urteil der Juristen, in: Rheinisches Ärzteblatt 10 (2010), S. 25–26. (zit.: Kallenberg Rheinisches ÄBl 10 (2010), S.)

Keinert, Heinz: Vertragsrechtliche Probleme im Streckengroßhandel. Vertrags-, Genossenschafts- und Kartellrecht, Facultas Verlags- und Buchhandels AG, Wien 2008. (zit.: Keinert, Vertragsrechtliche Probleme im Streckengroßhandel, S.)

Kersting, Thomas: Ermächtigungen, Institutsleistungen, Niederlassungen und Kooperationen im Krankenhaus - aus Sicht des Krankenhausträgers, in: Zeitschrift ärztliche Fortbildung und Qualitätssicherung (ZaeFQ) 97 (2003), S. 596–599. (zit.: Kersting ZaeFQ 97 (2003), S.)

Keyser, Fritz: 1000 Euro für Einweisung in Klinik. Ärzte kassieren angeblich im großen Stil ab - Krankenhäuser zahlen für Patienten, in: Stuttgarter Nachrichten vom 01.09.2009, S. 2. (zit.: Keyser, 1000 Euro für Einweisung in Klinik, Stuttgarter Nachrichten 01.09.2009, S.)

Kiefer, Gernot/Meseke, Stephan: Kooperation von Ärzten und Krankenhäusern - Sinvolle Gestaltungen und unzulässige Kick-Back-Zahlungen, in: Vierteljahresschrift für Sozialrecht (VSSR) 3 (2011), S. 212–229. (zit.: Kiefer/Meseke VSSR 3 (2011), S.)

Kindhäuser, Urs/Neumann, Ulfrid/Paeffgen, Hans-Ullrich (Hrsg.): Kommentar zum StGB, Nomos, 3. Aufl., Baden-Baden 2010. (zit.: Bearbeiter in: Kindhäuser/Neumann/Paeffgen, Strafgesetzbuch, § Rn.)

Kingreen, Thorsten: Wettbewerbsrechtliche Aspekte des GKV-Modernisierungsgesetzes, in: Medizinrecht (MedR) 22 (2004), S. 188–197. (zit.: Kingreen MedR 22 (2004), S.)

Kluth, Winfried: Ärztliche Berufs- und Gewissensfreiheit im Rahmen eines ökonomisch gesteuerten Gesundheitswesens, in: Thomas, Hans (Hrsg.): Ärztliche Freiheit und Berufsethos, Verlag J. H. Röll, Dettelbach 2005, S. 127. (zit.: Kluth, Ärztliche Freiheit, S.)

ders.: Juristische Bewertung des Status quo: Stärkung der Autonomie oder Verlust der Freiberuflichkeit? in: Wienke, Albrecht/Dierks, Christian (Hrsg.): Zwischen Hippokrates und Staatsmedizin. Der Arzt am Beginn des 21. Jahrhunderts; 25 Jahre DGMR, Springer, Berlin u. a. 2008, S. 29. (zit.: Kluth, Zwischen Hippokrates und Staatsmedizin, S.)

Koch, Bertram F.: Wann darf ein Arzt Empfehlungen aussprechen? in: Westfälisches Ärzteblatt 07 (2011), S. 14–15. (zit.: Koch Westfälisches ÄBl 07 (2011), S.)

Köber, Christiane (Wettbewerbszentrale): Zuweiserprämien - ein riskantes Geschäft. Vorlage von Patientenunterlagen an die Ärztliche Stelle ist zulässig, in: chefarzt aktuell 09 (2009), S. 45–47. (zit.: Köber chefarzt 09 (2009), S.)

Kölbel, Ralf: Strafbarkeitsnahe vertragsärztliche Kooperationsformen, in: Neue Zeitschrift für Strafrecht (NStZ) 31 (2011), S. 195–200. (zit.: Kölbel NStZ 31 (2011), S.)

Koepsel, Anne K.: Bestechlichkeit und Bestechung im geschäftlichen Verkehr (§ 299 StGB), V & R unipress, Göttingen 2006. (zit.: Koepsel, Bestechlichkeit und Bestechung, S.)

Koller, Christian: Zuweisermarketing aus juristischer Sicht, in: Saßen, Sascha/Franz, Michael (Hrsg.): Zuweisermarketing und sektorenübergreifende Kommunikation. Ein Kompendium zur gezielten Einflussnahme auf Patientenströme und transsektorale Versorgungsqualität, Economica-Verlag, Heidelberg u.a. 2007, S. 79. (zit.: Koller, Zuweisermarketing und sektorenübergreifende Kommunikation, S., Rn.)

Koller, Iris Felicitas: Ärztliche Kooperationsformen, in: Kunhardt, Horst (Hrsg.): Systemisches Management im Gesundheitswesen. Innovative Konzepte und Praxisbeispiele, Gabler, Wiesbaden 2011, S. 347. (zit.: Koller, Systematisches Management, S.)

Krafczyk, Wolfgang: Praxisgemeinschaften im Zwielicht – Ein Situationsbericht, in: Medizinrecht (MedR) 21 (2003), S. 313–319. (zit.: Krafczyk MedR 21 (2003), S.)

Krafczyk, Wolfgang/Lietz, Franziska: Fangprämien, Kopfpauschalen und Kick-Backs. Das Verbot der Zuweisung gegen Entgelt auf dem Prüfstand, in: Zeitschrift für das gesamte Medizin- und Gesundheitsrecht (ZMGR) 1 (2010), S. 24–31. (zit.: Krafczyk/Lietz ZMGR 1 (2010), S.)

Krauskopf, Dieter/Wagner, Regine/Knittel, Stefan (Hrsg.): Soziale Krankenversicherung, Pflegeversicherung, Kommentar Bd. 1, C.H. Beck, München 2011. (zit.: Bearbeiter in: Krauskopf/Wagner/Knittel, § Rn.)

Kray, Ralph: Strategische Allianzen im Gesundheitssektor. Kooperation und Koordination zwischen Krankenhaus und Industrie, Gabler, Wiesbaden 2009. (zit.: Kray, Strategische Allianzen im Gesundheitssektor, S.)

Kreipl, Claudia: Efficient consumer response und die Bereitschaft zur Kooperation. Eine empirische Untersuchung an deutschen Krankenhäusern, Dt. Univ.-Verlag, Wiesbaden 2004. (zit.: Kreipl, Efficient consumer response, S.)

Kretschmer, Rainer/Nass, Gertrud: DRGs im Krankenhausalltag – Ärztliche Entscheidungen im Spagat zwischen knappen Ressourcen und Ethik, in: Eurich, Johannes/Brink, Alexander/Hädrich, Jürgen u. a. (Hrsg.): Soziale Institutionen zwischen Markt und Moral. Führungs- und Handlungskonzepte, Verlag für Sozialwissenschaften, Wiesbaden 2005, S. 247. (zit.: Kretschmer/Nass, Soziale Institutionen, S.)

Krick, Carsten: Die Strafbarkeit von Korruptionsdelikten bei niedergelassenen Vertragsärzten, in: Arzt und Recht (A&R) 1 (2011), S. 3-14. (zit.: Krick A&R 1 (2011), S.)

Krieg, Michael: Im Sog der Kommerzialisierung, in: Deutsches Ärzteblatt (DÄBl) 94 (1997), S. A-902-A-911. (zit.: Krieg DÄBl 94 (1997), S.)

Krüger, Carsten/Rapp, Boris: Ethik im Gesundheitswesen: Behandlungsqualität - oberste Priorität, in: Deutsches Ärzteblatt (DÄBl) 103 (2006), S. A-320-A-322. (zit.: Krüger/Rapp DÄBl 103 (2006), S.)

Kubella, Kathrin: Patientenrechtegesetz, in: Katzenmeier, Christian (Hrsg.): Kölner Schriften zum Medizinrecht, Springer, Berlin u. a. 2011. (zit.: Kubella, Kölner Schriften zum Medizinrecht, S.)

Kübler, W.: Wissenschaftliche Kooperation: Bedeutung für Klinik und Industrie, in: Zeitschrift für Kardiologie (ZFK) 89 (2000), S. 807–809. (zit.: Kübler ZFK 89 (2000), S.)

Kuhn, Philip: Verdeckte Prämien für Mediziner sind "Bestechung". Ärztekammer kritisiert Überweisung von Patienten gegen Geld - Kliniken wehren sich gegen Vorwürfe, in: Die Welt, 02.09.2009, S. 4. (zit.: Kuhn Die Welt 02.09.2009, S.)

Lackner, Karl/Kühl, Kristian/Dreher, Eduard/Maassen, Hermann (Hrsg.): Strafgesetzbuch. Kommentar, C. H. Beck, 27. Aufl., München 2011. (zit.: Bearbeiter in: Lackner/Kühl, StGB §, Rn.)

Laufs, Adolf: Die jüngere Entwicklung des Arztberufes im Spiegel des Rechts, in: Katzenmeier, Christian/Bergdolt, Klaus (Hrsg.): Das Bild des Arztes im 21. Jahrhundert, Springer, Heidelberg u. a. 2009, S. 9. (Kölner Schriften zum Medizinrecht, 1). (zit.: Laufs, Das Bild des Arztes, S.)

Laufs, Adolf/Kern, Bernd-Rüdiger (Hrsg.): Handbuch des Arztrechts, C. H. Beck, 4. Aufl., München 2010. (zit.: Bearbeiter in: Laufs/Kern, Handbuch des Arztrechts, § Rn.)

Lehnen, Alexandra: Ärzte haben gutes Gespür für wettbewerbsrechtliche Stolpersteine. Interview mit Christiane Köber (Wettbewerbszentrale), in: Ärzte Zeitung (ÄZ) 44 (07.03.2003), S. 3. (zit.: Lehnen, ÄZ 44 (07.03.2003), S.)

Leitherer, Stephan (Hrsg.): Kasseler Kommentar, Sozialversicherungsrecht, C. H. Beck, 71. Aufl., München 2011. (zit.: Bearbeiter in: Kasseler Kommentar Sozialversicherungsrecht, § Rn.)

Leonhart, Wolfgang: Kooperationsformen bei Zahnärzten, in: stomatologie 6 (2011), S. a6-a7. (zit.: Leonhart stomatologie 6 (2011), S.)

Lindemann, Michael/Ratzel, Rudolf: Brennpunkte des Wirtschaftsstrafrechts im Gesundheitswesen, Nomos, Baden-Baden 2010. (zit.: Lindemann/Ratzel, Brennpunkte des Wirtschaftsstrafrechts, S.)

Lindenau, Lars: Das Medizinische Versorgungszentrum. Rechtliche Grundlagen und Ausblick in die GKV, C. F. Müller; MedizinRecht.de, Heidelberg u. a. 2008. (zit.: Lindenau, Das Medizinische Versorgungszentrum, S.)

Linder, Hans: BGH grenzt zulässig von unzulässig ab. Patientenzuweisung, in: Arzt & Wirtschaft (A&W) 5 (2011), S. 16. (zit.: Linder A&W 5 (2011), S.)

Loewenheim, Ulrich/ Meessen, Karl M./Riesenkampff, Alexander (Hrsg.): Kartellrecht Kommentar, C. H. Beck, 2. Aufl., München 2009. (zit.: Bearbeiter in: Loewenheim/Meessen/Riesenkampff, Kartellrecht, § Rn.)

Lüderssen, Klaus: Die Zusammenarbeit von Medizinprodukte-Industrie, Krankenhäusern und Ärzten. Strafbare Kollusion oder sinnvolle Kooperation?, Bd. 36, F. Steiner, Stuttgart 1998. (zit.: Lüderssen, Strafbare Kollusion oder sinnvolle Kooperation?, S.)

Luthe, Ernst-Wilhelm: Das Depot- und Zuwendungsverbot des § 128 SGB V, in: Medizinrecht (MedR) 29 (2011), S. 404–411. (zit.: Luthe MedR 29 (2011), S.)

Maehle, A.-H: "Patient trade" in Germany: an ethical issue at the practitioner-clinician interface in 1909 and 2009, in: Medical Humanities 36 (2010), S. 84–87. (zit.: Maehle Medical Humanities 36 (2010), S.)

Mahlberg, Lothar: Rechtliche Grenzen unentgeltlicher Zuwendungen an Ärzte, in: Medizinrecht (MedR) 17 (1999), S. 299–303. (zit.: Mahlberg MedR 17 (1999), S.)

Makoski, Kyrill: Zusammenarbeit zwischen Krankenhäusern und Vertragsärzten – sozialrechtlich erwünscht, berufsrechtlich verboten? in: Medizinrecht (MedR) 27 (2009), S. 376–386. (zit.: Makoski MedR 27 (2009), S.)

Manzeschke, Arne: "Ohne Ansehen der Person" - zur ethischen Unterbestimmtheit der ökonomischen Theorie im Privatisierungsdiskurs, in: Heubel, Friedrich/Kettner, Matthias/Manzeschke, Arne (Hrsg.): Die Privatisierung von Krankenhäusern: Ethische Perspektiven, Verlag für Sozialwissenschaften, Wiesbaden 2010, S. 133. (zit.: Manzeschke, Die Privatisierung von Krankenhäusern, S.)

Maunz, Theodor/Dürig, Günter: Grundgesetz Loseblatt-Kommentar, C. H. Beck, 63. Aufl., München 2011. (zit.: Bearbeiter in: Maunz/Dürig, GG, Art. Rn.)

Matthäus: Das Evangelium nach Matthäus, in: Luther, Martin (Hrsg.): Bibel, Deutsche Bibelgesellschaft, Stuttgart 1985. (Mätthaus, Bibel, Kapitel, Psalm)

Mayer, Kurt-Martin: Aufgeweckte Ermittler. Die Rechtsauffassung eines Oberlandesgerichts könnte die Zahl der Korrputionsverfahren gegen Kassenärzte vervielfachen, in: Focus 19.04.2010, S. 45. (zit.: Mayer Focus 19.04.2010, S.)

Meran, Johannes G./Wedding, Ullrich/Höffken, Klaus: Medizin ohne Ethik ist keine gute Medizin, in: Der Onkologe (Onkologe) 9 (2003), S. 1311–1312. (zit.: Meran/Wedding/Höffken Onkologe 9 (2003), S.)

Meurer, Dieter: Im Visier der Staatsanwaltschaften – Drittmittelwerbung bei Kliniklieferanten, in: Hiersche, Hans-Dieter (Hrsg.): Spenden, Sponsoren - Staatsanwalt? Das neue Antikorruptionsgesetz und seine Auswirkungen für Ärzte, Krankenhäuser, Krankenkassen und Industrie, pmi-Verlag, Frankfurt am Main 2000, S. 10. (zit.: Meurer, Spenden, Sponsoren – Staatsanwalt? S.)

Meurers, Horst: Marketing mittels Zusatzleistungen im Wettbewerb unter niedergelassenen Ärzten, in: Zeitschrift für Evidenz, Fortbildung und Qualität im Gesundheitswesen (ZEFQ) 103 (2009), S. 677–680. (zit.: Meurers ZEFQ 103 (2009), S.)

Meyer, Kerstin: Rechtsfragen der gemeinschaftlichen Berufsausübung von Vertragsärzten. 9. Fachkolloquium des Instituts für Sozialrecht, Ruhr-Universität Bochum, in: Medizinrecht MedR 20 (2002), S. 241-243. (zit.: Meyer MedR 20 (2002), S.)

Michels, Dina: "Transparenz: Von der Fangprämie zur Clearingstelle", in: führen und wirtschaften im krankenhaus (f&w) 5 (2009), S. 452. (zit.: Michels f&w 5 (2009), S.)

Michels, Rolf: Die überörtliche Berufsausübungsgemeinschaft. Gestaltungsmodelle und steuerliche Aspekte, in: Medizinrecht (MedR) 29 (2011), S. 411-418. (zit.: Michels MedR 29 (2011), S.)

Mitglieder der Bundesgerichtshofes (Hrsg.): Das bürgerliche Gesetzbuch mit besonderer Berücksichtigung der Rechtsprechung des Reichsgerichts und des Bundesgerichtshofes. Kommentar §§ 611-620, Bd. 2, unter Bearbeitung von: Anders, Monika/Ascheid, Reiner/Dörner, Hans-Jürgen u. a., de Gruyter, 12. Aufl., Berlin 1997. (zit.: Bearbeiter in: Kommentar §§ 611 – 620, S.)

Möller, Karl-Heinz: GOÄ § 1 Abs. 1; KHEntgG § 2 Abs. 2 S. 2 Nr. 2; RhPfBerufsO Ärztinnen und Ärzte §§ 12, 31, in: Juristische Rundschau (JR) 01 (2011), S. 26–30. (zit.: Möller JR 01 (2011), S.)

Mosiek, Marcus: Niedergelassener Kassenarzt als Beauftragter eines geschäftlichen Betriebes i.S.d. § 299 StGB, Anmerkung zu OLG Braunschweig 1. Strafsenat, Beschl. v. 23.02.2010 - Ws 17/10, in: jurisPR-MedizinR 5/2010 Anm. 1, (Hrsg.): Möller und Partner. (zit.: Mosiek jurisPR-MedizinR 5/2010 Anm. 1)

Mühlbacher, Axel: Die virtuelle Organisation: Der Schlüssel zur integrierten Versorgung in Deutschland, in: Wagner, Karin/Lenz, Immo (Hrsg.): Erfolgreiche Wege in die integrierte Versorgung. Eine betriebswirtschaftliche Analyse, Kohlhammer, Stuttgart 2007, S. 100. (zit.: Mühlbacher, Erfolgreiche Wege in die integrierte Versorgung, S.)

München, Friedrich: Moderne Versorgungskonzepte. Was wurde erreicht bei Medizinischen Versorgungszentren, in: Zeitschrift für Kardiologie (ZFK) 94 (2005), S. iv12. (zit.: München ZFK 94 (2005), S.)

Münchener Kommentar zum Bürgerlichen Gesetzbuch, (Hrsg).: Säcker, Franz Jürgen/Rixecker, Roland/Rebmann, Kurt, Bd. 1, C. H. Beck, 5. Aufl., München 2006. (zit.: Bearbeiter in MüKo BGB I, § Rn.)

Narr, Helmut: Ärztliches Berufsrecht. Ausbildung, Weiterbildung, Berufsausübung, Bd. 2, Deutscher Ärzte Verlag, Köln 2008. (zit.: Narr, Ärztliches Berufsrecht, Rn.)

Nass, Markus: MVZ – Möglichkeiten und Grenzen der Anstellung von Ärzten, Perspektiven Niedergelassener im Kontext der Praxisaufgabe und bisherige ärztliche Erfahrungen, in: Hellmann, Wolfgang/Wambach, Veit (Hrsg.): Das Strategiebuch für den niedergelassenen Arzt. Optionen und praktische Tipps für die Zukunftssicherung, MWV, Berlin 2009, S. 133. (zit.: Nass, Das Strategiebuch für den niedergelassenen Arzt, S.)

Neubacher, Alexander: Kopfgeld für Kranken, in: Der Spiegel (Spiegel) 45 (2007), S. 130. (zit.: Neubacher Spiegel 45 (2007), S.)

o.V.: Laborärzte gehen offensiv gegen Korruption in den eigenen Reihen vor, in: Der Radiologe 4 (1999), S. M-70. (zit.: o.V. Radiologe 4 (1999), S.)

o.V.: Unlautere Methoden im Gesundheitswesen. Wettbewerbszentrale berichtet über Tätigkeit im letzten Jahr, in: Krankenhaus und Recht 2 (2004), S. 37-39. (zit.: o.V. Krankenhaus und Recht 2 (2004), S.)

Orfanos, C.: Medizinethik und ärztliche Interessenkonflikte, in: Aktuelle Dermatologie (Akt. Dermatol.) 35 (2009), S. 157–161. (zit.: Orfanos Akt. Dermatol. 35 (2009), S.)

Ossege, Michael A.: Welche Bedeutung hat der Vertragswettbewerb bei der wettbewerblichen Ausrichtung des Gesundheitswesens? in: Clinical Research in Cardiology (Clin. Res. Cardiol.) Suppl. 4 (2009), S. 57–68. (zit.: Ossege Clin. Res. Cardiol. Suppl. 4 (2009), S.)

Osterloh, Falk: Sind Ärzte Beauftragte der Kassen? In: Deutsches Ärzteblatt (DÄBl) 109 (2012), S. B-216 – B-217. (zit.: Osterloh DÄBl 109 (2012), S.)

Palandt, Otto (Hrsg.): Bürgerliches Gesetzbuch, Beck´sche Kurzkommentare, Bd. 7, C. H. Beck, 71. Aufl., München 2012. (zit.: Bearbeiter in: Palandt § Rn.)

Passon, Anna/Siegel, Martin: Das Marktmodell im Gesundheitswesen, in: Lauterbach, Karl W./Lüngen, Markus/Schrappe, Matthias (Hrsg.): Gesundheitsökonomie, Management und Evidence-based Medicine. Handbuch für Praxis, Politik und Studium, Schattauer, 3. Aufl., Stuttgart 2010, S. 112. (zit.: Passon/Siegel, Gesundheitsökonomie, S.)

Patzschke, Andrew: Zuweiserpauschalen: Eine rechtliche Einordnung, in: Deutsches Ärzteblatt (DÄBl) 106 (2009), S. A-86. (zit.: Patzschke DÄBl 106 (2009), S.)

Pauly, Jürgen: Bestechlichkeit bei Patientenzuweisung, in: Medizinrecht (MedR) 23 (2005), S. 289–292. (zit.: Pauly MedR 23 (2005), S.)

Pawlita, Cornelius: Beziehungen zwischen Leistungserbringern und Krankenkassen, insbesondere vertragsärztliche Versorgung, in: Rolfs, Christian/Udsching, Peter (Hrsg.): Jahrbuch des Sozialrechts. Beziehungen zwischen Leistungserbringern und Krankenkassen, insbesondere vertragsärztliche Versorgung, 30 Bd., Erich Schmidt Verlag, Berlin 2008, S. 149. (zit.: Pawlita, Jahrbuch des Sozialrechts Band 30, S.)

Peters, Karl: Sozialadäquanz und Legalitätsprinzip, in: Stratenwerth, Günter/Kaufmann, Armin/Geilen, Gerd/Hirsch, Hans J./u. a.(Hrsg): Festschrift für Hans Welzel zum 70. Geburtstag am 25. März 1974, de Gruyter, Berlin u. a. 1974, S. 415. (zit.: Peters, Festschrift für Hans Welzel, S.)

Pfuhl, Fabian: Von erlaubter Verkaufsförderung und strafbarer Korruption, Mohr Siebeck, Tübingen 2010. (zit.: Pfuhl, Von erlaubter Verkaufsförderung, S.)

Picot, Arnold/Reichwald, Ralf/Wigand, Rolf T.: Die grenzenlose Unternehmung: Information, Organisation und Management, Gabler, 5. Aufl., Wiesbaden 2003. (zit.: Picot/Reichwald/Wigand, Die grenzenlose Unternehmung, S.)

Piper, Henning/Ohly, Ansgar/Sosnitza, Olaf (Hrsg.): Gesetz gegen den unlauteren Wettbewerb: mit Preisangabenverordnung, Kommentar, C. H. Beck, 5. Aufl, München 2010. (zit.: Bearbeiter in: Piper/Ohly/Sosnitza, UWG § Rn.)

Pitschas, Rainer: Änderung der Versorgungsstrukturen durch Verflechtung von Leistungssektoren: Ambulante Krankenhausbehandlung nach § 116b SGB V, in: Medizinrecht (MedR) 26 (2008), S. 473–482. (zit.: Pitschas MedR 26 (2008), S.)

Plassmann, W.: Vernetzte Praxen: Welche Modelle machen Sinn? in: Herz 23 (1998), S. 64–67. (zit.: Plassmann Herz 23 (1998), S.)

Potthoff, Peter/Bartels, Horst/Koecke, Bastian: Berufsausübungsgemeinschaften, in: Frauenarzt 48 (2007), S. 928–930. (zit.: Potthoff/Bartels/Koecke Frauenarzt 48 (2007), S.)

Pragal, Oliver/Apfel, Henner: Bestechlichkeit und Bestechung von Leistungserbringern im Gesundheitswesen, in: Zeitschrift für Arzneimittelrecht (A&R) 1 (2007), S. 10–20. (zit.: Pragal/Apfel A&R 1 (2007), S.)

Preis, Ulrich: Der Arzt zwischen grundrechtlicher Freiheit und staatlicher Regulierung, Analyse und rechtspolitische Perspektiven, in: Medizinrecht (MedR) 28 (2010), S. 139-149. (zit.: Preis MedR 28 (2010), S.)

Preißler, Reinhold: Verzahnung, Vernetzung und andere neue ärztliche Kooperationsformen. Eine kritische Auseinandersetzung, in: Medizinrecht (MedR) 16 (1998), S. 90–92. (zit.: Preißler MedR 16 (1998), S.)

Quaas, Michael/Zuck, Rüdiger (Hrsg.): Medizinrecht Kommentar, C. H. Beck, 2. Aufl., München 2008. (zit.: Quaas/Zuck, Medizinrecht Kommentar, § Rn.)

Quante, Susanne.: Das Krankenhaus in neuen Versorgungskonstellationen – Kooperationen und Netzwerke, in: Debatin, Jörg F./Schulte, Barbara/Ekkernkamp, Axel (Hrsg.): Krankenhausmanagement. Strategien, Konzepte, Methoden, MWV, Berlin 2010, S. 89. (zit.: Quante, Krankenhausmanagement, S.)

Raab, Andrea E./Drissner, Alexandra: Einweiserbeziehungsmanagement. Wie Krankenhäuser erfolgreich Win-Win-Beziehungen zu niedergelassenen Ärzten aufbauen, Kohlhammer, Stuttgart 2011. (zit.: Raab/Drissner, Einweiserbeziehungsmanagement, S.)

Ratzel, Rudolf: Drittmittelforschung unter Korruptionsverdacht? Wechselwirkung des Korruptionsstrafrechts mit dem ärztlichen Standesrecht, in: Medizinrecht (MedR) 20 (2002), S. 63–64. (zit.: Ratzel MedR 20 (2002), S.)

ders.: Zivilrechtliche Konsequenzen von Verstößen gegen die ärztliche Berufsordnung, in: Medizinrecht (MedR) 20 (2002), S. 492–496. (zit.: Ratzel MedR 20 (2002), S.)

ders.: Leistung eines Kostenbeitrags durch Anästhesist an Operateur für Bereitstellung des Operationssaals, in: Medizinrecht (MedR) 21 (2003), S. 459–460. (zit.: Ratzel MedR 21 (2003), S.)

ders.: Zusammenarbeit von Ärzten mit Orthopädietechnikern und Sanitätshäusern, in: Hessisches Ärzteblatt 8 (2007), S. 488-491. (zit.: Ratzel Hessisches ÄBl 8 (2007), S.)

ders.: Kooperationsverträge zwischen Krankenhäusern und Vertragsärzten – Schnittstellenoptimierung oder Zuweisungsprovision? in: Medizinrecht (MedR) 26 (2008), S. 445–448. (zit.: Ratzel MedR 26 (2008), S.)

ders.: Brillenversorgung II, in: Medizinrecht (MedR) 29 (2011), S. 158–161, Anmerkungen zu BGH, Urt. v. 24.06.2010 – I ZR 182/08. (zit.: Ratzel MedR 29 (2011), S.)

Ratzel, Rudolf/Lippert, Hans-Dieter (Hrsg.): Kommentar zur Musterberufsordnung der deutschen Ärzte (MBO), Springer, 4. Auflage., Berlin 2006. (zit.: Bearbeiter in: Ratzel/Lippert, Kommentar zur MBO, § Rn.)

Ratzel, Rudolf/Luxenburger,Bernd (Hrsg.): Handbuch Medizinrecht, Dt. Anwaltverl., 2. Aufl., Bonn 2008. (zit.: Bearbeiter in: Ratzel/Luxenburger, Handbuch Medizinrecht, § Rn.)

Ratzel, Rudolf/Möller, Karl-Heinz/Michels, Rolf: Die Teilgemeinschaftspraxis – Zulässigkeit, Vertragsinhalte, Steuern, in: Medizinrecht (MedR) 24 (2006), S. 377–390. (zit.: Ratzel/Möller/Michels MedR 24 (2006), S.)

Rebscher, H.: Die Stellung des Arztes in unserer Gesellschaft, in: Internist 48 (2007), S. S-51-S-54 (zit.: Rebscher Internist 48 (2007), S.)

Reibnitz, Christine von: Die Rolle des Konsumenten auf dem Gesundheitsmarkt. Eine Aufforderung zu mehr Mitbestimmung, in: Reibnitz, Christiane von/Schnabel, Peter-Ernst/Hurrelmann, Klaus (Hrsg.): Der mündige Patient. Konzepte zur Patientenberatung und Konsumentensouveränität im Gesundheitswesen, Juventa-Verl., München u.a. 2001, S. 265. (zit.: Reibnitz/Schnabel/Hurrelmann, Der mündige Patient, S.)

Reile, Anke: Gestaltungsoptionen von Krankenkassen bei staatlichen Systemvorgaben. Eine theoriegeleitete Analyse der kasseneigenen Freiräume zur Einnahmen- und Ausgabengestaltung, Berliner Wissenschafts-Verlag, Berlin 2007. (zit.: Reile, Gestaltungsoptionen von Krankenkassen, S.)

Reiling, Emil M.: Zur Reichweite des standesrechtlichen Verbots entgeltlicher Patientenzuweisung, in: Medizinrecht (MedR) 16 (1998), S. 273–275, Anmerkungen zu LG Heidelberg, Urt. v. 30.07.1997 – 8 O 41/97. (zit.: Reiling MedR 16 (1998), S.)

Richter-Reichhelm, Manfred: "Abrechnungsbetrug unter Ärzten - was unternehmen die KVen dagegen?", in: Der Internist (Internist) 42 (2001), S. M-132. (zit.: Richter-Reichhelm Internist 42 (2001), S.)

Riedel, Rolf-Rainer/Hansis, Martin/Schlesinger, Almuth: Wirtschaftlich erfolgreich in der Arztpraxis. Das Einmaleins der Betriebswirtschaft für Ärzte, Deutscher Ärzte Verlag, Köln 2005. (zit.: Riedel/Hansis/Schlesinger, Wirtschaftlich erfolgreich in der Arztpraxis, S.)

Riedle, Herbert/Gillig-Riedle, Barbara: Praxisrecht für Therapeuten. Von Arbeitsrecht bis Werberecht: Moderne Praxisführung leicht gemacht, Springer, Berlin u. a. 2003. (zit.: Riedle/Gillig-Riedle, Praxisrecht für Therapeuten, S.)

Riegel, Theo/Hoffmann, Lutz: Die integrierte Versorgung und ihr Einfluss auf das Leistungsmanagement im Krankenhaus, in: Hoffmann, Lutz/Vetter, Ulrich (Hrsg.): Leistungsmanagement im Krankenhaus. G-DRGs, Springer, Heidelberg 2005, S. 131. (zit.: Riegel/Hoffmann, Leistungsmanagement im Krankenhaus, S.)

Rieger, Hans-Jürgen: Angebot eines kostenlosen Botendienstes durch niedergelassene Pathologen und Laborärzte, in: Deutsche Medizinische Wochenschrift (DMW) 122 (1997), S. 275–277. (zit.: Rieger DMW 122 (1997), S.)

ders.: Verstoß gegen das Zuweisungsverbot nach § 31 MBO, in: Medizinrecht (MedR) 29 (2011), S. 197–199, Anmerkungen zu Ärztl. BerufsG Nieders., Urt. v. 11.08.2010 – BG 10/09. (zit.: Rieger MedR 29 (2011), S.)

Ries, Hans Peter/Schnieder, Karl-Heinz/Althaus, Jürgen: Arztrecht. Praxishandbuch für Mediziner, Springer, 2. Aufl., Berlin u. a. 2007. (zit.: Ries/Schnieder/Althaus, Arztrecht, S.)

dies.: Zahnarztrecht. Praxishandbuch für Zahnmediziner, Springer, 2. Aufl., Berlin u.a. 2008. (zit.: Ries/Schnieder/Althaus, Zahnarztrecht, S.)

Rittner, Fritz/Dreher, Meinrad: Europäisches und deutsches Wirtschaftsrecht. Eine systematische Darstellung, C. F. Müller, 3. Aufl., Heidelberg u. a. 2008. (zit.: Rittner/Dreher, Europäisches und deutsches Wirtschaftsrecht, § Rn.)

Robbers, Jörg/Wagener, Andreas (Hrsg.): Die Krankenhausbehandlung. Praxiskommentar zur Vertragsgestaltung: Kooperationsverträge, Bd. 6, Kohlhammer, Stuttgart 2007. (zit.: Bearbeiter in: Robbers/Wagener, Kooperationsverträge, S.)

Robra, Bernt-Peter/Swart, Enno/Felder, Stefan: Perspektiven des Wettbewerbs im Krankenhaussektor, in: Arnold, Michael/Schellschmidt, Henner/Klauber, Jürgen (Hrsg.): Krankenhaus-Report 2002. Schwerpunkt: Krankenhaus im Wettbewerb, Schattauer, Stuttgart 2003, S. 43. (zit.: Robra/Swart/Felder, Krankenhaus-Report 2002, S.)

Rodegast, Nicole: Wettbewerb im Gesundheitswesen. Patientenorientierung als Schlüssel zu möglichen Wettbewerbsvorteilen für Krankenhäuser, Diplomica-Verlag, Hamburg 2010. (zit.: Rodegast, Wettbewerb im Gesundheitswesen, S.)

Roeder, Norbert/Günnewig, Matthias/Franz, Dominik: Wettbewerb und Kooperation - (k)ein Widerspruch(!)? in: das Krankenhaus 101 (2009), S. 918–928. (zit.: Roeder/Grünnewig/Franz das Krankenhaus 101 (2009), S.)

Rolfs, Christian/Giesen, Richard/Udsching, Peter/Kreikebohm, Ralf: Beck´scher Online-Kommentar. Sozialrecht, Edition 23, C. H. Beck, München 2011. (zit.: Bearbeiter in: Rolfs/Giesen/Udsching/Kreikebohm, § Rn.)

Roxin, Claus: Strafrecht: allgemeiner Teil. Grundlagen, der Aufbau der Verbrechenslehre, Bd. 1, C. H. Beck, 4. Aufl., München 2006. (zit.: Roxin, Strafrecht: allgemeiner Teil, S., Rn.)

Rumpenhorst, Marc: Das Verbot der Zuweisung gegen Entgelt. Zusammenarbeit zwischen Vertragsarzt und Krankenhaus, in: Arzt und Krankenhaus 5 (2010), S. 155–157. (zit.: Rumpenhorst Arzt und Krankenhaus 5 (2010), S.)

Runge, Matthias: Korruptionsvorwürfe: Reaktionen und Konzepte der Industrie, in: Forschungsstelle für Pharmarecht (Hrsg.): Ärzteschaft und Industrie zwischen Forschungsförderung und Kriminalität, 3. Symposion von Wissenschaft und Praxis, PMI Verlag, Frankfurt am Main 2001, S. 67. (zit.: Runge, Ärzteschaft und Industrie, S.)

Sass, Hans-Martin: Medizinethik, in: Pieper, Annemarie/Thurnherr, Urs (Hrsg.): Angewandte Ethik: eine Einführung, C. H. Beck, München 1998. (zit.: Sass, Angewandte Ethik, S.)

Schade, Hans-Joachim: Die Einzelpraxis ist – richtig aufgestellt – auch weiterhin zukunftsfähig, in: Hellmann, Wolfgang/Wambach, Veit (Hrsg.): Das Strategiebuch für den niedergelassenen Arzt. Optionen und praktische Tipps für die Zukunftssicherung, MWV, Berlin 2009, S. 141. (zit.: Schade, Das Strategiebuch für den niedergelassenen Arzt, S.)

Schäfer, Julia: Ressourcenallokation im Krankenhaus - Akteure zwischen Medizin und Ökonomie, in: Hensen, Peter/Kölzer, Christian (Hrsg.): Die gesunde Gesellschaft. Sozioökonomische Perspektiven und sozialethische Herausforderungen, Verl. für Sozialwissenschaften, Wiesbaden 2011, S. 79. (zit.: Schäfer, Die gesunde Gesellschaft, S.)

Schaeffer, Doris/Ewers, Michael: Integrierte Versorgung nach deutschem Muster, in: Pflege und Gesellschaft 11 (2006), S. 197–209. (zit.: Schaeffer/Ewers Pflege und Gesellschaft 11 (2006), S.)

Schallen, Rolf: Zulassungsverordnung für Vertragsärzte, Vertragszahnärzte, Medizinische Versorgungszentren, Psychotherapeuten, C. F. Müller, 7. Aufl., Heidelberg u. a. 2009. (zit.: Schallen, Zulassungsverordnung für Vertragsärzte, § Rn.)

Schaupp, Walter: Moderne Medizin in der Spannung von Ökonomie und ärztlichem Heilungsauftrag, Katholisch-Theologische Fakultät, Institut für Moraltheologie, Graz 2008. (zit.: Schaupp, Moderne Medizin, S.)

Scheele, Burkhard/Freitag, Ulrich: Teilzulassung; Tätigkeit in Praxis, MVZ und Krankenhaus, in: Deutsches Ärzteblatt (DÄBl) 48 (2007), S. 728–731. (zit.: Scheele/Freitag DÄBl 48 (2007), S.)

Schildmann, Jan/Sandow, Verena/Vollmann, Jochen: Interessenkonflikte in der Medizin: Ein Beitrag aus medizinethischer Perspektive, in: Lieb, Klaus/Ludwig, Wolf-Dieter/Klemperer, David (Hrsg.): Interessenkonflikte in der Medizin. Hintergründe und Lösungsmöglichkeiten, Springer, Berlin u.a. 2011, S. 47. (zit.: Schildmann/Sandow/Vollmann, Interessenkonflikte in der Medizin, S.)

Schirmer, Horst Dieter: Vertragsarztrecht kompakt. Die Übersicht für Ärzte, Psychotherapeuten und Juristen, Dt. Ärzte-Verl., Köln 2006. (zit.: Schirmer, Vertragsarztrecht kompakt, S.)

Schlingensiepen, Ilse: Kooperation auf heiklem Terrain, in: Ärzte Zeitung (ÄZ) 178 (09.10.2008), S. 2. (zit.: Schlingensiepen ÄZ 178 (09.10.2008), S.)

Schmidt, Klaus: Rückvergütungen im Gesundheitswesen: Mal zulässig, mal nicht, in: Deutsches Ärzteblatt (DÄBl) 107 (2010), S. A-1543. (zit.: Schmidt DÄBl 107 (2010), Nr. 31-32, S.)

Schmidt, Oliver: Das Krankenhaus in der Beratung, Gabler, Wiesbaden 2010. (zit.: Schmidt, Das Krankenhaus in der Beratung, S.)

Schmieder, Peter: Ethische Grundlagen in der Medizin, in: Kunhardt, Horst (Hrsg.): Systemisches Management im Gesundheitswesen. Innovative Konzepte und Praxisbeispiele, Gabler, Wiesbaden 2011, S. 299. (zit.: Schmieder, Systematisches Management, S.)

Schmitt, Christoph/Ulmer, Detlef: Wirtschaftsverträge rechtssicher gestalten, Springer, Berlin u. a. 2010. (zit.: Schmitt/Ulmer, Wirtschaftsverträge rechtssicher gestalten, S.)

Schnapp, Friedrich: Krankenhausaufsicht praeter constitutionem? in: Neue Zeitschrift für Sozialrecht (NZS) 20 (2011), S. 561-566. (zit.: Schnapp NZS 20 (2011), S.)

Schnapp, Friedrich E./Wigge, Peter (Hrsg.): Handbuch des Vertragsarztrechts. Das gesamte Kassenarztrecht, C. H. Beck, 2. Aufl., München 2006. (zit.: Bearbeiter in: Schnapp/Wigge, Handbuch des Vertragsarztrechts, § Rn.)

Schneider, Hendrik: Getarnte „Kopfprämien“. Strafrechtliche Grenzen der Kooperation zwischen niedergelassenen Ärzten und Krankenhäusern, in: Onlinezeitschrift für Höchstrichterliche Rechtsprechung zum Strafrecht (HRRS) 10 (2009), S. 484-489. (zit.: Schneider HRRS 10 (2009), S.)

Schneider, Günther: Patientenrechte, in: Medizinrecht (MedR) 18 (2000), S. 497–504. (zit.: Schneider MedR 18 (2000), S.)

Schönke, Adolf/Schröder, Horst (Hrsg.): Strafgesetzbuch Kommentar, C. H. Beck, 28. Aufl., München 2010. (zit.: Bearbeiter in: Schönke/Schröder, § Rn.)

Schramm, Frank: Der gekaufte Patient, in: Der Urologe (Urologe) 48 (2009), S. 864–868. (zit.: Schramm Urologe 48 (2009), S.)

Schubert, Cornelius/Vogd, Werner: Die Organisation der Krankenbehandlung. Von der privatärztlichen Konsultation zur vernetzten Behandlungsstrajektorie, in: Amelung, Volker Eric/Sydow, Jörg/Windeler, Arnold (Hrsg.): Vernetzung im Gesundheitswesen. Wettbewerb und Kooperation, Kohlhammer, Stuttgart 2009, S. 25. (zit.: Schubert/Vogd, Vernetzung im Gesundheitswesen, S.)

Schulenburg, Dirk: Das Verbot der Zuweisung gegen Entgelt. in: Rheinisches Ärzteblatt 12 (2008), S. 16. (zit.: Schulenberg Rheinisches ÄBl 12 (2008), S.)

Schulenberg, Matthias J./Greiner, Wolfgang: Gesundheitsökonomik, Mohr Siebeck, 2. Aufl., Tübingen 2007. (zit.: Schulenberg/Greiner, Gesundheitsökonomik, S.)

Schulze, Reiner/Dörner, Heinrich/Ebert, Ina/u. a. (Hrsg.): Bürgerliches Gesetzbuch Handkommentar, Nomos, 7. Aufl., Baden-Baden 2012. (zit.: Bearbeiter in: Schulze/Dörner/Ebert, § Rn.)

Shinde, Sonia: Kämpfer gegen Korruption. Oliver Pragal hat als erster externer Ombudsmann der Versicherer ein offenes Ohr für Lug und Trug, in: Handelsblatt vom 01.12.2008, S. 23. (zit.: Shinde Handelsblatt 01.12.2008, S.)

Sichert, Markus: Wahl und Wettbewerb im regulierten System - Normative Steuerung der Krankenhausversorgung in Deutschland, in: Sichert, Markus/Becker, Ulrich/Ross, Friso (Hrsg.): Wahlmöglichkeiten und Wettbewerb in der Krankenhausversorgung, Steuerungsinstrumente in Deutschland, den Niederlanden, der Schweiz und den USA im Rechtsvergleich, Nomos, Baden-Baden 2010, S. 57. (zit.: Sichert, Wahlmöglichkeiten und Wettbewerb in der Krankenhausversorgung, S.)

Sobhani, Bidjan/Kersting, Thomas: Wettbewerb zwischen Ärzten und Krankenhaus – Krankenhäuser als Gewinner? in: Zeitschrift für Evidenz, Fortbildung und Qualität im Gesundheitswesen (ZFEQ) 103 (2009), S. 666–669. (zit.: Sobhani/Kersting ZFEQ 103 (2009), S.)

Spickhoff, Andeas (Hrsg.): Medizinrecht Kommentar, Beck´sche Kurzkommentare, C. H. Beck, München 2011. (zit.: Bearbeiter in: Spickhoff Medizinrecht, § Rn.)

Spies, Hans-Friedrich: BDI-Mitteilungen. Der Arzt als Unternehmer, in: Der Gastroenterologe (Gastroenterologe) 6 (2011), S. 75–77. (zit.: Spies Gastroenterologe 6 (2011), S.)

Staudinger BGB, Eckpfeiler des Zivilrechts, (Hrsg.): Staudinger, Julius von/Beckmann, Roland Michael/Martinek, Michael, de Gruyter, Berlin 2011. (zit.: Bearbeiter in: Staudinger, § Rn.)

Steinbrück, Ralph: Liberalisierung des Vertragsarztrechts, in: Der Anästhesist (Anästhesist) 55 (2006), S. 997–1003. (zit.: Steinbrück Anästhesist 55 (2006), S.)

Steinhilper, Gernot: Stellen zur Bekämpfung von Fehlverhalten im Gesundheitswesen, in: Medizinrecht (MedR) 23 (2005), S. 131–134. (zit.: MedR 23 (2005), S.)

Stellpflug, Martin H./Berns, Inge: Musterberufsordnung für die psychologischen Psychotherapeuten und Kinder- und Jugendlichenpsychotherapeuten. Text und Kommentierung, Psychotherapeutenverlag, 2. Aufl., Heidelberg u. a. 2008. (zit.: Stellpflug/Berns, Musterberufsordnung für die psychologischen Psychotherapeuten, Kommentar, § Rn.)

Stollmann, Frank: § 31a KHGG NRW: Krankenhausrechtliche Sanktionsmöglichkeiten unzulässiger Zuweisungsprämien, in: GesundheitsRecht (GesR) 3 (2011), S. 136–140. (zit.: Stollmann GesR 3 (2011), S.)

Stüber, Christiane: "Ärztliche Freiheit und Berufsethos?" - Hängen ärztliche Berufsfreiheit und ärztliches Berufsethos zusammen? in: Ethik in der Medizin (Ethik Med) 17 (2005), S. 57–60. (zit.: Stüber Ethik Med 17 (2005), S.)

Stumpf, Christoph A./Voigts, Helge-Marten: Gesundheitsmarkt zwischen Kooperation und Korruption, in: Medizinrecht (MedR) 27 (2009), S. 205–210. (zit.: Stumpf/Voigts MedR 27 (2009), S.)

Taupitz, Jochen: Verkürzter Versorgungsweg zur Belieferung von Patienten mit Hörgeräten, in: Medizinrecht (MedR) 16 (1998), S. 522–526. (zit.: Taupitz MedR 16 (1998), S.)

Terbille, Michael (Hrsg.): Münchener Anwaltshandbuch Medizinrecht, C. H. Beck, München 2009. (zit.: Bearbeiter in: Terbille, Münchener Anwaltshandbuch Medizinrecht, § Rn.)

Thiede, Justus A./Schoch, Klaus/Fiege, Klaus-Peter: Kooperation und Fusion im Focus des Krankenhausmanagements, Bibliomed, Med. Verl.-Ges., Melsungen 1999. (zit.: Thiede/Schoch/Fiege, Kooperation und Fusion im Focus, S.)

Thill, Klaus-Dieter: Einweisermarketing für Krankenhäuser. Niedergelassene Ärzte professionell gewinnen und binden, Gabeler, 2. Aufl., Wiesbaden 2010. (zit.: Thill, Einweisermarketing für Krankenhäuser, S.)

Thomas, Hans: Standesethos oder Pluralismus der Wertvorstellungen? Der ethische Relativismus unterwirft die Ärzte der Politik, in: Thomas, Hans (Hrsg.): Ärztliche Freiheit und Berufsethos, Verlag J. H. Röll, Dettelbach 2005, S. 127. (zit.: Thomas, Ärztliche Freiheit, S.)

Thünken, Alexander: Die wettbewerbs- und berufsrechtliche Zulässigkeit der Einbindung von Ärzten in den Vertrieb von Gesundheitsprodukten, in: Medizinrecht (MedR) 25 (2007), S. 578–584. (zit.: Thünken MedR 25 (2007), S.)

Tophoven, Christina: Change Management in Arztpraxen und Ärztenetzwerken, in: Busse, Reinhard/Schreyögg, Jonas/Gericke, Christian (Hrsg.): Management im Gesundheitswesen, Springer, Heidelberg 2006, S. 423. (zit.: Tophoven, Management im Gesundheitswesen, S.)

Udsching, Peter: Probleme der Verzahnung von ambulanter und stationärer Krankenbehandlung, in: Neue Zeitschrift für Sozialrecht (NZS) 8 (2003), S. 411–417. (zit.: Udsching NZS 8 (2003), S.)

Ullrich, Steffen: Ordnungspolitische, vertragliche und wettbewerbsrechtliche Aspekte neuer autonomer Versorgungsstrukturen im deutschen Gesundheitswesen, Cuvillier, Göttingen 2002. (zit.: Ullrich, Versorgungsstrukturen im deutschen Gesundheitswesen, S.)

Ulsenheimer, Klaus: Der Vertragsarzt als Sachwalter der Vermögensinteressen der gesetzlichen Krankenkassen? in: Medizinrecht (MedR) 23 (2005), S. 622–628. (zit.: Ulsenheimer MedR 23 (2005), S.)

ders.: Arztstrafrecht in der Praxis, C. F. Müller, 4. Aufl., Heidelberg 2008. (zit.: Ulsenheimer, Arztstrafrecht in der Praxis, S.)

Vera, Antonio: Strategische Allianzen im deutschen Krankenhauswesen - Ein empirischer Vergleich von horizontalen und vertikalen Kooperationen, in: Zeitschrift für Betriebswirtschaft (ZfB) 76 (2006), S. 835–865. (zit.: Vera ZfB 76 (2006), S.)

Verrel, Torsten: Überkriminalisierung oder Übertreibung? Die neue Furcht vor der Korruptionsstrafbarkeit in der Medizin, in: Medizinrecht (MedR) 21 (2003), S. 319–326. (zit.: Verrel MedR 21 (2003), S.)

Vollmöller, Thomas: Die Vereinbarkeit der Öffnung der Krankenhäuser für ambulante Leistungen (§ 116b II SGB V) mit der Berufsfreiheit der niedergelassenen Vertragsärzte (Art. 2 I GG), in: Neue Zeitschrift für Sozialrecht (NZS) 11 (2006), S. 572–578. (zit.: Vollmöller NZS 11 (2006), S.)

Vorberg, Sebastian: Rechtliche Umsetzung von Gesundheitsnetzwerken in der Praxis, in: Hellmann, Wolfgang/Eble, Susanne (Hrsg.): Gesundheitsnetzwerke managen. Kooperationen erfolgreich steuern, MWV, Berlin 2009, S. 107. (zit.: Vorberg, Gesundheitsnetzwerke managen, S.)

Weber, Rüdiger: Stenografischer Wortbericht. 114. Deutscher Ärztetag, unter Mitarbeit von Lühr, André/Merinardus, Peter, Kiel, 31.05.2011. (zit.: Weber, Stenografischer Wortbericht. 114. Deutscher Ärztetag, 31.05.2011)

Weid, Sabrina/Geissler, Alexander: Möglichkeiten der leistungsorientierten Vergütung von nicht angestellten Ärzten im stationären Sektor: Eine Prozesskostenrechnung am Beispiel von Varizenpatienten, Working Papers in Health and Management, Vol. 5, Universitätsverlag der Technischen Universität Berlin, Berlin 2010. (zit.: Weid/Geissler, Möglichkeiten der leistungsorientierten Vergütung, S.)

Weide, Ursula: Managed Care - Vorsicht, Lebensgefahr! in: Medizinrecht (MedR) 19 (2001), S. 72–76. (zit.: Weide MedR 19 (2001), S.)

Weißbach, Lothar/Höffken, Klaus: Der tägliche Spagat zwischen Ethik und Ökonomie, in: Der Onkologe (Onkologe) 17 (2011), S. 194–196. (zit.: Weißbach/Höffken Onkologe 17 (2011), S.)

Wenzel, Frank (Hrsg.): Handbuch des Fachanwalts Medizinrecht, Wolters Kluwer GmbH, Köln 2007. (zit.: Bearbeiter in: Wenzel, Handbuch Medizinrecht, Kapitel Rn.)

Werthern, Manfred: Gesundheitsnetzwerke – Organisation, Rechtsformen, Versorgungskonstellationen, in: Hellmann, Wolfgang/Eble, Susanne (Hrsg.): Gesundheitsnetzwerke initiieren. Kooperationen erfolgreich planen, Med.-Wiss. Verl.-Ges., Berlin 2009, S. 115. (zit.: Werthern, Gesundheitsnetzwerke initiieren, S.)

ders.: Wohin geht die Reise nach der Gesundheitsreform, worauf müssen wir uns einstellen? in: Hellmann, Wolfgang/Wambach, Veit (Hrsg.): Das Strategiebuch für den niedergelassenen Arzt. Optionen und praktische Tipps für die Zukunftssicherung, MWV, Berlin 2009, S. 39. (zit.: Werthern, Das Strategiebuch für den niedergelassenen Arzt, S.)

ders.: Aktuelle Möglichkeiten der Zukunftssicherung, in: Hellmann, Wolfgang/Wambach, Veit (Hrsg.): Das Strategiebuch für den niedergelassenen Arzt. Optionen und praktische Tipps für die Zukunftssicherung, MWV, Berlin 2009, S. 1. (zit.: Werthern, Das Strategiebuch für den niedergelassenen Arzt, S.)

Wessels, Johannes/Hettinger, Michael: Strafrecht Besonderer Teil 1: Straftaten gegen Persönlichkeits- und Gemeinschaftswerte, C. F. Müller, 35. Aufl., München 2011. (zit.: Wessels/Hettinger, Strafrecht Besonderer Teil 1, § Rn.)

Wienke, Albrecht: Das Jahrhundert-Urteil des BGH zur Hörgeräteverkürzten Versorgung, in: HNO 61 (2011), S. 112. (zit.: Wienke HNO 61 (2011), S.)

ders.: Kooperationen zwischen Ärzten, Krankenhäuser und Hilfsmittelerbringer, in: Wienke, Albrecht/Janke, Kathrin/Kramer, Hans-Jürgen (Hrsg.): Der Arzt im Wirtschaftsstrafrecht, Abkehr von unerwünschten und unerwarteten Strafbarkeitsrisiken in der vertragsärztlichen Berufsausübung, Spinger, Heidelberg u. a. 2011, S. 25. (zit.: Wienke, der Arzt im Wirtschaftsstrafrecht, S.)

Wienke, Albrecht/Stenger, Anna/Sailer, Rosemarie: Alles neu macht der Mai. Zur Novellierung der ärztlichen Musterberufsordnung 2011, in: HNO 59 (2011), S. 1230–1232. (zit.: Wienke/Stenger/Sailer HNO 59 (2011), S.)

Wiesing, Urban: Wozu bedarf es eines Medizinethikers? in: Ethik in der Medizin 13 (2001), S. 258–266. (zit.: Wiesing Ethik in der Medizin 13 (2001), S.)

Wigge, Peter: Die Auswirkungen des Antikorruptionsgesetzes vom 13.8.1997 auf die Tätigkeit von Krankenhausärzten, in: Der Internist (Internist) 40 (1999), S. M-69–M-70. (zit.: Wigge Internist 40 (1999), S.)

ders.: Die Teilgemeinschaftspraxis - Innovative Kooperationsform oder unzulässiges Kick-Back-Modell? Inhalt und Grenzen der Ausgestaltung von Teilkooperationen, in: Neue Zeitschrift für Sozialrecht (NZS) 8 (2007), S. 393–401. (zit.: Wigge NZS 8 (2007), S.)

ders.: Verbot von Zuweisermodellen in der Radiologie, in: Fachzeitschrift für Fortschritte auf dem Gebiet der Röntgenstrahlen (RöFo) 180 (2008), S. 933–935. (zit.: Wigge RöFo 180 (2008), S.)

ders.: Neue Strafbarkeitsrisiken für niedergelassene Radiologen - OLG Braunschweig hält Bestechung von Vertragsärzten für möglich, in: Fachzeitschrift für Fortschritte auf dem Gebiet der Röntgenstrahlen (RöFo) 182 (2010), S. 541–542. (zit.: Wigge RöFo 182 (2010), S.)

ders.: Zeitliche Kompatibilität von vertragsärztlichem Versorgungsauftrag und radiologischer Tätigkeit am Krankenhaus, in: Fachzeitschrift für Fortschritte auf dem Gebiet der Röntgenstrahlen (RöFo) 40 (2011), S. 879-885. (zit.: Wigge RöFo 40 (2011), S.)

Wigge, Peter/Harney, Anke: Selektivverträge zwischen Ärzten und Krankenkassen nach dem GKV-WSG, in: Medizinrecht (MedR) 26 (2008), S. 139–149. (zit.: Wigge/Harney MedR 26 (2008), S.)

Wirthner, Adrian: „Money, fun or glory" – Das macht Ärztenetze erfolgreich! in: Primary Care 7 (2007), S. 330–331. (zit.: Wirthner Primary Care 7 (2007), S.)

Wittmann, Christian: Entgeltliche Patientenzuweisung: Anwendung und Durchbrechung des § 817 S. 2 BGB bei der Kondiktion von Zuweisungsentgelten, in: Medizinrecht (MedR) 26 (2008), S. 716–723. (zit.: Wittmann MedR 26 (2008), S.)

ders.: Der "verkürzte Versorgungsweg" mit Brillen, in: Medizinrecht (MedR) 27 (2009), S. 728–731, Anmerkungen zu BGH, Urt. v. 09.07.2009 – I ZR 13/07. (zit.: Wittmann MedR 27 (2009), S.)

Wittmann, Christian/Koch, Detlef: Die Zulässigkeit gesellschaftsrechtlicher Beteiligungen von Ärzten an Unternehmen der Hilfsmittelbranche im Hinblick auf §128 Abs. 2 SGB V und das ärztliche Berufsrecht, in: Medizinrecht (MedR) 29 (2011), S. 476–485. (zit.: Wittmann/Koch MedR 29 (2011), S.)

Wodarz, Katharina/Sellmann, Christian: Neuausrichtung von Krankenhäusern – Handlungsoptionen und regulatorische Vorgaben, in: Neue Zeitschrift für Sozialrecht (NZS) 9 (2008), S. 466–473. (zit.: Wodarz/Sellmann NZS 9 (2008), S.)

Woopen, Christiane: Berufsethos als komplementäre Ordnung zum Recht im Bereich der Arzthaftung, in: Medizinrecht (MedR) 29 (2011), S. 232–235. (zit.: Woopen MedR 29 (2011), S.)

Zeller, B./Cramer, Udo: MRT: Teilradiologie wird auch für die PKV zum Problem, in: Der Radiologe (Radiologe) 40 (2000), S. M-82. (zit.: Zeller/Cramer Radiologe 40 (2000), S.)

Zwingel, Bernd/Preissler, Reinhold: Ärzte-Kooperationen und medizinische Versorgungszentren. Rechtliche Rahmenbedingungen für Gründung und Betrieb, Dt. Ärzte-Verlag, 2. Aufl., Köln 2008. (zit.: Zwingel/Preissler, Ärzte-Kooperationen, S.)

Internetquellen:

Ärztekammer Schleswig-Holstein (12.04.2011): Clearingverfahren zur Prüfung von Kooperationsverträgen, online verfügbar unter: http://tinyurl.com/am6uygu, zuletzt geprüft am 10.01.2013. (zit.: Ärztekammer Schleswig-Holstein, Clearingverfahren zur Prüfung von Kooperationsverträgen, http://tinyurl.com /am6uygu)

Andreas, M./Debong, B./Bruns, W. (2003): Beteiligung des Anästhesisten an den Kosten des Operateurs nicht standeswidrig, (Hrsg.) v. Berufsverband der Deutschen Chirurgen e. V., online verfügbar unter: http://www.bdc.de/index_level3.jsp?documentid=E27CDE39B000A602C1256 DC6002D82E8&form=Dokumente, zuletzt geprüft am 21.02.2012. (zit.: Andreas/Debong/Bruns, Beteiligung des Anästhesisten an den Kosten des Operateurs nicht standeswidrig, http://www.bdc.de/index_level3.jsp?documentid=E27CDE39B000A602C1256DC6 002D82E8&form= Dokumente.)

Baumann, Daniel: Druck auf Ärzte steigt. "Fangprämien": SPD fordert Gesetzesänderung, in: Frankfurter Rundschau (FR), 06.05.2010, S. 5. (zit.: Baumann, Druck auf Ärzte steigt. "Fangprämien": SPD fordert Gesetzesänderung, online verfügbar unter: http://www.fr-online.de/politik/-fangpraemien--druck-auf-aerzte-steigt,1472596, 2792588.html, zuletzt geprüft am 06.02.2012. (zit.: Baumann, Druck auf Ärzte steigt, http://www.fr-online.de/politik/-fangpraemien-druck-auf-aerzte-steigt, 1472596,2792588.html.)

Baumann, Daniel: Unter den Tisch gekehrt, in: Frankfurter Rundschau (FR), 26.12.2011, online verfügbar unter: http://www.fr-online.de/wirtschaft/korruption-unter-den-tisch-gekehrt,1472780 ,11356010.html, zuletzt geprüft am 06.02.2012. (zit.: Baumann, Unter den Tisch gekehrt, http://www.fr-online.de/wirtschaft/korruption-unter-den-tisch-gekehrt,1472780,11356010 .html.)

Bornemann, Torsten: BGH: Leitlinien für die Zusammenarbeit von Ärzten und Leistungserbringern (Hörgeräte II), (Hrsg.) v. anwalt24.de, online verfügbar unter: http://www.anwalt24.de/bei traege-news/fachartikel/bghleitlinien-fuer-die-zusammenarbeit-von-aerzten-und-leistungs erbringern-hoergeraete-ii, zuletzt geprüft am 10.12.2011. (zit.: Bornemann, Leitlinien für die Zusammenarbeit von Ärzten und Leistungserbringern, http://www.anwalt24.de/beitraege-news/fachartikel/bgh-leitlinien-fuer-die-zusammenarbeit-von-aerzten-und-leistungserbringern-hoerge raete-ii.)

Bronsert, Anne-Kathrin/Gehrmann, Wolfgang: Der Kopfgeld-Erreger. Ärzte kassieren von Kliniken Fangprämien für Patienten. Das System lädt dazu ein, online verfügbar unter: http://www.zeit.de/2009/38/Krankenhaeuser, zuletzt geprüft am 18.12.2011. (zit.: Bronsert/Gehrmann, Der Kopfgeld-Erreger, http://www.zeit.de/2009/38/ Krankenhaeuser.)

Borstel, S./Kuhn, P. von: Fangprämien für Patienten, in: Welt Online, 03.09.2009, online verfügbar unter: http://www.welt.de/wirtschaft/article4456812/Aerzte-wehren-sich-gegen-Korruptions vorwurf.html, zuletzt geprüft am 18.12.2011. (zit.: Borstel/Kuhn, Fangprämien für Patienten, http://www.welt.de/wirtschaft/article4456812/Aerzte-wehren-sich-gegen-Korruptions vorwurf.html.)

Bundesärztekammer: Hoppe: Ross und Reiter nennen. Verwerfungen sind Konsequenz der zunehmenden Kommerzialisierung der Patientenversorgung, Berlin (03.09.2009), online verfügbar unter: http://www.bundesaerztekammer.de/page.asp?his= 3.75.77.7712, zuletzt geprüft am 15.12.2011. (zit.: Bundesärztekammer, Hoppe: Ross und Reiter nennen, http://www.bundes aerztekammer.de/page.asp?his= 3.75.77.7712.)

Bundesärztekammer (BÄK)/Kassenärztliche Bundesvereinigung (KBV)/Deutsche Krankenhausgesellschaft (DKG): Gemeinsame Leitlinien zur Beurteilung von Kooperationen zwischen Krankenhäusern und niedergelassenen Ärzten, (Hrsg.) v. Deutsche Krankenhausgesellschaft, online verfügbar unter: www.paritaet-bw.de/content /e1537e178/e4029/e195/PDF/Entwurf-LeitlinienKH-Aerzten.pdf, zuletzt geprüft am 15.12.2011. (zit.: BÄK/KBV/DKG, Gemeinsame Leitlinien zur Beurteilung von Kooperationen zwischen Krankenhäusern und niedergelassenen Ärzten, www. paritaet-bw.de/content/e1537e178/e4029/e195/PDF/Entwurf-Leitlinien KH-Aerzten .pdf.)

Bundesministerium für Gesundheit: Freie Arztwahl, 05.01.2012, online verfügbar unter: http://www.bmg.bund.de/krankenversicherung/grundprinzipien/freie-arzt-wahl. html, zuletzt geprüft am 19.01.2012. (zit.: Bundesministerium für Gesundheit, Freie Arztwahl, http://www.bmg.bund.de/krankenversicherung/grundprinzipien/ freie-arztwahl.html)

Bundesverband Deutscher Internisten (08.09.2009): BDI wendet sich gegen Honorar für Einweiser, online verfügbar unter: http://www.bdi.de/allgemeine-infos/aktuelle-meldungen/ansicht/article /bdi-wendet-sich-gegen-honorar-fuer-einweiser.html, zuletzt geprüft am 15.12.2011. (zit.: Bundesverband Deutscher Internisten, BDI wendet sich gegen Honorar für Einweiser, http://www.bdi.de/allgemeine-infos/aktuelle-meldungen/ansicht/article/bdi-wendet-sich-gegen-honorar-fuer-einweiser.html.)

Bundesverband Deutscher Internisten (14.09.2009): Kassenärzte-Chef kritisiert Bundesärztekammer, online verfügbar unter: http://www.bdi.de/allgemeine-infos/aktuelle-meldungen/ansicht/article /kassenaerzte-chef-kritisiert-bundesaerztekammer.html, zuletzt geprüft am 15.12.2011. (zit.: BDI, Kassenärzte-Chef kritisiert Bundesärztekammer, http://www.bdi.de/allgemeine-infos/aktuelle-meldungen/ansicht/article/kassenaerzte-chef-kritisiert-bundesaerztekammer .html.)

Deutsche Gesellschaft für Chirurgie e. V. (19.04.2010): Chirurgen warnen; Kommerzialisierung gefährdet Patientenversorgung, Berlin. Schweizer, Beate, Postfach 30 11 20, 70451 Stuttgart, online verfügbar unter: http://www.idwf.eu/en/news364834, zuletzt geprüft am 18.12.2011. (zit.: Deutsche Gesellschaft für Chirurgie e. V., Chirurgen warnen, http://www.idwf.eu/en/news 364834.)

Deutsche Krankenhausgesellschaft e. V. (26.10.2009): Einweiserpauschalen, hier: Urteil des OLG Düsseldorf vom 8. September 2009, online verfügbar unter: http://www.dkgev.de/dkg.php /aid/6531/cat/74, zuletzt geprüft am 18.12.2011. (zit.: Deutsche Krankenhausgesellschaft e. V., Einweiserpauschalen, http://www. dkgev.de/dkg.php/aid/6531/cat/74.)

Deutscher Orthopäden Verband e. V. (2007): Überlassung medizinischer Großgeräte, 02.2007, online verfügbar unter: http://www.dov-online.de/online_magazin /detail.php?article_id=85, zuletzt geprüft am 21.02.2012. (zit.: Deutscher Orthopäden Verband e. V., Überlassung medizinischer Großgeräte, http://www.dov-online.de/online_magazin/detail.php?article_id=85.)

Dietze, Eckard: Wer darf bei Ihnen mitverdienen? (Hrsg.) v. Arzt & Wirtschaft (A&W), online verfügbar unter: http://www.auw.de/2007/09/wer-darf-bei-ihnen-mitverdienen/, zuletzt geprüft am 01.01.2012. (zit.: Dietze, Wer darf bei Ihnen mitverdienen? http://www.auw.de/2007/09 wer-darf-bei-ihnen-mitverdienen/.)

Ditzel, Peter: Ärzte und Krankenhäuser gegen schwarze Schafe, in: Deutsche Apotheker Zeitung (DAZ), 02.11.2009, online verfügbar unter: http://www.deutsche-apotheker-zeitung.de/recht/ news/2009/11/02/aerzte-und-krankenhaeuser-gegen-schwarze-schafe/1198.html, zuletzt geprüft am 21.02.2012. (zit.: Ditzel, Ärzte und Krankenhäuser gegen schwarze Schafe, http://www.deutsche-apotheker-zeitung.de/recht/news/2009/11/02/aerzte-und-krankenhaeuser-gegen-schwarze-schafe/1198.html.)

Fiori, Wolfgang/Bunzemeier, Holger/Roeder, Norbert: Abrechnungsbetrug der Krankenhäuser? Medienkampagne der Krankenkassen geht in die falsche Richtung, in: das Krankenhaus 7, S. 621–628, online verfügbar unter: http://www.kohlhammer.de/krankenhaus.de/download/Portale/Zeitschriften/Krankenhaus/Abrechnung_10/Abrechnung_07_10_621_628_%20Fiori_Roeder.pdf, zuletzt geprüft am

18.01.2012. (zit.: Fiori/Bunzemeier/Roeder, Abrechnungsbetrug der Krankenhäuser?, http://www.kohlhammer.de/krankenhaus.de/download/Portale/Zeitschriften/Krankenhaus/Abrechnung_10/Abrechnung_07_10_621_628_%20Fiori_Roeder.pdf)

Gemke, Gwendolyn: "Novellierung der Musterberufsordnung für Ärzte Verschärfungen der Anforderungen an eine Berufsausübungsgemeinschaft“, HGA Sozietät, online verfügbar unter: http://www.med-recht.de/wp-content/uploads/Novellierung-der-Musterberufsordnung-f%C3%BCr-%C3%84rzte-Versch%C3%A4rfungen-der-Anforderung-an-eine-Berufsaus%C3%BCbungsgemeinschaft.pdf, zuletzt geprüft am 22.02.2012. (zit.: Gemke, "Novellierung der Musterberufsordnung für Ärzte Verschärfungen der Anforderungen an eine Berufsausübungsgemeinschaft, http://www.med-recht.de/wp-content/uploads/Novellierung-der-Musterberufsordnung-f%C3%BCr-%C3%84rzte-Versch%C3%A4rfungen-der-Anforderung-an-eine Berufsaus%C3%BCbungsgemeinschaft.pdf.)

Goßens, Burkhard: Bundestag verschärft erneut § 128 SGB V - Kooperationen der Ärzte vor dem Ende? Berlin 2009, online verfügbar unter: http://www.anwalt 24.de/beitraege-news/fachartikel/bundestag-verschaerft-erneut-s-128-sgb-v-kooperationen-der-aerzte-vor-dem-ende-gossens-berlin, zuletzt geprüft am 21.02.2012. (zit.: Goßens, Bundestag verschärft erneu § 128 SGB V, http://www.anwalt24.de/beitraege-news/fachartikel/bundestag-verschaerft-erneut-s-128-sgb-v-kooperationen-der-aerzte-vor-dem-ende-gossens-berlin.)

Grothaus, Franz-Josef: Entwicklung der integrierten Versorgung in der Bundesrepublik Deutschland 2004 – 2008. Bericht gemäß § 140d SGB V auf der Grundlage der Meldungen von Verträgen zur integrierten Versorgung, Bundesgeschäftsstelle Qualitätssicherung GmbH, Stand: 30.06.2009, abrufbar unter: http://www.bqs-register140d.de/dokumente/bericht-140d.pdf, zuletzt geprüft am 11.02.2012. (zit.: Grothaus, Entwicklung der integrierten Versorgung in der Bundesrepublik Deutschland 2004 – 2008, http://www.bqs-register140d.de/dokumente /bericht-140d.pdf.)

Ihle, Judith (09.11.2011): Korruption im Gesundheitswesen. Unlautere Kooperationen zwischen Krankenhäusern und Vertragsärzten, online verfügbar unter: www.dgvt.de/1465.html, zuletzt geprüft am 12.12.2011. (zit.: Ihle, Korruption im Gesundheitswesen, http://www.dgvt.de/ 1465.html.)

Jäschke, Thomas (12.11.2010): Immer ein Thema: Zuweiserportale. Dortmund. European News Agency, online verfügbar unter: http://www.european-news-agency.de/wirtschaft_und _finanzen/immer_ein_thema_zuweiserportale-44824/, zuletzt geprüft am 15.12.2011. (zit.: Jäschke, Immer ein Thema: Zuweiserportale, http://www.european-news-agency.de/ wirtschaft_und_finanzen/immer_ein_thema _zuweiserportale-44824/.)

Kassenärztliche Bundesvereinigung (KBV): "Patientenrechte", online verfügbar unter: http://www.kbv.de/patienteninformation/413.html, zuletzt geprüft am 28.12.2011. (zit.: KBV, "Patientenrechte", http://www.kbv.de/patienteninformation/413.html.)

dies.: (04.09.2009): Spitzengespräch von Bundesärztekammer, Deutscher Krankenhausgesellschaft und KBV zur Zusammenarbeit zwischen niedergelassenen Ärzten und Krankenhäusern, Berlin, (Hrsg.): Dückers, Alexander/ Quiske Moritz/ Stahl Roland, online verfügbar unter: http://www.kbv.de /presse/24569.html, zuletzt geprüft am 15.12.2011. (zit.: Kassenärztliche Bundesvereinigung, Spitzengespräch von BÄK, DKG und KBV, http://www.kbv.de/presse /24569.html.)

dies.: Vertragsmöglichkeiten, Integrierte Versorgung, online verfügbar unter: http://www.kbv.de/koop /8777.html, letzte Änderung 23.03.2010, zuletzt geprüft am 16.02.2012. (zit.: KBV, Vertragsmöglichkeiten, Integrierte Versorgung, http://www.kbv.de/koop/8777.html.)

Kienscherf, Dirk: „Fangprämien" im Pflegebereich in Hamburg? Freitag 05.02.2010, Drucksache 19/5287, online verfügbar unter: http://www.spd-fraktion-hamburg.de/no_cache/wir-ueber-uns/abgeordnete/hamburg/kleine-anfragen/h/26. html?tx_wfabgpresse_pi1[pointer]=6&tx_ wfabgpresse_pi1[showUid]=18019, zuletzt geprüft am 22.02.2012. (zit.: Kienscherf: „Fangprämien" im Pflegebereich in Hamburg? http://www.spd-fraktion-hamburg.de/no_cache/wir-ueber-uns/abgeord nete/hamburg/kleine-anfragen/h/26.html?tx_wfabgpresse_pi1[pointer] =6&tx_wfabgpresse_pi1[showU id]=18019.)

Ländesärztekammer Hessen: Hippokratischer Eid / Genfer Gelöbnis, online verfügbar unter: http://www.laekh.de/aerzte/rund-ums-recht/publikationen-und-merkblaetter/ aerzte_recht_ publikationen_hippokratischer_eid.html, Stand 18.05.2006, zuletzt geprüft am 22.02.2012. (zit.: LÄKH, Hippokratischer Eid / Genfer Gelöbnis, http://www.laekh.de/aerzte/rund-ums-recht/publikationen-und-merkblaetter /aerzte_recht_publikationen_hippokratischer_eid.html.)

Lehmphul, Matthias: Pro Patient 250 Euro Prämie // Patientenbeauftragte und Grüne kritisieren mangelnde Transparenz einer Kooperation zwischen Urologen und Vivantes-Kliniken, in: Der Tagesspiegel (2009), S. 12, online verfügbar unter: http://www.wiso-net.de/webcgi?START=A 60&DOKV_DB=TSP&DOKV_NO= 200909055010299&DOKV_HS=0&PP=1, zuletzt geprüft am 30.12.2011. (zit.: Lehmphul, Pro Patient 250 Euro Prämie, http://www.wisonet.de/ webcgi?START=A60&DOKV_DB=TSP&DOKV_NO=200909055010299&DOKV_HS=0& PP=1.)

Mayer, Kurt-Martin: Kreative Verhältnisse. Immer wieder kassieren Mediziner zweifelhafte Provisionen, wenn sie Patienten zu bestimmten Kollegen schicken, in: Focus 20.10.2008, Vol. 48 S. 58., online verfügbar unter: http://www.focus.de /politik/deutschland/aerzte-kreative-verhaeltnisse_aid_341729.html, zuletzt geprüft am 20.02.2012. (Mayer, Kreative Verhältnisse. Immer wieder kassieren Mediziner zweifelhafte Provisionen, wenn sie Patienten zu bestimmten Kollegen schicken, http://www.focus.de/politik/deutschland/aerzte-kreative-verhaeltnisse _aid _341729 .html.)

Mihm, Andreas: Der verkaufte Patient. Kopfgeld für Patienten: Manche Ärzte lassen sich die Einweisung gut bezahlen, in: Frankfurter Allgemeine Zeitung (FAZ), 30.08.2009, online verfügbar unter: http://m.faz.net/;s=Ss3QHW6KN756xRODzh8 PTA02/Rub4D8A76D29AB A43699D9E59C0413A582C/Doc~EBA5AB1443ADA43C0A1BD588619523E2D~ATpl~Ep artber~Ssevenv~Scontent.xmlal, zuletzt geprüft am 18.01.2011. (zit.: Mihm, Der verkaufte Patient, http://m.faz.net/;s=Ss3QHW6KN756xRODzh8PTA02/Rub4D8A76D29ABA43699D 9E59C0413A582C/Doc~EBA5AB1443ADA43C0A1BD588619523E2D~ATpl~Epartber~Sse venv~Scontent.xmla.)

ders: Immer mehr Ärzte "verkaufen" ihre Patienten, in: Frankfurter Allgemeine Zeitung (FAZ),31.08.2009, online verfügbar unter: http://m.faz.net/Rub0E9EEF84AC1 E4A389A8DC 6C23161FE44/Doc~EC3357310CB464242B2CBFD5C757EB2AD~ATpl~Epartner~Ssevenv al~Scontent.xml, zuletzt geprüft am 18.01.2011. (zit.: Mihm, Immer mehr Ärzte "verkaufen" ihre Patienten, http://m.faz.net/Rub 0E9EEF84AC1E4A389A8DC6C23161FE44/Doc~ EC3357310CB464242B2CBFD5C757EB2AD~ATpl~Epartner~Ssevenval~Scontent.xml.)

ders.: Schmidt mahnt Ärzte wegen Klinik-Kopfprämie ab. Krankenhäuser sehen "überhitzen Wettbewerb" als Grund, in: Frankfurter Allgemeine Zeitung (FAZ) 31.08.2009, S. 15, online verfügbar unter: http://www.faz.net/aktuell/wirtschaft/wirtschaftspolitik /gesundheitspolitik-schmidt-mahnt-aerzte-wegen-klinik-kopfpraemien-ab-1843190.html, zuletzt geprüft am 20.02.2012. (zit.: Mihm, Schmidt mahnt Ärzte wegen Klinik-Kopfprämie ab, http://www.faz.net/aktuell/ wirtschaft/wirtschaftspolitik/gesundheitspolitik-schmidt-mahnt-aerzte-wegen-klinik-kopf praemien-ab-1843190.html.)

ders.: Ärztekammern prüfen Verträge mit "Kopfprämien". Gericht untersagt Vertrag mit Zusatzhonorar für Kassenärzte gegen Klinikeinweisung, in: Frankfurter Allgemeine Zeitung (FAZ) 01.11.2009, S. 13, online verfügbar unter: http://www.faz. net/aktuell/wirtschaft/wirtschafts politik/streit-um-kopfpraemien-aerztekammern-pruefen-vertraege-1886372.html, zuletzt geprüft am 20.02.2012 (zit.: Mihm, Ärztekammern prüfen Verträge mit "Kopfprämien", http://www.faz.net/aktuell/wirtschaft/wirtschaftspolitik/streit-um-kopfpraemien-aerzte kammern-pruefen-vertraege-1886372.html.)

o.V.: Ärzte verstoßen öfter gegen das Wettbewerbsrecht als zuvor, in: Ärzte Zeitung (ÄZ) 39 (2003), S. 12, online verfügbar unter: http://www.genios-fachpresse.de/artikel,AEZT,20030228,-rzte-verstossen-oefter-gegen-das-w,000250206.html. (zit.: o.V., Ärzte verstoßen öfter gegen das Wettbewerbsrecht als zuvor, http://www.genios-fachpresse.de/artikel,AEZT,20030228,-rzte-verstossen-oefter-gegen-das-w,000250206.html.)

o.V.: Fangprämien: Anderer Markt, andere Regeln, (Hrsg.) v. Social Media, Ecovis AG Steuerberatungsgesellschaft, Berlin 2011, online verfügbar unter: https://www.ecovis. com/index.php?id=10885&tx_ttnews[tt_news]=4333&tx_ttnews[bacPid]=10884&cHash=e62 aed4f8ba6ad8b74563776f7a8d803, zuletzt geprüft am 21.02.2012. (zit.: o.V., Fangprämien: Anderer Markt, andere Regeln, https://www.ecovis. com/index.php?id=10885&tx_ttnews [tt_news]=4333&tx_ttnews[bacPid]=10884&cHash=e62aed4f8ba6ad8b74563776f7a8d803.)

o.V.: Gesundheitssystem: Ärzte verdienen an Klinik-Einweisungen, in: Stern, 31.08.2009, online verfügbar unter http://www.stern.de/gesundheit/gesundheitssystem-aerzte-verdienen-an-klinik-einweisungen-1506368.html#layer_send_article1, zuletzt geprüft am 18.01.2012. (zit.: o.V., Gesundheitssystem: Ärzte verdienen an Klinik-Einweisungen, http://www.stern.de/gesundheit /gesundheitssystem-aerzte-verdienen-an-klinik-einweisungen-1506368.html#layer_send_ article1.)

o.V. (2009): Gesundheitswesen: Kliniken forcieren Kooperationen, (Hrsg.) v. Steria Mummert Consulting, online verfügbar unter: http://www.steria.com/de/presse/presseinformationen/press-releases/article/gesundheitswesen-kliniken-forcieren-kooperationen -mit-aerzten/, zuletzt geprüft am 21.02.2012. (zit.: o.V., Gesundheitswesen: Kliniken forcieren Kooperationen, http://www.steria.com/de/presse/presseinformationen/press-releases/article/gesundheitswesen-kliniken-forcieren-kooperationen-mit-aerzten/.)

o.V. (2009): Krankenhäuser: Ärzte sahnen bei Klinik-Einweisungen ab, in: Focus, 31.08.2009, online verfügbar unter: http://www.focus.de/finanzen/versicherungen /krankenversicherung/kranken haeuser-aerzte-sahnen-bei-klinik-einweisungen-ab_aid_431435.html, zuletzt geprüft am 18.01.2012. (zit.: o.V., Krankenhäuser: Ärzte sahnen bei Klinik-Einweisungen ab, http://www. focus.de/finanzen/versicherungen/krankenversicherung/krankenhaeuser-aerzte-sahnen-bei-klinik-einweisungen-ab_aid_431435.html.)

o.V.: "Kliniken bestechen uns", in: Frankfurter Rundschau (FR), 02.09.2009, online verfügbar unter: http://www.fr-online.de/politik/aertze--kliniken-bestechen-uns-,1472596, 3330742.html, zuletzt geprüft am 18.01.2012. (zit.: o.V., "Kliniken bestechen uns", http://www.fr-online.de/ politik/aertze-kliniken-bestechen-uns-,1472596, 3330742.html.)

o.V.: Kliniken bezahlen angeblich Ärzte für Vermittlung von Patienten. Mediziner nutzen juristische Schlupflöcher, in: Die Welt, S. 10, abbrufbar unter: http://www.welt.de/die-welt/wirtschaft/article4437755/Kliniken-bezahlen-angeblich-Aerzte-fuer-Vermittlung-von-Patienten.html, zuletzt geprüft am 06.02.2010. (zit.: o.V., Kliniken bezahlen angeblich Ärzte für Vermittlung von Patienten, http://www.welt.de/die-welt/wirtschaft/article4437755/Kliniken-bezahlen-angeblich-Aerzte-fuer-Vermittlung-von-Patienten.html.)

o.V. (2009): Kritik an Prämien für Einweisungen, in: Frankfurter Rundschau (FR), 31.08.2009, online verfügbar unter: http://www.fr-online.de/politik/kritik-an-praemien-fuer-einweisungen, 1472596,3330746.html, zuletzt geprüft am 18.01.2012. (zit.: o.V., Kritik an Prämien für Einweisungen, http://www.fr-online.de/politik/kritik-an-praemien-fuer-einweisungen,1472596, 3330746.html.)

o.V. (2009): Patientenvermittlung. Ärzte sollen Krankenhäusern Prämien abpressen, in: Spiegel, 31.08.2009, online verfügbar unter: http://www.spiegel.de/wirtschaft /service/0,1518,646069 ,00.html, zuletzt geprüft am 18.01.2012. (zit.: o.V., Patientenvermittlung, http://www.spiegel.de/wirtschaft/service/0,1518,646069,00.html.)

o.V.: Zahlen Kliniken in Berlin Einweisungsprämien? in: Ärzte Zeitung (ÄZ) 56 (2002), S. 12, online verfügbar unter: http://www.wiso-net.de/webcgi?START=A60&DOKV_DB =ZGEH&DOKV _NO=AEZT000204317&DOKV_HS=0&PP=1, zuletzt geprüft am 16.01.2012. (zit.: o.V, Zahlen Kliniken in Berlin Einweisungsprämien? http://www.wiso-net.de/webcgi?START=A60&DOKV_DB=ZGEH&DOKV_NO=AEZT000204317&DOKV_HS=0&PP=1.)

o.V.: Zahlungsströme an Klinik-Einweiser in der Kritik, in: Ärzte Zeitung (ÄZ) 11 (2009), S. 4, online verfügbar unter: http://www.wiso-net.de/webcgi?START=A60&DOKV_DB= ZGEN&DOKV _NO=AEZT000529176&DOKV_HS=0&PP=1, zuletzt geprüft am 21.02.2012. (zit.: o.V., Zahlungsströme an Klinik-Einweiser in der Kritik, http://www.wiso-net.de/webcgi?START=A60&DOKV_DB=ZGEN&DOKV_NO=AEZT000529176&DOKV_HS=0&PP=1.)

o.V.: Zuweiserprämien: "In fünf Jahren ist das Thema durch", in: Ärzte Zeitung (ÄZ) 169 (2009), S. 13, online verfügbar unter: http://www.wiso-net.de/webcgi? START=A60&DOKV_DB=ZGEN&DOKV_NO=AEZT000566543&DOKV_HS=0&PP=1, zuletzt geprüft am 15.01.2012. (zit.: o.V., Zuweiserprämien: "In fünf Jahren ist das Thema durch", http://www.wiso-net.de/webcgi?START=A60&DOKV_DB=ZGEN&DOKV_NO=AEZT000566543&DOKV_ HS=0&PP=1.)

Peichel, Monika (2010): Wildwuchs bei Zuweiserprämien: Ärzte sorgen selbst für Ordnung, online verfügbar unter: http://www.aerztezeitung.de/extras/druckansicht /?sid=602526&pid=609497, zuletzt geprüft am 18.12.2011. (zit.: Peichel, Wildwuchs bei Zuweiserprämien, http://www.aerztezeitung.de/extras/druckansicht /?sid=602526&pid=609497.)

Pflugmacher, Ingo: Zuweiserprämien - am Ende kommt es darauf an, was dem Patienten nützt, in: Ärzte Zeitung (ÄZ) 2009, online verfügbar unter: http://www.aerztezeitung.de/praxis_ wirtschaft/vertragsarztrecht/article/564078/zuweiserpraemien-ende-kommt-darauf-patienten-nuetzt.html, zuletzt geprüft am 18.12.2011. (zit.: Pflugmacher, Zuweiserprämien - am Ende kommt es darauf an, was dem Patienten, http://www.aerztezeitung.de/praxis_wirtschaft/ vertragsarztrecht/article/564078/zuweiserpraemien-ende-kommt-darauf-patienten-nuetzt. html.)

Schlegel, Thomas: Kopfpauschalen - Die aktuelle Kickback-Diskussion, (Hrsg.) v. Verband der Privatärztlichen Verrechnungsstellen, online verfügbar unter: http://www.die-pvs.de/seite/file admin/download/infodok/dokumente/4/dokument_451.pdf, zuletzt geprüft am 21.02.2012. (zit.: Schlegel, Kopfpauschalen - Die aktuelle Kickback-Diskussion, http://www.die-pvs.de/ seite/fileadmin/download/infodok/dokumente/ 4/dokument_451.pdf.)

Schönhöfer, Peter S. (2001): Missbrauch, Betrug und Verschwendung: Der undurchsichtige Wildwuchs im Gesundheitswesen spottet jeder Kontrolle. Transparency International, 01.09.2001, online verfügbar unter: www.transparency.de/Vortrag-Schoenhoefer.96.0.html, zuletzt geprüft am 12.12.2011. (zit.: Schönhöfer, Missbrauch, Betrug und Verschwendung, www.trans parency.de/Vortrag-Schoenhoefer.96.0.html.)

Schulenburg, Dirk: Der Arzt als Unternehmer, online verfügbar unter: http://www.aekno.de/page.asp ?pageId=8975&noredir=True, zuletzt geprüft am 18.12.2011. (zit.: Schulenberg, Der Arzt als Unternehmer, http://www.aekno.de/page.asp?pageId=8975&noredir=True.)

Telgheder, Maike: Die Suche nach der richtigen Klinik ist schwierig, in: Handelsblatt 09.01.2009, online verfügbar unter: http://www.handelsblatt.com/unternehmen/handel-dienstleister/die-suche-nach-der-richtigen-klinik-ist-schwierig;2120827, zuletzt geprüft am 10.01.2012. (zit.: Telgheder, Die Suche nach der richtigen Klinik ist schwierig, http://www.handelsblatt.com/ unternehmen/handel-dienstleister/die-suche-nach-der-richtigen-klinik-ist-schwierig;2120827)

Thole, Jörg: Verstöße gegen Wettbewerbsrecht - auch Ärzte wurden ertappt, in: Ärzte Zeitung (ÄZ) 41 (2002), S. 17, online verfügbar unter: http://www.wiso-net.de/webcgi?START=A60&DO KV_DB=ZGEH&DOKV_NO=AEZT000201768&DOKV_HS=0&PP=1, zuletzt geprüft am 15.01.2012. (zit.: Thole, Verstöße gegen Wettbewerbsrecht - auch Ärzte wurden ertappt, http://www.wiso-net.de/webcgi?START=A60&DOKV_DB=ZGEH&DOKV_NO=AEZT 000201768 &DOKV_HS=0&PP=1.)

Transparency International (08.06.2010): Transparency fordert konsequente Bekämpfung von Fangprämien im Gesundheitswesen, Berlin. Martiny, Anke, online verfügbar unter: http://www.transparency.de/2010-06-08-Bekaempfung-von-Fan.1635.0. html, zuletzt geprüft am 21.02.2012. (zit.: Transparency International, Transparency fordert konsequente Bekämpfung von Fangprämien im Gesundheitswesen, http://www.transparency.de/2010-06-08-Bekaempfung-von-Fan.1635 .0.html.)

Transparency International (06.12.2007): Transparenzmängel im Gesundheitswesen: Einfallstore zur Korruption. Grundsatzpapier, Prof. Eva Geiblinger, Operngasse 20B/9, A-1040 Wien, online verfügbar unter: www.transparency. de/fileadmin/pdfs/Themen/Gesundheitspapier_Stand_ 2008_Auflage_5_08-08-18.pdf., zuletzt geprüft am 15.12.2011. (zit.: Transparency International: Transparenzmängel im Gesundheitswesen: Einfallstore zur Korruption. Grundsatzpapier, www.transparency.de/fileadmin/pdfs/Themen/Gesundheitspapier_Stand_2008_Auflge_5_08-08-18.pdf.)

Universitätsklinikum Erlangen: Das klinische Ethikkomitee des Universiätsklinikums Erlangen, online verfügbar unter: http://www.ethikkomitee.med.uni-erlangen.de, zuletzt geprüft am 22.02.2012. (zit.: Universitätsklinikum Erlangen, Das klinische Ethikkomitee des Universiätsklinikums Erlangen, http://www.ethikkomitee.med.uni-erlangen.de.)

Vorberg, Sebastian (2011): Zuweisungsalltag: Von Kavalieren und Gauklern, (Hrsg.) v. Ecovis Vorberg Recht und Steuern in der Medizin, Hamburg, online verfügbar unter http://www.management-krankenhaus.de/topstories/gesundheitsoekonomie/zuweisungsalltag-von-kavalieren-und-gauklern, zuletzt geprüft am 18.12.2011. (zit.: Vorberg, Zuweisungsalltag: Von Kavalieren und Gauklern, http://www.management-krankenhaus.de/topstories/ gesundheitsoekonomie/zuweisungsalltag-von-kavalieren-und-gauklern.)

Walbert, Helmut: Nein, nein und noch mal nein! online verfügbar unter: http://www.walbert-helmut.de/images/data/Kick_back_200908.pdf, Arzt und Wirtschaft online, zuletzt geprüft am 21.02.2012. (zit.: *Walbert* A&W, Nein, nein und noch mal nein! online verfügbar unter: http://www.walbert-helmut.de/images/data/Kick_back_ 200908. pdf.)

Wallenfels, Matthias (2011): Klinikmanager heiß auf Kooperationen mit Zuweisern, online verfügbar unter: http://www.aerztezeitung.de/extras/druckansicht/?sid=675615 &pid=683378, zuletzt geprüft am 18.12.2011. (zit.: Wallenfels, Klinikmanager heiß auf Kooperationen, http://www.aerztezeitung.de/extras/druckansicht/?sid=675615 &pid=683378.)

Wettbewerbszentrale: 16.02.2011 // Neues BGH-Urteil mit Leitlinien zur Patientenzuweisung durch HNO-Ärzte an Hörgeräteakustikunternehmen, bei denen eine Beteiligung der Ärzte besteht, online verfügbar unter: http://www.wettbewerbszentrale. de/de/branchen/gesundheits handwerk/aktuelles/_news/?id=1056, zuletzt geprüft am 05.01.2012. (zit.: o.V., Neues BGH-Urteil mit Leitlinien zur Patientenzuweisung, http://www.wettbewerbszentrale.de/de/branchen /gesundheitshandwerk/aktuelles/_news/?id=1056.)

dies.: 13.07.2011 // "Optiker unseres Vertrauens" - Unzulässige Empfehlung durch Augenärztin, online verfügbar unter: http://www.wettbewerbszentrale.de/de/branchen /gesundheitshandwerk/ aktuelles/_news/?id=1099, zuletzt geprüft am 05.01.2012. (zit.: o.V., "Optiker unseres Vertrauens", http://www. wettbewerbszentrale.de/de/branchen/gesundheitshandwerk/aktuelles /_news/?id=1099.)

dies.: 16.08.2011 // Landgericht Bayreuth bestätigt unzulässige Zuweisung durch Augenarzt, online verfügbar unter: http://www.wettbewerbszentrale.de/de/branchen /gesundheitshandwerk /aktuelles/_news/?id=1108, zuletzt geprüft am 05.01.2012. (zit.: o.V., Landgericht Bayreuth bestätigt unzulässige Zuweisung durch Augenarzt, http://www.wettbewerbszentrale.de/de/ branchen/gesundheitshandwerk /aktuelles/_news/?id=1108.)

Willkomm, Jan J.: Zuweiserprämien - Möglichkeiten der sektorenübergreifenden Zusammenarbeit, Leipzig 2009, online verfügbar unter: http://praxisbetrieb-recht.de/Fachbeitraege-Recht/Zuweiserpraemien-Moeglichkeiten-der-sektorenuebergreifenden-Zusammenarbeit.html, zuletzt geprüft am 21.02.2012. (zit.: Willkomm, Zuweiserprämien - Möglichkeiten der sektorenübergreifenden Zusammenarbeit, http://praxisbetrieb-recht.de/Fachbeitraege-Recht/ Zuweiserpraemien-Moeglichkeiten-der-sektorenuebergreifenden-Zusammenarbeit .html.)

Weiterführende Internetquellen:

- Ärztekammer Nordrhein:
  http://www.aekno.de

- Arbeitsgemeinschaft Medizinrecht:
  http://www.arge-medizinrecht.de

- Arztbibliothek:
  http://www.arztbibliothek.de

- Bundesärztekammer:
  http://www.bundesaerztekammer.de

- Bundesverband Deutscher Internisten:
  http://www.bdi.de

- Bundesministerium für Gesundheit:
  http://www.bmg.bund.de

- Bundesministerium für Gesundheit, GKV-VStG:
  http://www.gesetze-im-internet.de/sgb5/73.html, zuletzt geprüft am 22.01.2012.

- Deutsche Hospiz Stiftung:
  http://www.hospize.de

- Deutsches Institut für Medizinische Dokumentation und Information:
  http://www.dimdi.de

- Deutsche Krankenhausgesellschaft e. V.:
  http://www.dkgev.de

- Gesundheitspolitik.de Verlags- und Beratungsgesellschaft mbH:
  http://www.gesundheitspolitik.de

- Kassenärztliche Bundesvereinigung, Vorlagen und Vertragsmuster, Prüfkriterien:
  http://www.kbv.de

- Medknowledge Suchkatalog:
  http://www.medknowledge.de

- Transparency International:
  http://www.transparency.org

- Wettbewerbszentrale:
  http://www.wettbewerbszentrale.de

- World Health Organization (WHO):
  http://www.who.int/en/

VI. Rechtsprechungsverzeichnis

1. Bundesverfassungsgericht (BVerfG)

Gericht	Datum	Aktenzeichen	Fundstelle
BVerfG	v. 11.06.1958	1 BvR 596/56	NJW 1958, S. 1035
BVerfG	v. 09.05.1972	1 BvR 518/62	NJW 1972, S. 1504-1509
BVerfG	v. 19.02.1975	1 BvR 38/68	NJW 1975, S. 1455-1457
BVerfG	v. 19.11.1985	1 BvR 38/78	GRUR 1986, S. 387-391
BVerfG	v. 12.06.1990	1 BvR 355/86	NJW 1990, S. 2306-2309
BVerfG	v. 11.02.1992	1 BvR 1531/90	NJW 1992, S. 2341-2343
BVerfG	v. 22.05.1996	1 BvR 744/88	NJW 1996, S. 3067-3070
BVerfG	v. 26.08.2003	1 BvR 1003/02	NJW 2003, S. 3470-3472
BVerfG	v. 03.03.2004	1 BvR 2378/98	NJW 2004, S. 999-1022
BVerfG	v. 20.02.2009	1 BvR 2266/04	NJW 2009, S. 3089-3091
BVerfG	v. 10.06.2009	1 BvR 706/08	NJW 2009, S. 2033-2042
BVerfG	v. 06.07.2010	2 BvR 2661/06	NJW 2010, S. 3422-3430

2. Bundesgerichtshof (BGH)

Gericht	Datum	Aktenzeichen	Fundstelle
BGH	v. 26.06.1970	I ZR 14/69	NJW 1970, S. 1967
BGH	v. 29.11.1978	IV ZR 175/77	NJW 1979, S. 1250-1251
BGH	v. 23.09.1982	VII ZR 183/80	NJW 1983, S. 109-111
BGH	v. 10.03.1983	4 StR 375/82	NJW 1983, S. 2509-251
BGH	v. 22.01.1986	VIII ZR 10/85	NJW 1986, S. 2360-2362
BGH	v. 17.12.1986	IVa ZR 78/85	NJW 1987, S. 703-704
BGH	v. 28.02.1989	X I ZR 70/88	ZIP 1989, S. 830-833
BGH	v. 22.06.1989	ZR 120/87	NJW-RR 1990, S. 1313-1314
BGH	v. 06.02.1990	X I ZR 184/99	ZIP 1990, S. 365-367
BGH	v. 12.03.1991	VI ZR 232/90	NJW 1991, S. 2346-2347
BGH	v. 27.04.1999	KZR 54/97	VersR 1999, S. 1167-1170
BGH	v. 22.07.1999	KZR 13/97	GRUR 2000, S. 340-344
BGH	v. 08.06.2000	I ZR 269/97	NJW 2001, S. 1791-1794
BGH	v. 29.06.2000	I ZR 59/98	NJW 2000, S. 2745-2749
BGH	v. 17.10.2000	X ZR 41/00	GRUR 2001, S. 271-272

BGH	v. 26.10.2000	I ZR 180/98	NJW-RR 2000, S. 684-686
BGH	v. 19.12.2000	X I ZR 349/99	ZIP 2001, S. 230-232
BGH	v. 15.11.2001	I ZR 275/99	NJW 2002, S. 962
BGH	v. 18.04.2002	III ZR 199/01	NJW 2002, S. 2386-2388
BGH	v. 23.10.2002	1 StR 541/01	NJW 2003, S. 763-767
BGH	v. 12.03.2003	IV ZR 278/01	NJW 2003, S. 1596-1600
BGH	v. 20.03.2003	III ZR 135/02	VersR 2003, S. 1446-1447
BGH	v. 28.10.2004	3 StR 460/03	MedR 2005, S. 289-292
BGH	v. 21.04.2005	I ZR 201/02	NJW 2005, S. 3718-3721
BGH	v. 02.06.2005	I ZR 215/02	NJW 2005, S. 3422-3424
BGH	v. 10.11.2005	III ZR 72/05	NJW 2006, S. 45-46
BGH	v. 29.05.2008	I ZR 75/05	NJW 2008, S. 2850-2852
BGH	v. 14.10.2008	1 StR 260/08	NJW 2008, S. 3580-3585
BGH	v. 09.07.2009	I ZR 13/07	NJW 2009, S. 3582-3585
BGH	v. 24.06.2010	I ZR 182/08	NJW-RR 2011, S. 260-263
BGH	v. 13.01.2011	I ZR 111/08 I ZR 112/08	NJW 2011, S. 2211-2217
BGH	v. 29.03.2012	GSSt 2/11	BeckRS 2012, 13162

3. Bundesverwaltungsgericht (BVerwG)

Gericht	Datum	Aktenzeichen	Fundstelle
BVerwG	v. 24.10.2001	6 C 3/01	NVwZ 2002, S. 598-604
BVerwG	v. 13.12.2006	6 C 17/06	GewArch 2007, S. 247-249

4. Bundessozialgericht (BSG)

Gericht	Datum	Aktenzeichen	Fundstelle
BSG	v. 15.05.1963	6 RKa 14/62	DÄBl 1963, S. 2399
BSG	v. 14.05.1992	6 RKa 41/91	NJW 1993, S. 814
BSG	v. 19.11.1997	3 RK 6/96	NJW 1999, S. 1811-1813
BSG	v. 28.01.1998	B 6 KA 96/96 R	ArztR 1999, S. 182-192
BSG	v. 25.09.2007	Gs 1/06	GesR 2008, S. 83-88

5. Oberlandesgericht (OLG)

Gericht	Datum	Aktenzeichen	Fundstelle
OLG Bamberg	v. 01.08.2011	4 U 197/09	PflR 2011, S. 590-594
OLG Braunschweig	v. 23.02.2010	Ws 17/10	GesR 2010, S. 250-251

BayObLG Bayerisches Oberstes Landesgericht	v. 06.11.2000	1Z RR 612/98	MedR 2001, S. 206-212
OLG Celle	v. 21.12.2006	13 U 118/06	GesR 2007, S. 220-222
OLG Celle	v. 29.05.2008	13 U 202/07	GesR 2008, S. 476-479
OLG Düsseldorf	v. 16.11.2004	I-20 U 30/04	GesR 2005, S. 330-332
OLG Düsseldorf	v. 01.09.2009	I-20 U 121/08	GesR 2009, S. 605-609 20 U 121/08
OLG Frankfurt	v. 30.12.2009	23 U 24/09	ZIP 2010, S. 316-319
OLG Frankfurt	v. 16.03.2010	8 U 58/09	BeckRS 2010, 24745
OLG Hamburg	v. 19.11.1998	3 U 160/98	NJW-RR 1999, S. 1649-1650
OLG Hamm	v. 22.10.1984	2 U 172/83	NJW 1985, S. 679-681
OLG Hamm	v. 20.01.1998	4 U 169/97	NJW 1998, S. 2749-2750
OLG Karlsruhe	v. 26.10.1982	3 Ws 149/82	NJW 1983, S. 352-353

OLG Koblenz	v. 20.05.2003	4 U 1532/02	GesR 2004, S. 150-151
OLG Koblenz	v. 22.02.2005	4 U 813/04	MedR 2005, S. 723-725
OLG Koblenz	v. 11.07.2007	4 U 155/07	WRP 2008, S. 145-146
OLG Koblenz	v. 10.06.2010	5 U 1461/08	VersR 2011, S. 1149-1150
OLG Koblenz	v. 24.08.2011	5 U 370/11	VersR 2011, S. 1570-1571
OLG Köln	v. 04.11.2005	6 U 46/05	GRUR 2006, S. 600
OLG Köln	v. 25.08.2008	5 U 28/08	VersR 2009, S. 784-786
OLG Köln	v. 02.02.2011	5 U 15/09	GesR 2011, S. 601-604
OLG München	v. 01.12.1988	1 U 4850/88	VesR 1989, S. 198
OLG München	v. 11.11.2004	29 U 4629/04	GesR 2005, S. 138-141

OLG München	v. 13.03.2008	6 U 1623/07	Magazindienst 2008, S. 718-724
OLG München	v. 03.04.2008	29 W 1081/08	Magazindienst 2008, Mün- S. 715-718
OLG München	v. 26.05.2011	1 U 3081/10	BeckRS 2011, 14924
OLG München	v. 24.11.2011	1 U 1431/11	BeckRS 2011, 27036
OLG Nürnberg	v. 25.07.2008	5 U 124/08	VersG 2009, S. 784-786
OLG Schleswig	v. 04.11.2003	6 U 17/03	NJW 2004, S. 1745-1747
OLG Stuttgart	v. 23.08.1996	2 U 120/96	MedR 1997, S. 175-177
OLG Stuttgart	v. 10.05.2007	2 U 176/06	MedR 2007, S. 543-546
OLG Stuttgart	v. 30.10.2008	2 U 25/08	GRUR-RR 2008, S. 429-434
OLG Stuttgart	v. 21.10.2010	2 U 30/10	ZIP 2011, S. 462-465

6. Oberverwaltungsgericht (OVG)

Gericht	Datum	Aktenzeichen	Fundstelle
OVG Koblenz	v. 12.05.1993	LBGH A 10094/93	NJW 1994, S. 813-815
OVG Nordrhein-Westfalen	v. 27.09.2000	5 A 4916/98	GewArch 2001, S. 71-74

7. Landessozialgericht (LSG)

Gericht	Datum	Aktenzeichen	Fundstelle
LSG Baden-Württemberg	v. 02.08.2011	L 5 KA 1601/11 ER-B	BeckRS 2011, 77262
LSG Berlin-Brandenburg	v. 26.01.2011	L 7 KA 79/10 KL ER	KH 2011, S. 364-368
LSG Berlin-Brandenburg	v. 17.08.2011	L 7 KA 77/08 KL	ZMGR 2011, S. 386-397
LSG München	v. 19.09.2001	L 12 KA 141/99	BeckRS 9999, 03978
LSG Niedersachsen-Bremen	v. 10.02.2003	L 3 KA 434/02 ER	MedR 2003, S. 429-432
LSG Nordrhein-Westfalen	v. 22.07.2010	L 21 SF 152/10 Verg.	BeckRS 2010, 73360
LSG Schleswig-Holstein	v. 20.06.2005	L 4 KA 20/05	MedR 2007, S. 566-569

LSG Thüringen	v. 30.01.2004	L 6 RJ 914/03 ER	JurionRS 2004, 1083

8. Gerichtshof für Heilberufe

Gericht	Datum	Aktenzeichen	Fundstelle
Gerichtshof Für Heilberufe Niedersachsen	v. 22.06.1983	6 R Ka 3/81	MedR 1984, S. 34

9. Landesberufungsgericht (LBG)

Gericht	Datum	Aktenzeichen	Fundstelle
LBG für Heilberufe Münster	v. 06.07.2011	6 t A 181/09.T.	GesR 2011, S. 733-738
LBG für Heilberufe Hannover	v. 11.08.2010	BG 10/09	MedR 2011, S. 197

10. Landgericht (LG)

Gericht	Datum	Aktenzeichen	Fundstelle
LG Aachen	v. 23.02.1999	41 O 226/98	DÄBl 96, S. A-3317 ArztuR 2000, 184.
LG Arnsberg	v. 12.10.2007	2 O 380/07	MedR 2008, S. 746-748
LG Düsseldorf	v. 25.07.2007	12 O 428/06	BeckRS 2008, 02376

LG Düsseldorf	v. 23.12.2010	15 O 276/10	AE 2011, S. 117-118
LG Duisburg	v. 01.04.2008	4 O 300/07	MedR 2008, S. 445-448
LG Hamburg	v. 10.02.2004	312 O 18/04	Magazindienst 2004, S. 444-449
LG Hamburg	v. 21.07.2004	322 O 136/04	MedR 2005, S. 98-101
LG Hamburg	v. 09.12.2010	618 KLs 10/09	GesR 2011, S. 164-179
LG Heidelberg	v. 30.07.1997	8 O 41/97	MedR 1998, S. 273-275
LG Heidelberg	v. 29.06.2011	4 O 95/08	PflR 2011, S. 523-530
LG München	v. 15.11.2006	1 HK O 7890/06	MMR 2007, S. 192-193
LG München	v. 07.11.2007	1 HK O 13718/07	MedR 2008, S. 507-508
LG München	v. 05.03.2009	17 HK O 17938/08	Magazindienst 2009, S. 612-617.
LG Stade	v. 04.08.2010	12 KLs 10/09	ZMGR 2011, S. 148-153

11. Verwaltungsgericht (VG)

Gericht	Datum	Aktenzeichen	Fundstelle
VG Gelsenkirchen	v. 25.06.2008	7 K 2527/06	GesR 2008, S. 584-586
VG Gießen	v. 16.11.2009	21 K 1220/09 GJ.B	NVwZ-RR 2010, S. 481-485
VG Gießen	v. 04.03.2010	21 K 381/09 GJ.B	ZM 2010, S. 104

12. Sozialgericht (SG)

Gericht	Datum	Aktenzeichen	Fundstelle
SG Frankfurt	v. 09.08.2006	S 21 KR 429/06 ER	Gew Arch 2006, S. 478-482
SG Stuttgart	v. 20.01.1999	S 5 KA 4934/98	Der Kassenarzt 2000, S. 56

13. Amtsgericht (AG)

Gericht	Datum	Aktenzeichen	Fundstelle
AG Kiel	v. 04.04.2011	43 Gs 951/11	NZS 2011, S. 821-822

VII. Rechtsquellenverzeichnis

AEUV Vertrag über die Arbeitsweise der Europäischen Union, in der Fassung der Bekanntmachung vom 9. Mai 2008, ABl. Nr. C 115/47; zuletzt geändert durch Art. 2 des Vertrages von Lissabon vom 13. Dezember 2007, ABl. Nr. C 306 S. 1, ber. ABl. 2008 Nr. C 111 S. 56 und ABl. 2009 Nr. C 290 S. 1.

Ärzte-ZV Zulassungsverordnung für Ärzte, in der Fassung der Bekanntmachung vom 28. Mai 1957, BGBl. S. 572, ber. S. 608; zuletzt geändert durch Art. 9 GKV-Versorgungsstrukturgesetz vom 22. Dezember 2011, BGBl. S. 2983.

ApoG Gesetz über das Apothekenwesen, in der Fassung der Bekanntmachung vom 15. Oktober 1980, BGBl. I S. 1993; zuletzt geändert durch Art. 16a Pflege-WeiterentwicklungsG vom 28. Mai 2008, BGBl. I S. 874.

BGB Bürgerliches Gesetzbuch, in der Fassung der Bekanntmachung vom 2. Januar 2002, BGBl. I S. 42, ber. S. 2909 und BGBl. 2003 I S. 738; zuletzt geändert durch Art. 1 G zur Anpassung der Vorschriften über den Wertersatz bei Widerruf von Fernabsatzverträgen und über verbundene Verträge vom 27. Juli 2011, BGBl. I S. 1600.

BMV-Ä Bundesmantelvertrag – Vertragsärzte, in der Fassung der Bekanntmachung vom 1. Januar 1995; zuletzt geändert am 01.01.2011, zu recherchieren unter http://daris.kbv.de/daris/link.asp?ID=1003752816.

BMV-EKV Bundesmantelvertrag Ärzte/Ersatzkassen, in der Fassung der Bekanntmachung vom 1. Januar 1995; zuletzt geändert am 01. Januar 2011, zu recherchieren unter http://daris.kbv.de/daris/link.asp?ID=1003752830.

BremKrhG Bremisches Krankenhausgesetz, in der Fassung der Bekanntmachung vom 12. April 2011, Brem.GBl. S. 252.

BT-Drucksache 16/13428	Gesetzesentwurf der Bundesregierung vom 17.06.2009, 16. Wahlperiode - Beschlussempfehlung und Bericht des Auschusses für Gesundheit zu Gesetzentwurf der Bundesregierung.
BT-Drucksache 17/6909	Gesetzesentwurf der Bundesregierung vom 05.09.2011, 17. Wahlperiode – Entwurf eines Gesetzes zur Verbesserung der Versorgungsstrukturen in der gesetzlichen Krankenversicherung (GKV-Versorgungsstrukturgesetz – GKV-VStG.
BT-Drucksache 17/8005	Gesetzesentwurf der Bundesregierung vom 30.11.2011, 17. Wahlperiode – Beschlussempfehlung und Bericht des Ausschusses für Gesundheit.
GG	Grundgesetz für die Bundesrepublik Deutschland, in der Fassung der Bekanntmachung vom 23. Mai 1949, BGBl. S. 1; zuletzt geändert durch Art. 1 ÄndG (Art. 91e) vom 21. Juli 2010, BGBl. I S. 944.
GOÄ	Gebührenordnung für Ärzte, in der Fassung der Bekanntmachung vom 09. Februar 1996, BGBl. I S. 21; zuletzt geändert durch Art. 17 G vom 4. Dezember 2001, BGBl. I S. 3320, 3325.
GVO	Hier als Beispiel Vertikal-Gruppenfreistellungsverordnung: Verordnung (EU) Nr. 330/2010 der Kommission über die Anwendung von Art. 101 Abs. 3 des Vertrages über die Arbeitsweise der Europäischen Union auf Gruppen von vertikalen Vereinbarungen und abgestimmten Verhaltensweisen in der Fassung der Bekanntmachung vom 20. April 2010, ABl. Nr. L 102/1.
GWB	Gesetz gegen Wettbewerbsbeschränkungen, in der Fassung der Bekanntmachung vom 15. Juli 2005, BGBl. I S. 2114, ber. 2009 I S. 3850; zuletzt geändert durch Art. 3 G zur Neuregelung energiewirtschaftsrechtl. Vorschriften vom 26. Juli 2011, BGBl. I S. 1554.

HBKG Heilberufe-Kammergesetz in der Fassung der Bekanntmachung vom 16. März 1995, GBl. 1995, S. 313; zuletzt geändert durch Art. 2 des Gesetzes vom 15 Juni 2010, GBl. S. 427, S. 431.

HWG Gesetz über die Werbung auf dem Gebiete des Heilwesens, in der Fassung der Bekanntmachung vom 19. Oktober 1994, BGBl. I S. 3068; zuletzt geändert durch Art. 2 G zur Verbesserung der Wirtschaftlichkeit in der Arzneimittelversorgung vom 26. April 2006, BGBl. I S. 984.

KHGG NRW Krankenhausgestaltungsgesetz Nordrhein-Westfalen, in der Fassung der Bekanntmachung vom 11. Dezember 2007, (GV. NRW. S. 702, ber. 2008 S. 157) SGV. NRW. 2128; zuletzt geändert durch Art. 1 ÄndG vom 16. März 2010, GV. NRW. S.184.

KHbehandlungs-RL Richtlinien des Bundesausschusses der Ärzte und Krankenkassen über die Verordnung von Krankenhausbehandlung (Krankenhausbehandlungs-Richtlinien), in der Fassung der Bekanntmachung vom 23. März 2003, veröffentlicht im Bundesanzeiger 2003 Nr. 188, S. 22 577.

LT-Drucksache 14/10405 Gesetzesentwurf der Landesregierung Nordrhein-Westfalen vom 10.12.2009, 14. Wahlperiode – Gesetz zur Änderung des Krankenhausgestaltungsgesetzes des Landes Nordrhein-Westfalen Gesetzentwurf (KHGG NRW).

MBO-Ä (Muster-)Berufsordnung für die deutschen Ärztinnen und Ärzte 1997, in der Fassung der Bekanntmachung der Beschlüsse des 100. Deutschen Ärztetages 1997 in Eisenach; zuletzt geändert durch die Beschlüsse des 114. Deutschen Ärztetages 2011 in Kiel und dem Stand 03.06.2011. Als Beispiel Berufsordnung für die nordrheinischen Ärztinnen und Ärzte: in der Fassung der Bekanntmachung vom 14. November 1998, MBl. NRW. 1999 S. 350; zuletzt geändert aufgrund § 31 des Heilberufsgesetzes am 17. März 2007, MBl. NRW. 2007 S. 406.

MBO-BZÄK	Musterberufsordnung der Bundeszahnärztekammer, Stand 19. Mai 2010. Als Beispiel Berufsordnung für Zahnärzte der Landeszahnärztekammer Baden-Württemberg: in der Fassung der Bekanntmachung vom 16. März 1995, GBl. BW S. 314; zuletzt geändert durch die Vertreterversammlung der Landeszahnärztekammer Baden-Württemberg vom 10. September 2010, Zahnärzteblatt BW. 2010, Heft 10.
MBO-PP/KJP	Musterberufsordnung für die Psychologischen Psychotherapeutinnen und Psychotherapeuten und Kinder- und Jugendlichenpsychotherapeutinnen und Kinder- und Jugendlichenpsychotherapeutenin der Fassung der Beschlüsse des 7. Deutschen Psychotherapeutentages in Dortmund auf Grundlage des Heilberufsgesetzes am 13. Januar 2006; zuletzt geändert durch Beschluss des 11. DPT am 10. November 2007. Als Beispiel MBO-PP Baden-Württemberg: in der Fassung der Bekanntmachung vom 31. Januar 2005, Psychotherapeutenjournal 1/2005, S. 49, Einhefter S. 1; zuletzt geändert aufgrund der Ermächtigung im § 2 der Vierten Satzung zur Änderung der Berufsordnung vom 21. März 2009, Psychotherapeutenjournal 2/2009, S. 173.
SGB V	Sozialgesetzbuch (SGB) Fünftes Buch (V) - Gesetzliche Krankenversicherung, in der Fassung der Bekanntmachung vom 20. Dezember 1988, BGBl. I S. 2477; zuletzt geändert durch Art. 1 zur Verbesserung der Versorgungsstrukturen in der gesetzlichen Krankenversicherung (GKV-Versorgungsstrukturgesetz – GKV-VStG) vom 22. Dezember 2011, BGBl. I S. 2983.
StGB	Strafgesetzbuch, in der Fassung der Bekanntmachung vom 13. November 1998, BGBl. I S. 3322; zuletzt geändert durch Art. 4 G zur Bekämpfung der Zwangsheirat und zum besseren Schutz der Opfer von Zwangsheirat sowie zur Änderung weiterer aufenthalts- und asylrechtl. Vorschriften vom 23. Juni 2011, BGBl. I S. 1266.

UGP-RL Richtlinie 2005/29/EG des Europäischen Parlaments und des Rates vom 11. Mai 2005 über unlautere Geschäftspraktiken von Unternehmen gegenüber Verbrauchern im Binnenmarkt und zur Änderung der Richtlinie 84/450/EWG des Rates, der Richtlinien 97/7/EG, 98/27/EG und 2002/65/EG des Europäischen Parlaments und des Rates sowie der Verordnung (EG) Nr. 2006/2004 des Europäischen Parlaments und des Rates (Richtlinie über unlautere Geschäftspraktiken), in der Fassung der Bekanntmachung vom 11. Mai 2005, ABl. EG Nr. L 149/22, ber. V. 25. September 2009, ABl. Nr. L 253/18.

UWG Gesetz gegen den unlauteren Wettbewerb, in der Fassung der Bekanntmachung der Neufassung vom 3. März 2010, BGBl. Teil I/2010, Nr. 11, S. 254 ff., in der seit 4. August 2009 geltenden Fassung, berücksichtigt das am 8. Juli 2004 in Kraft getretene Gesetz vom 3. Juli 2004, BGBl. Teil I/2004, S. 1414; zuletzt geändert durch Art. 2 des Gesetzes zur Bekämpfung unerlaubter Telefonwerbung und zur Verbesserung des Verbraucherschutzes bei besonderen Vertriebsformen vom 29. Juli 2009, BGBl. Teil I/2009, Nr. 49, S. 2355 ff.

VwVG NRW Verwaltungsvollstreckungsgesetz für das Land Nordrhein-Westfalen, in der Fassung der Bekanntmachung vom 19. Februar 2003, GV. NRW. S. 156, ber. S. 570; 2005 S. 818; zuletzt geändert durch Art. 8 Zweites BefristungsÄndG IM vom 8. Dezember 2009, GV. NRW. S. 765.

www.ingramcontent.com/pod-product-compliance
Ingram Content Group UK Ltd.
Pitfield, Milton Keynes, MK11 3LW, UK
UKHW021908290926
8980IPUK00015B/1128

9 783631 627938